国家社科基金项目成果（编号：14BFX074）

侵权法过失相抵制度研究

郑永宽 著

厦门大学出版社 XIAMEN UNIVERSITY PRESS 国家一级出版社 全国百佳图书出版单位

图书在版编目(CIP)数据

侵权法过失相抵制度研究/郑永宽著.—厦门:厦门大学出版社,2021.9
ISBN 978-7-5615-8239-8

Ⅰ.①侵… Ⅱ.①郑… Ⅲ.①侵权法—研究—中国 Ⅳ.①D923.74

中国版本图书馆 CIP 数据核字(2021)第 102307 号

出 版 人	郑文礼
责任编辑	甘世恒

出版发行 厦门大学出版社

社 址	厦门市软件园二期望海路 39 号
邮政编码	361008
总 机	0592-2181111 0592-2181406(传真)
营销中心	0592-2184458 0592-2181365
网 址	http://www.xmupress.com
邮 箱	xmup@xmupress.com
印 刷	厦门市明亮彩印有限公司

开本	720 mm×1 020 mm 1/16
印张	12.75
字数	236 千字
版次	2021 年 9 月第 1 版
印次	2021 年 9 月第 1 次印刷
定价	65.00 元

厦门大学出版社
微信二维码

厦门大学出版社
微博二维码

自 序

本书是国家社科基金项目"侵权法上的过失相抵制度研究"结题的成果。

2006 年从教之后，笔者并未延续博士生求学期间有关人格权的研究，自信能在感觉仍显薄弱但重要的民法基础问题上做出文章，所以，研究方向渐与时髦热点问题偏离，以至于若干年后框定了以侵权过失为基点展开相关研究。然而，基础问题的理论研究突破谈何容易！此期间，"侵权过失客观化"课题申请几经失败，2014 年，"过失相抵"终得立项，虽仍属"老旧"问题，但很大程度上兼顾了现实的社会关切。

过失相抵可以说是侵权法上重要的现实问题。社会生活中，侵害固然多因加害人的过错或其管控的因素而起，但处于互动关系中的受害人也常常与有过失，所以，过失相抵在侵害与受害关系的赔偿实践中普遍存在，如何把握过失相抵的原理及其适用规则，对于侵权损害赔偿而言，因此尤为重要。

本书是对侵权过失相抵相对系统全面的研究，从过失相抵制度概述、法理基础、构成要件、适用范围与适用方法，分五部分展开。结构上看无新意，但具体问题的探究存在颇多立法、司法分歧与学理上的疑难、论争。例如，过失相抵与自甘冒险的关系如何把握；过失相抵的法理基础如何合理解释构造；受害人与有过失的认定是否需要考量其认知能力；适用无过错责任的特殊侵权领域是否均可适用过失相抵；相关第三人的过失能否视为受害人的过失而适用过失相抵；可否因受害人特殊体质适用过失相抵；加害人或受害人故意情形能否适用过失相抵；过失相抵的适用究应以过错程度还是原因力为主要基准；原因力如何合理有效地定量分析；过失相抵的适用究为当事人抗辩事项抑或法官可依职权处理；损害涉及不可抗力、当事人双方均受损、当事人只请求部分损害赔偿与数人侵权责任等情形如何适用过失相抵等。所有这些问题均充满分歧而有待深入细致研究，本书尝试逐一予以阐述回应。

本课题自立项至最终结题，历时 5 年，颇有拖延，个人原因居多，但不能不指出，侵权法问题研究的模糊性、不确定性增加了完成的难度。举一例说明，对于本课题而言，核心观点之一是，过失相抵的实质主要是基于当事人行为对于损害原因力的比较以确定损失的分担，所以，原因力的定量分析对于此核心观点乃至本课题的研究质量至关重要，但遗憾的是，该问题极具弹性、模糊，笔者虽努力探索，却仍无法找到简单有效的衡量方法，以至于原因力在定性上与比例因果关系应系有别，但此区分可能因二者定量方法同属模糊而遭受质疑、挑战。

本课题研究中，部分成果有幸在《中国法学》《法律科学》《现代法学》《民商法论丛》《北方法学》《福建江夏学院学报》等刊物发表，对于期刊就本课题研究的肯定与鼓励，笔者衷心表示感谢！

课题最终得以顺利完成，得到了很多人的支持与帮助！感谢导师李永军教授引领笔者走上科研之路，并一直关心与呵护！感谢陈帮锋老师、许翠霞老师、陈朝阳庭长在课题申请与研究中的鼎力相助！感谢厦门大学法学院领导与同事对于本课题研究的大力支持！感谢不时唠叨的年迈父母亲、承担大量家务的妻子，以及带来幸福烦恼的可爱儿女，是你们亲情的力量支撑我挑战科研的艰辛！最后，还得感谢诸多研究同仁与前辈，是你们丰硕的成果奠定了本书扎实的研究基础！

目 录

绪　论

一、研究的意义

在侵权过失相抵制度中，受害人与有过失系指受害人一方未能尽其合理注意，或采取适当的措施来保护自己的人身或财产等利益，致使其与加害人可归责的行为并存或合致，而造成自身损害发生或扩大。一般认为，受害人与有过失的存在，将依法产生对加害人侵权责任减免的影响。这种重要性因受害人与有过失在侵权关系中的大量存在而得到强化。在大多数国家或地区，过失相抵对于加害人侵权责任大小的确定均具有非常高的实践重要性，因为，作为侵权诉讼基础的损害事实，往往表现了加害人与受害人之间存在某种特定的互动关系，以德国为例，其交通事故侵权的数据即表明，其中 80% 的案例都会涉及受害方与有过失的问题。①

在我国，《侵权责任法》第 26 条对过失相抵制度作出了基本规定，该基本规定后被吸纳修改成为《民法典》第 1173 条。《道路交通安全法》第 76 条、《海商法》第 69 条、2001 年《最高人民法院关于确定民事侵权精神损害赔偿责任若干问题的解释》（以下简称《精神损害赔偿司法解释》）第 11 条、2003 年《最高人民法院关于审理人身损害赔偿案件适用法律若干问题的解释》（以下简称《人身损害赔偿司法解释》）第 2 条等诸多涉及侵权责任承担的特别法、司法解释，均规定有过失相抵相关规则，而在侵权法司法实务层面，存在大量适用过失相抵在加害人与受害人之间分配损害的裁判，由此体现过失相抵制度在我国立法与司法实践中的重要性。但与这种重要性不很匹配的是，国内学界对于过失相抵制度相关的诸多基本问题，仍欠缺较充分细致的探究。这些问题至少包括：过失相抵的理论基础如何解释，其作用机理在于比较过失还是比较原因力；受害人与有过失的实质与判准如何认定，是否与加害人过失趋同或存在差异，是否须考量受害人的责任能力等；过失相抵的适用范围及其限制如何确定，受害人的监护人、配偶、近亲属、受雇人、使用人等相关第三人的过失是否视为受害人的过失，互殴、无过错责任情形是否适用过失相抵，受害人的特殊体质能否成为监护人可据以主张减轻责任的事由；在过失相抵适用上，对原因力或过错的考

① 　U. 马格努斯、M. 马丁-卡萨尔斯主编：《侵权法的统一·共同过失》，叶名怡、陈鑫译，法律出版社 2009 年版，第 104 页。

量技术是否可能构建，在多数人侵权中如何适用过失相抵；等等。或许多少与学理研究不足相关，在司法实践中适用过失相抵，对于受害人何以认定与有过失，加害人减责的理据及其计算方法等核心问题，很多时候只是大而化之的模糊说明。① 此外，在如互殴情形可否适用过失相抵，以及受害人特殊体质能否被据以减轻责任等诸多问题上，司法裁判呈现出较多的不一致。而从比较法层面考察，对于过失相抵的相关理论与规则长期以来亦存在诸多差异与争论。② 所有这些问题，要求我们对过失相抵相关问题作更系统化与细致的整合研究；能够形成统一的理论基础并进而阐述；能够在比较法基础上，结合我国的社会实际作出具有理论建设性与实践可操作性的研究；也期待该问题的研究对于我国民法典侵权责任编中相关规定的适用有所裨益。

二、研究现状

除了侵权法教材和著述③ 对过失相抵制度有所介绍外，我国学界对该制度的研究不算多，相对全面的研究论文包括朱卫国：《过失相抵论》（《民商法论丛》第 4 卷）；程啸：《论侵权行为法上的过失相抵制度》（《清华法学》第 6 辑）；陈聪富：《过失相抵之法理基础及其适用范围》（《中德私法研究》第 4 卷）等。这些文章重点论述了过失相抵的沿革、理论基础、构成要件、适用范围及其方法等，但对其他一些相关具体问题，还欠缺充分深入的探讨。此外，近年来，一些学者撰文研究过失相抵某些方面的问题，集中在受害人的过失相抵能力、监护人过失与被监护人（受害人）过失相抵的关系、严格责任与过失相抵等。这些论文如叶桂峰、肖明：《论侵权行为受害人的过失相抵能力》（《环球法律评论》2007 年第 2 期）；冉克平：《论未成年人受侵害的过失相抵》（《法律科学》2010

---

① 在笔者查阅的有限部分国内裁判中，较多只是简单地说明，受害人对于损害的发生或扩大也有过错，须承担部分损失。但对于受害人损失承担或加害人责任承担，究基于过错程度或行为对于损害的作用力或其他，以及如何具体确定损失分担或责任承担，鲜有详细展开的裁判。如在"李伦兆因燃放鞭炮受伤引发的赔偿纠纷案"中，一审判决认为，本案原告的监护人在原告受伤后近 5 个月内未对其进行及时治疗，导致损害扩大，以致造成残疾；另原告的监护人在治疗原告过程中，擅自转院对损失的扩大也有过错。综合考虑，原告的监护人应负主要责任，被告邓兴零的法定监护人负次要责任。二审维持了一审判决。参见湖南省永州市中级人民法院（2009）永中法民一终字第 169 号民事判决书。

② 具体可参照 U. 马格努斯、M. 马丁-卡萨尔斯主编：《侵权法的统一·共同过失》，叶名怡、陈鑫译，法律出版社 2009 年版。

③ 教材、著述如，王泽鉴：《损害赔偿》，北京大学出版社 2017 年版，第 301~341 页；史尚宽：《债法总论》，中国政法大学出版社 2000 年版，第 303~309 页；曾世雄：《损害赔偿法原理》，中国政法大学出版社 2001 年版，第 259~269 页；于敏：《日本侵权行为法》，法律出版社 2015 年版，第 600~614 页；杨立新：《侵权论》，人民法院出版社 2011 年第 4 版，第 680~694 页；王利明、周友军、高圣平：《中国侵权责任法教程》，人民法院出版社 2010 年版，第 292~312 页；李薇：《日本机动车事故损害赔偿法律制度研究》，法律出版社 1997 年版，第 207~238 页。

年第 4 期）；缪宇：《监护人过失与未成年人过失相抵》（《暨南学报》2013 年第 3 期）；李永军：《被监护人受侵害时法律救济的理论与实证考察》（《华东政法大学学报》2013 年第 3 期）；程啸：《过失相抵与无过错责任》（《法律科学》2014 年第 1 期）等。整体而言，国内对过失相抵制度的研究相对分散、薄弱，当前对该制度系统性、整合性的研究著述仍然极其有限，主要有李颖的博士学位论文《论侵权法上的比较过错制度——对受害人过错的重新审视》（中国政法大学，2008 年）、唐慧的专著《侵权法过失相抵制度研究》（九州出版社 2016 年版）等。前者重点论述了过失相抵的理论基础以及适用的构成要件、范围、方法，对于过失相抵制度的进一步研究有所助益；后者则更偏重于实务的介绍。总体而言，相对于过失相抵制度在司法实务中适用的普遍性、重要性，当前国内学界对于过失相抵制度相关问题研究的深度、广度仍显得相当不足。

在国外，对过失相抵制度的研究较早，成果颇多，如英美法上较著名者 Victor E. Schwartz、William L. Prosser、John G. Fleming、Dan B. Dobbs、Gary T. Schwartz 等人及日本法上的洼田充见、平井宜雄等人均对该制度有较多关注或专门研究，[①] 而欧洲学界为构建侵权法统一而推出的研究成果《侵权法的统一·共同过失》则向我们充分展现了诸多国家在过失相抵理论与规制上颇多争论的议题。这种经久研究但分歧依然存在的现状，再次向我们彰显了就此论题面向我国法制与社会现实作系统性法律解释与批判研究的意义。

三、研究思路与方法

（一）研究思路

作为对过失相抵制度的系统性、整合性研究，本书除了绪论与结论外，主要包括以下几个部分的内容：

1. 过失相抵制度概述

这部分主要是作为后面几个部分研究的知识基础，其内容主要包括过失相抵的意义、比较法上的沿革，及其与自甘冒险、因果关系中断、损益相抵等相关概念的区别等内容。

---

① Victor E. Schwartz with Evelyn F. Rowe, *Comparative Negligence*, Lexis-Nexis Matthew Bender, 4ᵗʰ ed.,2002；William L. Prosser, Comparative Negligence, 51 *Cali L. Rev.*, 1953; William L. Prosser, *Handbook of the Law of Torts*, 4ᵗʰ ed., West Publishing Co., 1971; John G. Fleming, *The Law of Torts*, 9ᵗʰ ed., the Law Book Company Limited, 1998; Gary T. Schwartz, Contributory and Comparative Negligence: A Reappraial, 87 *Yale L. J.*, 1978. 洼田充见：《过失相杀の法理》，东京有斐阁 2004 年版；平井宜雄：《不法行爲法理论の诸相》，东京有斐阁 2011 年版。

2. 过失相抵的法理基础

我国侵权法在一般侵权责任领域同样确立了过失责任原则，但对于该原则理据的追问，尤其是对该原则反面质疑的困惑，即对于受害人何以需无辜承受加害人无过失致害的结果，尽管在国外亦难寻获充分透彻与广获认可的理论研究，但显然，我国学界对该问题的理论探究仍很有限。所以，尽管是一个基础难题，该部分研究仍尝试在当前风险社会的语境中，从社会关系的互动、社会契约思想与信赖责任理念去确立该原则的基础。该探索在当前仍显重要，其乃对原因责任何以不能一般化的质疑的回应。也正是在过失责任原则基础上，引导出本课题的基本观点与研究基础，即加害人仅对其过失行为致害的部分承担责任，其中，过失只是确立损失转移的责任基础，决定责任大小的是过失行为对损害的作用力，所以，过失相抵实质上主要追究的是受害人行为的与有原因，尽管该立论在立法与司法上受到过错因素一定程度的修正。以此立论作为过失相抵制度的理论与研究基础，将产生其对后续几部分研究的实质影响。

3. 过失相抵的构成要件

该部分主要探讨过失相抵的构成要件，在论述侵权过失的性质与认定标准的基础上，以探讨受害人与有过失的实质及判定标准为核心。具体展开，其将涉及如下争论问题：受害人过失所蕴含的对自身利益的损害是否影响对其实质的理解与判定标准的确立？受害人过失是否与加害人过失同其结构与判定标准抑或应区别对待，是否均可表述为"应注意能注意而不注意"？对非完全行为能力受害人过失的判定是否应具体考量其责任能力或其他认知能力？等等。对这些问题的研究探讨，将结合加害人与受害人的互动关系视角与信赖责任原理而展开。

4. 过失相抵的适用范围

这部分首先将探讨能否适用过失相抵制度存在争论的常见几种情形，包括过失相抵在无过错侵权、互殴以及精神损害赔偿中的适用性及相关问题。这种可适用性的探讨，需要结合前几部分关于过失相抵实质及其构成要件的研究展开。

其次，该部分将研究探讨过失相抵适用范围的扩张，包括受害人的监护人、配偶、近亲属、受雇人、直接受害人等相关联第三人的过失能否视为受害人与有过失，以及受害人特殊体质致使损害发生或扩大等情形，得否适用或类推适用过失相抵等问题。这些问题在司法实践中不时遭遇，司法裁判也多有分歧，因此，需要结合过失相抵的法理基础、构成要件等详加研讨，以得出妥当合理的结论。

此外，该部分还将研究过失相抵适用范围的限制，主要涉及加害人或受害人单方存在故意或重大过失之情形，此时各国立法多限制过失相抵制度的适用。

5.过失相抵的适用

这部分将主要探讨过失相抵的适用方法。该部分的主要难题在于，依照前述关于过失相抵法理基础的基本立论，如何解释原因力的意义及其作用机理？原因力的比较是否可能探索较具可操作性的方法或规则，又或者，该问题只能依赖于法官自由裁量的解决？这些问题颇具探讨难度，但具有较大的实践价值，尽管我国学界已有原因力探讨的相关论文，但对该问题的研究仍具有创新探索的空间。

《侵权责任法》未明确过失相抵的适用应采当事人主义还是法官职权主义，此问题与过失相抵究竟属于损害赔偿规则或免责事由的性质认知有关。此外，此部分研究还将涉及过失相抵适用的一些特别问题，具体包括：涉及不可抗力时的过失相抵；双方均受损时的过失相抵；受害人请求部分损害时的过失相抵，以及数人侵权责任中的过失相抵。

（二）研究方法

本书将主要采用历史研究方法、比较研究方法、案例研究方法与规范分析方法，并将适当结合哲学伦理学、社会学与经济法的知识原理展开研究。

1.历史研究方法

对于过失相抵制度在两大法系的沿革，本书采取历史分析方法，尝试揭示其发展的轨迹，并解释影响推动其发展演变的经济和社会因素。

2.比较研究方法

比较研究是本书各部分论述展开相当倚重的方法，无论在探求过失相抵的法理基础，还是在阐述制度构成及适用中的具体问题，都将大量采用比较分析的研究方法。通过比较各国法在特定问题上的规定及其适用，把握共性之存在，分析差异之所在并探求其在法政策、社会、文化乃至哲学层面的成因，可以强化对制度不同面向的理解，也有助于更好地认识并改进本国法。就如王泽鉴先生所认为的，英美法长期的历史经验、德国法的理论体系构成，足供认识侵权法在法律政策及法律技术的关联，有助于对侵权法的解释适用。①

3.案例研究方法

法律的生命在于实践，需要从适用中汲取养分。侵权责任法的研究尤其有

_____

① 王泽鉴：《侵权行为法》，中国政法大学出版社2001年版，第6页。

赖于对案例裁判的检视总结,因为各国侵权法的规定总是相对简洁的,甚至一般条款化,适用中也更多掺杂政策价值因素,所以,更依赖于通过法院判决以获得规范生命,促进法律的演进,侵权法因此更具有案例法的性质。[①] 在我国,关于侵权法过失相抵的案例数量庞大,基本涵盖了过失相抵适用中各个层面的问题及争点,这些案例材料可为本书的研究提供丰富的素材。

4.规范分析方法

规范分析方法是法学研究最基本的方法之一。通过对法律规范的分析,把握规范的基本要义、规范目的、规范间的关系,以及在适用中可能面临的问题,可以更好地理解规范设计的成功或不足。所以,本书对于过失相抵制度的研究,离不开对其相关系列规范的深入细致的分析。

---

① 王泽鉴:《侵权行为法》,中国政法大学出版社2001年版,第6页。

第一章 过失相抵制度概述

第一节 过失相抵的意义与术语选择

一、过失相抵的意义

（一）过失相抵的概念

过失相抵，是指基于公平正义之价值理念，当受害人对于损害的发生或扩大存在过失时，得减轻或免除加害人赔偿责任的制度。过失相抵，乃侵权法实践中普遍适用的制度，然理论上的认知分歧仍然颇多，这与一国的立法及制度实践的差异相关。因此，如何界定过失相抵，难免多样，包含了界定者对相关争议问题认知的不同。如有学者将过失相抵界定为："就损害的发生或者扩大，受害人也有过失，法院可依其职权，按一定的标准减轻或免除加害人赔偿责任，从而公平合理地分配损害的一种制度。"[①] 在此界定中，"受害人也有过失"，俨然以加害人存在过失为前提，似有将过失相抵的适用限于过错责任范畴之意；"法院可依其职权"，则隐含了对过失相抵适用系属法官职权抑或当事人抗辩问题的答案。另有学者认为，过失相抵是指"根据受害人的过错程度依法减轻或免除加害人赔偿责任的制度"[②]。该界定特别强调过失相抵的基准为"受害人的过错程度"。与之相对，史尚宽先生将过失相抵描述为："当受害人对于损害的发生或者损害结果的扩大具有过错时，依法减轻或者免除赔偿义务人的损害赔偿责任的制度。"[③] 其中，过失相抵的适用基准并未被揭示。

（二）过失相抵的特征

1. 受害人在侵权行为中受有损害

损害乃传统侵权损害赔偿救济的逻辑前提，有损害，才可能有赔偿之救济。此外，加害人造成损害之行为须属侵权行为，满足侵权责任构成的相关法定要

---

① 朱卫国：《过失相抵论》，载梁慧星主编：《民商法论丛》（第4卷），法律出版社1996年版。
② 程啸：《侵权行为法总论》，中国人民大学出版社2008年版，第433页。
③ 史尚宽：《债法总论》，中国政法大学出版社2000年版，第303页。

件,否则,加害人不承担损害赔偿责任,自然无过失相抵之适用可言。

2.受害人对于自身损害的发生或扩大具有过错

受害人对于损害的发生或扩大存在过错,此为受害人须分担损失而加害人可减免损害赔偿责任的正当性基础。此或许是该制度被形象地称为"过失相抵"的原因之一。

3.过失相抵的适用需综合考虑双方当事人的过错

过失相抵,系为谋求加害人与受害人之间的公平正义而存在。如何实现该目标,则涉及其适用基准之问题。关于过失相抵的适用基准,向有以原因力为主及以过错程度为主之分歧。[①]但无论采纳何种主张,抑或在适用中更多衡量相关因素,均不会否认过失相抵的适用需综合考虑双方当事人的过错。

4.过失相抵的结果是加害人损害赔偿责任的减轻或免除

过失相抵,得减轻加害人责任,此为其固有之义,但可否免除加害人的损害赔偿责任,仍有分歧。[②]对此,各国法律多认同,过失相抵的后果包含加害人损害赔偿责任的免除。[③]在我国,《人身损害赔偿司法解释》第 2 条第 1 款以及《精神损害赔偿司法解释》第 11 条等规范,均明确适用过失相抵可免除加害人的责任。

二、术语选择问题

(一)术语使用概况

对于因受害人过失而减轻或免除加害人责任的制度实践,究应如何表述,无论中外,称谓很不统一。

在中国,或许与翻译或理解认知的差异有关,学者在表述该现象时,术语选择颇具多样性。例如,有学者侧重于从法律后果的角度,以"过失相抵"来指称

[①] 该观点分歧及其论述,容于后文详细展开。

[②] 否定的观点认为,过失相抵只产生减轻责任的法律后果,免除责任只适用于受害人过错的场合,即损害的发生是由受害人的故意或过失所引起而加害人根本没有过错的侵权行为形态。参见杨立新:《侵权法论》,人民法院出版社 2010 年第 4 版,第 686 页;陈现杰主编:《中华人民共和国侵权责任法条文精义与案例解析》,中国法制出版社 2010 年版,第 85 页、第 91 页。与之相反,更多学者持肯定的观点,具体可参照程啸:《论侵权行为法上的过失相抵制度》,载《清华法学》第 6 辑;王利明、周友军、高圣平:《中国侵权责任法教程》,人民法院出版社 2010 年版,第 284 页。

[③] 如奥地利、德国、希腊、西班牙、瑞士等国家,具体可参阅 U. 马格努斯、M. 马丁-卡萨尔斯主编:《侵权法的统一·共同过失》,叶名怡、陈鑫译,法律出版社 2009 年版,第 23 页、第 122 页、第 143 页、第 263 页、第 306 页、第 307 页。

因受害人对损害的发生或扩大存在过错而减免加害人损害赔偿责任的制度;[①]崔建远教授则以"混合过错"指称该制度;[②]尹志强教授更倾向于使用"与有过失";[③]而张新宝教授有时会使用"受害人过错"来表述。[④]在台湾地区,史尚宽、曾世雄、黄立等教授使用"过失相抵"的称谓;[⑤]而王泽鉴、林诚二等教授则主张表述为"与有过失"[⑥]。

就立法层面而言,我国法律规范的措辞表达也不很一致。《民法通则》第131条的相关措辞为"受害人对于损害的发生也有过错";[⑦]《侵权责任法》第26条基本沿用了《民法通则》的措辞,表述为"被侵权人对损害的发生也有过错";《民法典》第1173条规定为"被侵权人对同一损害的发生或者扩大有过错"。而《人身损害赔偿司法解释》第2条第1款的一般表述为"受害人对同一损害的发生或者扩大有故意、过失";《精神损害赔偿司法解释》第11条的相关表述为"受害人对损害事实和损害后果的发生有过错"。司法解释与立法规范的措辞表达差异不大,都较直白地从受害人视角表述为其"有过错"或"有故意、过失",但需要注意的是,无论是《民法通则》或是《侵权责任法》,都强调受害人"也有过错",言外之意应是加害人"有过错",而《民法典》第1173条则只是要求受害人"有过错"。在台湾地区,"民法"第217条第1款规定的是:损害之发生或扩大,被害人与有过失者,法院得减轻赔偿金额,或免除之。

相关术语表达的混乱,非独我国如此,国外的相关措辞亦颇为多样。如《德国民法典》第254条对该制度的措辞为"Mitverschulden",学者将其翻译为"共同过错"[⑧]或者"与有过错"[⑨];《日本民法典》第722条称之为"过失相杀";英美法系最初使用"contributory negligence"措辞,学者将其翻译为"参与过失"[⑩]、"助

---

① 程啸:《侵权责任法》,法律出版社2011年版,第589页。
② 崔建远:《合同责任研究》,吉林大学出版社1992年版,第218页。
③ 尹志强:《论与有过失的属性及适用范围》,载《政法论坛》2015年第5期。
④ 张新宝:《侵权责任法原理》,中国人民大学出版社2005年版,第137页。
⑤ 史尚宽:《债法总论》,中国政法大学出版社2000年版,第303页;曾世雄:《损害赔偿法原理》,中国政法大学出版社2001年版,第259页;黄立:《民法债编总论》,中国政法大学出版社2002年版,第392页。
⑥ 王泽鉴:《损害赔偿》,北京大学出版社2017年版,第301页;林诚二:《民法债编总论——体系化解说》,中国人民大学出版社2003年版,第279页。
⑦ 《民法通则》第131条规定:"受害人对于损害的发生也有过错的,可以减轻侵害人的民事责任。"
⑧ 克雷斯蒂安·冯·巴尔:《欧洲比较侵权行为法》(下卷),焦美华译,张新宝审校,法律出版社2001年版,第648页。
⑨ 陈卫佐译:《德国民法典》,法律出版社2006年版,第86页(第254条标题)。
⑩ 许传玺、石宏等译:《美国侵权法重述——纲要》,法律出版社2006年版,第446页。

成过失"①，或"共同发挥作用的过失"②等。contributory negligence 一旦成立，受害人将得不到任何赔偿。③为克服其对于受害人救济之不利，英国颁布了《1945年（共同过失）法律改革法》；美国大多数州通过立法与司法判例逐渐发展形成"比较过失"（comparative negligence）制度。在其他国家，有的还采用更为直接的术语，如"受害人自己的过错"（《希腊民法典》第300条）、"受害人的过错"（《葡萄牙民法典》第570条）等。④

（二）术语的辨析选择

不可否认，上述国内外多样化的概念术语表达，指称的仍属本质上相同的制度。但是，各种措辞的差异，可能体现表述者对于问题关注焦点及相关争议理解认知之不同，而且，术语的多样与使用上的混乱，将不利于理论研究的相互交流与法律的统一适用，⑤所以，仍有辨析以作合理选择之必要。

1."共同过失"、"共同过错"

因受害人对于损害的发生或扩大有过失，因而减免加害人损害赔偿责任的制度，国外概念术语有采纳"Mitverschulden"或"contributory negligence"，在国内均被翻译为"共同过错"或"共同过失"。⑥但无论是"共同过错"或是"共同过失"，均具有模糊性，给人以数个行为人"一起"对受害人的损害负有过错的错觉。⑦如此将使其与共同侵权行为及共同危险行为相混淆，而不能突出受害人对于损害与有过错之要点。

此外，"共同过错"或"共同过失"隐含了加害人与受害人均有过错或过失之意，但在适用无过错责任的特殊侵权领域，当加害人实无过失而受害人对于损害的发生或扩大具有过失时，从比较法层面来看，基本认同此情形下得减轻或免除加害人的赔偿责任。⑧自此而言，"共同过错"或"共同过失"的表述亦非

---

① 朱卫国：《过失相抵论》，载梁慧星主编：《民商法论丛》（第4卷），法律出版社1996年版。

② 克雷斯蒂安·冯·巴尔：《欧洲比较侵权行为法》（下卷），焦美华译，张新宝审校，法律出版社2001年版，第649页。

③ 关于英美法contributory negligence相关制度的发展演变，后文将有更详细的分析评述。

④ 克雷斯蒂安·冯·巴尔：《欧洲比较侵权行为法》（下卷），焦美华译，张新宝审校，法律出版社2001年版，第648页。

⑤ 尹志强：《论与有过失的属性及适用范围》，载《政法论坛》2015年第5期。

⑥ U. 马格努斯、M. 马丁-卡萨尔斯主编的《侵权法的统一·共同过失》，其英文标题即为"Unification of Tort Law: Contributory Negligence"。

⑦ 克雷斯蒂安·冯·巴尔：《欧洲比较侵权行为法》（下卷），焦美华译，张新宝审校，法律出版社2001年版，第648页。

⑧ U. 马格努斯、M. 马丁-卡萨尔斯主编：《侵权法的统一·共同过失》，叶名怡、陈鑫译，法律出版社2009年版，第387页。

妥当。

2. 混合过错

混合过错概念的直接来源是苏联民法理论。[①] 混合过错强调的是加害人与受害人的过错共同结合导致了损害的发生或扩大。自此而言，其可避免与共同侵权情形的加害人共同过错相混淆，但同样面临对于无过错责任领域仅受害人一方有过错仍减免加害人责任现象的解释困境。此外，当前，"混合过错"术语在境外几无正式使用者，所以，自制度比较与交流视角而言，亦不建议采用。

3. 比较过失

在美国法上，比较过失是对于在"contributory negligence"基础上发展形成的"comparative negligence"的相应翻译。"比较过失的基本含义是：被告对原告的损害有过失，原告自己也存在着过失，在这种情况下，要比较原、被告双方的过失比例，按照这个比例在双方当事人之间分配损害的数额"。[②] 该概念术语直截了当地表明通过比较加害人与受害人的可归责程度，以决定加害人的损害赔偿责任。但正如"共同过失"与"混合过错"等表述，在仅有受害人一方存在过失而减免加害人责任的情形，"比较过失"的解释力仍显不足。而且，因受害人对于损害发生或扩大的过失减免加害人责任，其适用比较的基准主要在于过错程度、原因力抑或其他因素，在各国分歧争论颇大，但无论坚持怎样的适用标准，很少有国家会纯粹通过比较当事人的过错程度以决定加害人的责任承担。所以，笔者以为，"比较过失"术语不足取。

4. 与有过失、过失相抵

与有过失指的是受害人对于自身损害的发生或扩大有过失。无论我国或域外的法律理论与实践，以"与有过失"指称受害人过错的，均非少见。有学者认为，从字面含义来看，"与有过失"的概念最为贴切。"与有过失"中的"与"有参与之意，因而"与有过失"的意思并非受害人也有过失，而是指受害人的过失参与到损害的发生或扩大原因中。[③] 所以，"与有过失"能够揭示受害人过错在损害因果关系中应有的作用，而且，其不以加害人对于损害存在过失为前提，所以，不妨碍其用于无过错责任情形中影响加害人责任的减免。但是，"与有过失"应该仅仅表明受害人对于损害发生或扩大所具有的过错，至于受害人过错是否在确定加害人责任中扮演什么作用，应非该概念术语所能涵盖。

为表达因受害人对于损害的发生或扩大与有过失而减免加害人的赔偿责

---

① 杨立新：《侵权法论》，人民法院出版社2011年第4版，第684页。
② 徐爱国：《英美侵权行为法》，法律出版社1999年版，第88页。
③ 尹志强：《论与有过失的属性及适用范围》，载《政法论坛》2015年第5期。

任,在我国,无论理论或实务界,最常使用的术语应属"过失相抵"。然所谓过失相抵,不过为形容之语,其实为就义务者之过失与权利者之过失,两相较量,以定责任之有无及其范围,并非两者相互抵消。①而且,"过失相抵"表述同样存在局限于双方均有过失之情形,以及将适用方法仅定位于过失比较之问题。所以,"过失相抵"术语仍非完善,同样面临可能来自制度实践某些方面的诘问与挑战。但就目前考察的概念术语而言,任何术语选择均无法完全回应制度构成或实践中可能存在争议的根本点,也无法照顾特定细节或例外,所以,无法尽善尽美。此外,考虑到"过失相抵"术语在我国法学理论与实践中已经约定俗成,普遍使用,所以,尽管该概念术语不尽完善,但笔者仍然选择"过失相抵"术语来表达因受害人对于损害与有过失而减免加害人责任的制度。如此,与有过失与过失相抵的关系应该是:与有过失是过失相抵适用的前提;过失相抵是与有过失适用的法律后果。

第二节　过失相抵的发展演变

一、域外的发展演变

(一)罗马法时期的"庞氏规则"

受害人对于损害的与有过失,在罗马法时期并未真正发展形成现代意义上的过失相抵制度。②《法学阶梯》第9.2.9.4节中即有记载:如果受害人对于损害的发生有过错,将无权获得赔偿,除非加害人的侵权出于故意。如拉丁法谚所云:"任何人不得引述自己的丑行而有所主张。"罗马法学家庞波尼乌斯(Pomponius)就此提出著名的"庞氏规则":任何人因自己的过错而受害时,不视为受害(quod quis ex culpa sua damnum sentit, non intelligitur damnum sentire)。③"庞氏规则"成为罗马法中侵权法的基本规则。按照该规则,受害人对于自身损害有过错的,将无权获得赔偿。

"庞氏规则"关注到了受害人过错的存在,但却完全排除了加害人本应承担的责任。该规则"不但不利于受害人损害的合理补偿,而且有纵容加害人肆意

---

① 史尚宽:《债法总论》,中国政法大学出版社2000年版,第303页。

② 关于受害人与有过错或混合过错问题,罗马法学家采取了选择性单独过错的处理方法,将具有过错的行为人视为单独行为人,即谁的过错比较大,就认为谁是单独行为人。参见马克斯·卡泽尔、罗尔夫·克努特尔:《罗马私法》,田士永译,法律出版社2018年版,第373页。

③ A.M. Honore, Causation and Remoteness of Damage, *International Encyclopedia of Comparative Law, XI Torts*, J.C.B. Mohr Tubingen Martinus Nijhoff Publishers, 1983, p.4.

妄为之虞,无法体现侵权法赔偿及遏制的功能,有悖于公平和正义的理念"①。随着社会的发展与人类理性的进步,"庞氏规则"日渐式微,其存在尚难言为真正的过失相抵制度,只是为后世的法律发展提供了演进的基础。

（二）大陆法系的发展演变

"庞氏规则"对于受害人失之过苛,严重不利于受害人的救济。为了缓解"庞氏规则"的严苛性,潘德克顿学派的学者发展出了"过错赔偿"（culpa compensation）理论。根据该理论,在加害人过错程度大于受害人的场合,如加害人具有故意而受害人仅为过失的情形,受害人可以请求赔偿。②此发展已经开始关注加害人与受害人之间的过错程度的比较,但未据此在二者之间分摊责任,仍非现代意义上的过失相抵制度。直到19世纪以来,伴随着工商业发展的需求,过失责任作为民法基本原则在私法领域普遍得以确立。过失责任,坚持以加害人的过失作为追究其责任的根据,也要求在受害人与有过失的场合,在与受害人相关关系中衡量加害人的过失程度以决定其赔偿数额。在此背景下,过失相抵制度开始萌芽。1794年制定的普鲁士民法典规定,当加害人的重过失与受害人的轻过失发生竞合时,加害人要赔偿全部损失;当两者过失程度相等时,加害人只赔偿直接损失。③该规定略显具体,很显然,较之罗马法的"庞氏规则",其已显示出质的变化。

此后,19世纪至20世纪颁布的几部著名的民法典基本上都规定了过失相抵制度,确认受害人过错可以导致责任的减轻,但并非仅因受害人具有过错即可导致加害人责任的免除。此与"庞氏规则"明显不同。如《德国民法典》第254条第1款规定:"损害的发生被害人与有过失者,损害赔偿的义务与赔偿的范围,应根据情况,特别是根据损害主要是由当事人的一方还是他方造成的,而决定之。"《日本民法典》第722条第2款规定:"受害人有过失时,法院可以斟酌其情事,确定损害赔偿额。"《瑞士民法典》第44条第1款规定:"受害人对于发生损害之行为已予同意,或因可归责于被害人之事由促成损害之发生或扩大,或因而增加赔偿义务人地位之困难者,法官得减轻或免除赔偿义务人的责任。"④这些国家民法典对于过失相抵的规定更显概括性,体现了受害人与有过失时如何过失相抵的综合裁量性。与前引国家民法典相比较,1804年颁布的

---

① 李颖:《论侵权法上的比较过错制度》,中国政法大学2008年博士学位论文。

② 王利明、周友军、高圣平:《中国侵权责任法教程》,人民法院出版社2010年版,第299页。

③ 野村好弘:《过失相抵的本质》,第375页。转引自李薇:《日本机动车事故损害赔偿法律制度研究》,法律出版社1997年版,第208页。

④ 更多国家民法典关于过失相抵的规定,可以参照U. 马格努斯、M. 马丁-卡萨尔斯主编:《侵权法的统一·共同过失》,叶名怡、陈鑫译,法律出版社2009年版。

《法国民法典》则仅确立了过错责任的一般条款，并未明文规定过失相抵规则。但在法国的司法实践中，过失相抵被广泛适用。法院与学说均认为，在受害人与侵权人的过错共同作用导致损害时，每一方都应当在一定范围内负责，并且赔偿的范围要少于侵权人的过错是损害发生的唯一原因时的赔偿范围，但不完全免除侵权人的责任。[①]

总的来看，当前绝大部分大陆法系国家或地区的立法与判例均承认了过失相抵制度。从罗马法到现代，经历了"庞氏规则"式的受害人对于损害有过错即不得赔偿，到受害人与加害人各以其过错程度比例或其他可归责事由比例分担责任的过程。[②]此演变过程及趋势表明，随着经济社会的发展，更加注重当事人之间公平考量以及对受害人权益的保护。[③]

（三）英美法系的发展演变

在英美法系，19世纪早期的英国法虽未有意识地提及"庞氏规则"，但存在与其效力相似的"助成过失"（contributory negligence）规则。[④]根据助成过失规则，除非加害人是故意的，受害人的助成过失，将使其无法获得赔偿。这一法律效果被称为"要么全赔，要么不赔"（all or nothing），即若受害人无过失，则由加害人全部赔偿；若受害人对于损害与有过失，则无权获得任何赔偿。

关于助成过失的起源，有的认其系借鉴自罗马法的"庞氏规则"，也有主张系起源于近代的普通法。[⑤]但一般认为是英国著名的Butterfield v. Forrester案

---

① A.M. Honore, Causation and Remoteness of Damage, *International Encyclopedia of Comparative Law, XI Torts*, J.C.B. Mohr Tubingen Martinus Nijhoff Publishers, 1983, pp.94-95.

② A.M. Honore, Causation and Remoteness of Damage, *International Encyclopedia of Comparative Law, XI Torts*, J.C.B. Mohr Tubingen Martinus Nijhoff Publishers, 1983, p.97. 据学者考证，有些民法典在侵权人承担严格责任或者过错推定责任时还保留了"庞氏规则"，但在过错责任时不采用该规则。采纳如此规定的有《葡萄牙民法典》第570条第2款和《澳门民法典》第564条，后者规定：如受害人在有过错下作出之事实亦为产生或加重损害之原因，则由法院按双方当事人过错的严重性及其过错引致之后果，决定应否批准全部赔偿，减少或免除赔偿。如责任纯粹基于过错推定而产生，则受害人之过错排除损害赔偿之义务，但另有规定者除外。参见李颖：《论侵权法上的比较过错制度》，中国政法大学2008年博士学位论文。

③ 有学者指出，过失相抵的现代解决方案最终根据因果关系程度和过错程度而将损害在加害人和受害人之间进行分配，它来自克里斯蒂安·沃尔夫的启蒙哲学，并且通过《奥地利民法典》第1304条、1881年《瑞士债法》第51条第2款、1911年《瑞士债法》第44条及《德国民法典》第254条而为法律所采用。参见马克斯·卡泽尔、罗尔夫·克努特尔：《罗马私法》，田士永译，法律出版社2018年版，第373页。

④ 英美法上的contributory negligence，国内学界的翻译很不一致，除了翻译为"助成过失"外，还有的将其翻译为"共同过失"、"参与过失"、"与有过失"或"互有过失"等，具体参见丹·B.多布斯：《侵权法》（上册），马静等译，中国政法大学出版社2014年版，第431页；李颖：《论侵权法上的比较过错制度》，中国政法大学2008年博士学位论文；徐爱国：《英美侵权行为法》，法律出版社1999年版，第88页。

⑤ 李薇：《日本机动车事故损害赔偿法律制度研究》，法律出版社1997年版，第208页。

确立了助成过失规则。该案中，被告Forrester修理房屋时在路上设置路障，但仍维持道路畅通。原告Butterfield骑马经过时，因速度过快，未能看见路障，结果发生冲撞，原告摔下马受伤。有证据证明意外发生时，原告能够看见100码外的景物。换言之，只要原告当时不是骑马过快，应可看见路障，并避免撞上路障。初审法官判决原告败诉，认为因未善尽一般注意义务而遭受损害者，无权就其所受损害请求赔偿。原告不应骑马过快，且有留意道路状况，察看是否有障碍物之一般注意义务。今原告因骑马过快未发现路障而发生意外，系属因自己之过失致发生损害，故不得求偿。[1]该案确立的助成过失规则在此后很长时间内为英美法系国家广泛采用。

助成过失规则之所以在Butterfield v. Forrester案中诞生，[2]应与其时的社会背景及时代精神有关。首先，助成过失规则的产生与资本主义早期为保护促进新兴工业的发展需要相关。决定法官发展侵权法方式的，并不是伦理学概念，而是一种压倒一切的需要——建立一套鼓励人们为实现发展生产的目标去冒险的责任制度。[3]所以，需要通过取消无限的责任风险来扶植企业，赋予市场主体最大限度的行为自由。为此，"法院将遏制性的侵权法原则强加给原告，如助成过失制度……这些原则对很多工业事故的受害人拒绝提供救济"[4]。这样对"幼年时期的工业"进行鼓励，付出的是最大的社会代价。[5]其次，这是与工业革命加速发展需要相适应的，是其时社会对个人主义与自力更生精神的强调。"换句话说，它认为，每一个成年人都必须自己照料自己。他不需要指望用法律上家长式的庇护来保全他自己……当他行动的时候，他被认为意识到了自己行为的风险。他必须承担预期的后果。"[6]助成过失，就其本质而言，体现了普通法的高度个人主义态度，以及使每个当事人均依靠自我注意和谨慎实现个人利益的

① 11 East 60, 103 Eng. Rep. 926 (1809). 另可参照潘维大编著：《英美侵权行为法案例解析》，高等教育出版社2005年版，第284~285页。对于Butterfield v. Forrester案，丹·B. 多布斯的解释略有不同，其认为，该案的判决仅仅意味着，根据该案的事实，被告并无过失，因为被告不可能预见到原告的行为以及保护其免受其过失伤害的需要。See Dan B. Dobbs, "Accountability and Comparative Fault", 47 *LA. L. REV.* 939 (1987).

② 助成过失规则之所以在Butterfield v. Forrester案中产生并得到广泛认可，英美法学者提出比较多的解释。See Francis H. Bohlen, Contributory Negligence, *Harv. L. Rev*, Vol. 21, No. 4 .(1908) . Fleming James, Jr. Contributory Negligence, 62 *Yale L. J.* (1953).

③ 伯纳德·施瓦茨：《美国法律史》，王军等译，法律出版社2007年版，第62页。

④ Patrick S. Davies, Saturday Night Specials: A "Special" Exception in Strict Liability Law, 61 *Notre Dame Law Review,* (1986), p.486.

⑤ 伯纳德·施瓦茨：《美国法律史》，王军等译，法律出版社2007年版，第66页。

⑥ 庞德：《美国法的形成时代》（第4卷），第19页（1938年），转引自伯纳德·施瓦茨：《美国法律史》，王军等译，法律出版社2007年版，第64~65页。

政策。① 最后，19 世纪的法官们不是不能就是不愿意在原、被告之间分配损失，他们坚持过失无法分配的观点，更喜欢一种达到"要么全赔，要么不赔"的责任结果的方法，助成过失制度便是这种落实损害的方法之一。②

助成过失规则的不合理性是显而易见的。助成过失规则显得非常极端，过失很少或很轻微的原告将被完全禁止获得赔偿，即使被告存在严重过失。该规则严重偏离了责任（accountability）和威慑（deterrence）的思想，因为它完全免除了被告的法律责任，即使被告是过失最大的行为人。③ "没有理由将原告的过失与其他致损原因做任何区别对待，即原告应对其自己造成的那部分损害承担责任，然而，普通法却使用助成过失规则，以此要求对其损害具有过失的原告丧失请求任何赔偿的权利。该规则显然未能促进侵权法补偿受害人的目标，而且亦未能促进遏制目标，因为即使被告造成了大部分的损害，他亦不必对其承担责任。"④ 所以，一直没有令人满意的理论来解释助成过失规则。⑤ 也因此，有法院和学者尝试提出各种缓和学说来限制助成过失规则的严苛性。其中，最称重要者为最后避损机会原则（last clear chance doctrine）。该原则起源于 1842 年的 Davies v. Mann 一案。在该案中，原告 Davies 过失地将其毛驴拴在路边，毛驴正吃草的时候，适巧被告 Mann 驾着一辆马车疾驶而过，因速度过快，被告驾驶的马车过失撞倒毛驴，致毛驴死亡。法院判决被告承担责任，原告的过失不禁止其获得赔偿，因为被告有"最后避损机会"。⑥ 当然，随着助成过失规则在当前大多数国家或地区被废弃，大多数涉及最后避损机会原则的判例在今天只具有历史意义。尽管，该原则亦受到诸多批评，但对该原则的真正解释仅在于对助成过失规则的不满，最后避损机会原则是通往分配损害道路上的一站。⑦

助成过失规则禁止有过失的原告获得赔偿，但与之同时甚至更早前，某些种类的比较过错在有限范围内即已实践，如在海上碰撞事故中，法院曾经在平

---

① William L. Prosser, *The Law of Torts*, 4ᵗʰ ed., West Publishing Co., 1971, p.41.

② Fleming James, Jr. Contributory Negligence, 62 *Yale L. J.* (1953). pp.702-703.

③ 丹·B. 多布斯：《侵权法》（上册），马静等译，中国政法大学出版社 2014 年版，第 431 页。

④ 迈克尔·D. 贝勒斯：《法律的原则——一个规范的分析》，张文显等译，中国大百科全书出版社 1996 年版，第 301 页。

⑤ 比较常见的解释，是以"近因"（proximate cause）理论来为助成过失规则提供支持的。"近因"理论认为，原告的过失是被告的过失与损害结果之间的介入原因，导致因果关系中断，使被告的过失与损害结果之间的因果关系过于遥远，因此，原告不能获得赔偿。丹·B. 多布斯：《侵权法》（上册），马静等译，中国政法大学出版社 2014 年版，第 431 页。但"近因"理论明显不具有普遍适用性，并非受害人所有情形的与有过失均可能超越替代被告的过失作为损害的原因。关于助成过失规则理论解释的其他观点，可以参照李颖：《论侵权法上的比较过错制度》，中国政法大学 2008 年博士学位论文；See Fleming James, Jr. Contributory Negligence, 62 *Yale L. J.* (1953).

⑥ Davies v. Mann, 10 M. & W. 547, 152 Eng. Rep. 588 (Exch. 1842).

⑦ 李颖：《论侵权法上的比较过错制度》，中国政法大学 2008 年博士学位论文。

均分配的基础上将损失分摊。如今，比较过失制度已基本全面取代苛刻的助成过失规则。比较过失原则通过比较原、被告的过错比例来确定原告可获得的赔偿额，该思想始于 1908 年的《联邦雇主责任法》（Federal Employers Liability Act），该法调整铁路雇员对其雇主提起的诉讼。① 这种理念在英国于《1945 年（共同过失）法律改革法》（Law Reform, Contributory Negligence Act 1945）得以一般化。该法很重要，但很简短。其主要条款是第 1 条第 1 款的原则性规定：任何人遭受损害部分是因为自己的过错，部分是因为他人的过错，针对该损害的请求权不会由于受害人的过错而被否定，但是可赔偿的损害应当减少相应的程度，直到法院在考虑了原告对损害应当承担的责任份额后认为这种减少是公正和衡平的。很显然，英国《1945 年（共同过失）法律改革法》完全否定了助成过失的法律效果，只要受害人对于损害与有过失，即应在原、被告之间分担损害。而在美国，1910 年密西西比州第一个颁布比较过失法。随后，威斯康星州在 1931 年，以及阿肯色州在 1955 年相继颁布了类似的法律。② 法律改变的进程在 20 世纪 60 年代和 70 年代变得相当快，各州或以立法或以判例方式采纳比较过失规则。到 21 世纪初，只有阿拉巴马、马里兰、北卡罗来纳和弗吉尼亚四个州以及哥伦比亚特区未采纳比较过失规则。③ 至此，美国绝大多数州与普通法国家及大多数大陆法系国家在过失相抵问题上基本取得一致。

美国的比较过失制度原则上按照原告的相应过错减少其获得的损害赔偿额。在美国，比较过失制度有两种，分别被称为纯粹比较过失制度与修正比较过失制度。纯粹比较过失（pure comparative negligence）将比较过失适用于所有原告与有过失的侵权案件中，不管原告的过失有多大，完全依照原、被告的过失比例来分摊损害赔偿责任。采纳纯粹比较过失制度的有十几个州及主要的联邦制定法。④ 修正比较过失（modified comparative negligence）又分为两种稍有差别的方案：其一为"大于"（greater-than）方案，指若原告的过错超过了被告的过错，原告就被禁止获得赔偿，约有 20 个州遵循此方案；⑤ 其二为"等于"（equal to）方案，即原告过错大于或等于被告的过错，原告均被完全禁止获得赔偿，有

① 丹·B. 多布斯：《侵权法》（上册），马静等译，中国政法大学出版社 2014 年版，第 439 页。

② See Victor E. Schwartz with Evelyn F. Rowe, *Comparative Negligence*, Lexis-Nexis Matthew Bender, 4th ed.,2002. pp.12-16.

③ See Victor E. Schwartz with Evelyn F. Rowe, *Comparative Negligence*, Lexis-Nexis Matthew Bender, 4th ed.,2002. p. 29.

④ 这些州包括阿肯色州、加利福尼亚州、佛罗里达州、肯塔基州、路易斯安那州、密歇根州、密西西比州、密苏里州、新墨西哥州、纽约州、罗得岛州、华盛顿州以及波多黎各。See Victor E. Schwartz with Evelyn F. Rowe, *Comparative Negligence*, Lexis-Nexis Matthew Bender, 4th ed.,2002. p.31.

⑤ 丹·B. 多布斯：《侵权法》（上册），马静等译，中国政法大学出版社 2014 年版，第 441 页。

十多个州适用此种限制更多的比较过失的方案。①

相比较而言，修正比较过失在美国得到更多州采纳。立法或实务认为，让有 90% 过失的原告仍能从只有 10% 过失的被告那里获得损害赔偿是非常不公平的，这会引发道德上的不合理性和极端情况下的不公平结果。②但是纯粹比较过失制度仍然得到一些学者、法院及联邦制定法如《联邦雇主责任法》的称赞。③他们认为纯粹比较过失才是真正按照过错比例分配责任，更能实现侵权法损害救济的功能，体现公平正义。相反，根据修正比较过失制度，负有 49% 过失责任的原告将获得 51% 的损害赔偿，而负有 51% 过失责任的原告却得不到任何赔偿。然而，当被告负有 49% 过失责任时，很难证明免除被告责任的正当性。④"50%" 制度不过是将助成过失规则的彩票观念转移到一个不同的基础上。⑤修正比较过失制度由于存在 50% 或者 51% 这一"生死点"，受害人过失超过这一比例便又适用助成过失规则。所以，修正比较过失制度并没有消除传统助成过失的禁止，只是"降低了障碍"。⑥

二、我国过失相抵的立法现状

（一）立法现状概述

在我国，古代律法对于过失相抵制度并没有明文规定。清末开始改变律法，《大清民律草案》将侵权法与合同法的过失相抵合在一起，其第 387 条规定："损害之发生受害人若有过失者，审判衙门应斟酌情形，定损害赔偿之责任及其金额。若债务人所不知或不能知之危险有重大损害者，受害人并不促债务人注意或怠于避损害及减损害者，亦同。"《民国民律草案》的规定略有不同，其第 306 条为："损害之发生、扩大，被害人与过失者，或债务人无故意及重大过失而因赔偿致困于生计者，法院得斟酌其情形，定损害赔偿之责任。"1929 年，《中华民国民法典》正式颁布，对于过失相抵亦采合一制，其第 217 条规定："损害之发生或扩大，被害人与有过失者，法院得减轻赔偿金额或免除之。""重大之损

---

① 丹·B. 多布斯：《侵权法》（上册），马静等译，中国政法大学出版社 2014 年版，第 441 页。

② 迈克尔·D. 贝勒斯：《法律的原则——一个规范的分析》，张文显等译，中国大百科全书出版社 1996 年版，第 301~302 页。

③ 具体可参阅丹·B. 多布斯：《侵权法》（上册），马静等译，中国政法大学出版社 2014 年版，第 441 页。

④ Alvis v. Ribar, 85 Ill. 2d 1, 421 N. E. 2d 886, 52 Ill. Dec. 23 (1981).

⑤ Nag Li v. Yellow Cab Co., 13 Cal. 3d 804; 532 P. 2d 1226 (1975).

⑥ Placek v. City of Sterling Heights, 405 Mich. 638, 661,275 N. W. 2d 511, 519 (1979). 关于纯粹比较过失与修正比较过失的更多评述，可以参照王竹：《侵权责任分担论——侵权损害赔偿责任数人分担的一般理论》，中国人民大学出版社 2009 年版，第 316~319 页。

害原因，为债务人所不及知，而被害人不预促其注意或怠于避免或减少损害者，为与有过失。"

新中国成立后，关于过失相抵制度的正式立法规定首见于《民法通则》。《民法通则》第 123 条规定："从事高空、高压、易燃、易爆、剧毒、放射性、高速运输工具等对周围环境有高度危险的作业造成他人损害的，应当承担民事责任；如果能够证明损害是由受害人故意造成的，不承担民事责任。"第 127 条规定："饲养的动物造成他人损害的，动物饲养人或者管理人应当承担民事责任；由于受害人的过错造成损害的，动物饲养人或者管理人不承担民事责任；由于第三人的过错造成损害的，第三人应当承担民事责任。"第 131 条规定："受害人对于损害的发生也有过错的，可以减轻侵害人的民事责任。"在《民法通则》中，第 131 条是过失相抵的一般规定，仅提及受害人对于损害发生与有过错，但未涉及对于损害扩大与有过错之情形，此应有缺失；其措辞"也有过错"，似有将过失相抵仅局限于过失侵权情形之嫌疑。此外，该条未规定过失相抵可能免除侵害人责任，适用中易引发分歧。至于第 123 条、第 127 条，均涉及加害人免除责任的规定，但应仅适用于单纯因受害人故意或过错而引发损害的情形。

《民法通则》颁布后，在法律适用的过程中，最高人民法院先后颁布了系列司法解释，来细化对过失相抵特定问题的规定。2000 年通过的《最高人民法院关于审理触电人身损害赔偿案件若干问题的解释》第 3 条规定："因高压电造成他人人身损害有下列情形之一的，电力设施产权人不承担民事责任：（一）不可抗力；（二）受害人以触电方式自杀、自伤；（三）受害人盗窃电能，盗窃、破坏电力设施或者因其他犯罪行为而引起触电事故；（四）受害人在电力设施保护区从事法律、行政法规所禁止的行为。"2001 年，《精神损害赔偿司法解释》第 11 条规定："受害人对损害事实和损害后果的发生有过错的，可以根据其过错程度减轻或者免除侵权人的精神损害赔偿责任。"2003 年，《人身损害赔偿司法解释》第 2 条规定："受害人对同一损害的发生或者扩大有故意、过失的，依照民法通则第一百三十一条的规定，可以减轻或者免除赔偿义务人的赔偿责任。但侵权人因故意或者重大过失致人损害，受害人只有一般过失的，不减轻赔偿义务人的赔偿责任。""适用民法通则第一百零六条第三款规定确定赔偿义务人的赔偿责任时，受害人有重大过失的，可以减轻赔偿义务人的赔偿责任。"这些司法解释在一些方面作出了与《民法通则》不同的规定，明确了过失相抵可减轻或免除加害人的责任，且过失相抵可适用于无过错责任侵权领域。

除了《民法通则》作为民事基本法的相关规定外，我国还有一些民事单行法对于过失相抵作出了特别规定。如《海商法》第 169 条第 1 款、第 2 款规定："船舶发生碰撞,碰撞的船舶互有过失的,各船按照过失程度的比例负赔偿责任;过失程度相当或者过失程度的比例无法判定的,平均负赔偿责任。""互有过失的船舶,对碰撞造成的船舶以及船上货物和其他财产的损失,依照前款规定的比例负赔偿责任。碰撞造成第三人财产损失的,各船的赔偿责任均不超过其应当承担的比例。"《道路交通安全法》第 76 条规定:"机动车发生交通事故造成人身伤亡、财产损失的,由保险公司在机动车第三者责任强制保险责任限额范围内予以赔偿;不足的部分,按照下列规定承担赔偿责任:(一)机动车之间发生交通事故的,由有过错的一方承担赔偿责任;双方都有过错的,按照各自过错的比例分担责任。(二)机动车与非机动车驾驶人、行人之间发生交通事故,非机动车驾驶人、行人没有过错的,由机动车一方承担赔偿责任;有证据证明非机动车驾驶人、行人有过错的,根据过错程度适当减轻机动车一方的赔偿责任;机动车一方没有过错的,承担不超过百分之十的赔偿责任。 交通事故的损失是由非机动车驾驶人、行人故意碰撞机动车造成的,机动车一方不承担赔偿责任。"

侵权责任法在总结过往立法与司法实践经验的基础上,在法律上进一步确立了过失相抵制度。《侵权责任法》第 26 条规定:"被侵权人对损害的发生也有过错的,可以减轻侵权人的责任。"作为过失相抵制度的一般条款,第 26 条与《民法通则》第 131 条相比较,除了措辞方面的些微改变外,并没有较大的调整突破,仍然遗留与第 131 条相似的一些问题。此外,在《侵权责任法》中,在高度危险作业侵权及饲养动物侵权等特殊侵权情形,第 72 条、第 73 条、第 78 条作出了过失相抵相关的特别规定。

《侵权责任法》的上述规定内容经修改均被吸纳进入《民法典》。《民法典》第 1173 条规定:"被侵权人对同一损害的发生或者扩大有过错的,可以减轻侵权人的责任。"第 1239 条规定:"占有或者使用易燃、易爆、剧毒、高放射性、强腐蚀性、高致病性等高度危险物造成他人损害的,占有人或者使用人应当承担侵权责任;但是,能够证明损害是因受害人故意或者不可抗力造成的,不承担责任。被侵权人对损害的发生有重大过失的,可以减轻占有人或者使用人的责任。"第 1240 条规定:"从事高空、高压、地下挖掘活动或者使用高速轨道运输工具造成他人损害的,经营者应当承担侵权责任;但是,能够证明损害是因受害人故意或者不可抗力造成的,不承担责任。被侵权人对损害的发生有重大过失的,可以减轻经营者的责任。"第 1245 条规定:"饲养的动物造成他人损害的,动物饲养人或者管理人应当承担侵权责任;但是,能够证明损害是因被侵权人故意或者重大过失造成的,可以不承担或者减轻责任。"第 1246 条规定:"违反管理规定,未对动物采取安全措施造成他人损害的,动物饲养人或者管理人应当承担侵权责任;但是,能够证明损害是因被侵权人故意造成的,可以减轻责任。"其中,相较于《侵权责任法》的相关规定,第 1246 条系属新增规定。

总体而言,我国当前关于过失相抵制度的规定,仍不尽完善。在基本立法层面,对于过失相抵是否可免除责任问题,均欠缺明确一致的规定。对于过失相抵是否及如何适用于无过错责任情形的侵权行为,未有系统妥当的规定。此外,过失相抵如何适用操作,相关条文也基本未涉及。至于其他更为疑难复杂的问题,如涉及受害人之监护人、使用人存在过失等情形是否及如何适用过失相抵,更是只字未提。

(二)与过失相抵基本立法相关的问题

与其他国家或地区相关立法相比较,我国当前关于过失相抵的一般规定,至少在以下几个基本问题上未臻明确或有过争论。

1. 过失相抵于无过错责任侵权情形的可适用性

无论是《民法通则》第 131 条,还是《侵权责任法》第 26 条,法条规定中"也有过错"的措辞似乎预示立法者对于上述问题的态度,即使过失相抵仅适用于过错责任。但《侵权责任法》第 72 条、第 73 条、第 78 条,作为特殊侵权行为情形过失相抵的特别规定,却又明确表明过失相抵仍可适用于无过错责任领域,只是适用条件可能具体法定。《民法典》第 1173 条表述为"被侵权人对同一损害的发生或者扩大有过错的","也"字的删除似可彰显立法者态度的转变。事实上,对于该问题,历来观点有分歧,立法过程中同样有持不同意见者。[1] 笔者拟于后文详细探讨此问题,在此暂且略过。

2. 过失相抵适用于受害人对于损害扩大与有过失的情形

无论是《民法通则》第 131 条还是《侵权责任法》第 26 条,对于过失相抵的规范均仅涉及受害人对于损害发生与有过失的情形,而未及于受害人对于损害扩大的与有过失。这与他国之法制明显不同。在比较法上,凡规定过失相抵制度者,无不同时规范受害人对于损害发生或扩大的过失。[2] 不遵医嘱,如未在约定的复查时间复查,也未接受医生的建议在出现复杂情形时找急救医生或诊所;皮质球被水浸湿,受害人应尽早采取限制损失的措施而不是等到所有的球

---

① 关于立法过程中对于该问题的不同观点,具体可参阅王胜明主编:《中华人民共和国侵权责任法释义》,法律出版社 2013 年版,第 151~154 页。

② 如此规定的国家,如奥地利、捷克、德国、希腊、意大利、荷兰、波兰、南非、西班牙、瑞士等等。具体可参阅 U. 马格努斯、M. 马丁-卡萨尔斯主编:《侵权法的统一·共同过失》,叶名怡、陈鑫译,法律出版社 2009 年版,第 15 页、第 41 页、第 108 页、第 141 页、第 169 页、第 180 页、第 212 页、第 213 页、第 232 页、第 252 页、第 298 页。

都烂了；身体或健康受损后，受害人应接受合理的职业转换，以制止损害的扩大等等。① 以上情形，均可能涉及受害人对于损害扩大的与有过失。

前述法律关于过失相抵制度的规定之所以未涉及受害人对于损害扩大与有过失情形的规范，有学者分析其成因与背景，认为其与我国长期以来缺乏损害赔偿法的一般规则相关。② 过失相抵，本属损害赔偿的基本规则，适用于所有损害赔偿之债，《民法通则》却将其一分为二，即在第6章第3节"侵权的民事责任"中规定了受害人对于损害发生与有过失的过失相抵（第131条），而对于违约损害赔偿，在第6章第2节"违反合同的民事责任"中，另行确立了一项减损规则（第114条③），强调非违约方对于损害的扩大有过错的，无权就扩大的损害要求赔偿。对于《民法通则》将侵权过失相抵与违约减损规则二分的模式，王泽鉴先生早在该法颁布之初即批评认为："《民法通则》分别就违约责任与侵权责任，加以规定，并赋予不同的效力，此种立法例，尚不多见。在违约情形，受害人对于损害的发生有过失的，亦属有之；在侵权行为的情形，被害人未及时采取措施防止损失的扩大，亦属有之，在此两种情形如何处理，不无疑问。"④ 但有些学者持肯定态度，认为该立法模式有其合理性。⑤ 因为过失相抵规则与减损规则各自内在的运行逻辑并不相同。二者可以通过时间点界分，过失相抵分管的是损失发生的阶段，而减损规则分管的是损失扩大的阶段。⑥ 但如此界分显非合理。首先，对于合同违约而言，非违约方对于违约损害的发生与有过失仍属可能。尽管依《合同法》第107条的规定，一般认为，合同违约责任原则上系属严格责任，不以违约人存在过错为条件，但前文已述，过失相抵并不只适用于过错责任领域，"过失相抵"仅为"形容之语"，相抵者并非过失本身，而是基于特定基准衡量得出的当事人双方的与有责任。其次，侵权损害发生之后的损害扩大，无论是否具体确定且得以与先前损害清楚区隔，受害人同样可能与有过失，从而应有过失相抵之适用。无论我国司法实践或司法解释，对此均予认同。《人身损害赔偿司法解释》第2条关于过失相抵的规定即明确包含"受害人对同一损

---

① 以上案例情形，转引自克雷斯蒂安·冯·巴尔：《欧洲比较侵权行为法》（下卷），焦美华译，张新宝审校，法律出版社2001年版，第669~670页。更多涉及受害人违反减损义务的与有过失情形，可参照U.马格努斯、M.马丁-卡萨尔斯主编：《侵权法的统一·共同过失》，叶名怡、陈鑫译，法律出版社2009年版，第108~109页。

② 程啸：《过失相抵与无过错责任》，载《法律科学》2014年第1期。

③ 《民法通则》第114条规定："当事人一方因另一方违反合同受到损失的，应当及时采取措施防止损失的扩大；没有及时采取措施致使损失扩大的，无权就扩大的损失要求赔偿。"

④ 王泽鉴：《民法学说与判例研究》（第6册），中国政法大学出版社1998年版，第303页。

⑤ 崔建远：《合同责任研究》，吉林大学出版社1992年版，第218页；韩世远：《合同法总论》，法律出版社2018年版，第812页。

⑥ 韩世远：《合同法总论》，法律出版社2018年版，第812页。

害的发生或者扩大有故意、过失的"情形。所以，笔者认同，"《民法通则》第114条的减损规则没有考虑非违约方对损害发生的过失，而第131条没有考虑到受害人对损害扩大的过失，存在明显的立法漏洞"[1]。无论违约或侵权，过失相抵均可适用，均应适用于受害人对损害发生或扩大之情形。所幸的是，对此，《民法典》编纂已有妥当的调整回应。《民法典》第1173条明确规定："被侵权人对同一损害的发生或者扩大有过错的，可以减轻侵权人的责任。"此一般规定已然包含对于同一损害扩大与有过失的规范。而在违约损害赔偿，第591条第1款与第592条第2款，合作规范了非违约方对于违约损失发生或扩大与有过失情形的过失相抵。[2]

"制止损害扩大义务是以受害人不能对损害任其发展的思想为基础的，他应当在可能的范围内制止损害的扩大及痛苦的延续。"[3]这是基于诚实信用原则衍生的义务。判断受害人对于损害的扩大是否与有过失，应视其是否及时采取合理措施以减轻损害或防止损害的扩大。所谓及时，是指损害发生之后，应当立即采取措施减轻损害或防止损害进一步扩大，受害人怠于采取措施的，即属与有过失。[4]所谓合理，要求按照一般合理人的标准来判断，受害人是否采取通常可行的措施以防止损失的扩大。受害人应采取一切有助于减少损害的措施，"只要它们不会带来不成比例的牺牲或者令他或她面临新的危险"[5]。

因受害人与有过失造成损害扩大后，若损害扩大部分得单独确定，能与先前损害相区别，且受害人与有过失限于导致损害扩大，则受害人应单独对扩大损害部分负责，但无须对先前损害共同负责；相反，若损害扩大部分不能单独确定，且无法与先前损害明确区别，先前的损害与扩大的损害将被视为一个整体，加害人与受害人依过失相抵规则确定分担损害。[6]

3. 过失相抵的法律效果是否包含责任的免除

域外法凡是有规范过失相抵者，其立法或判例基本均认同，过失相抵的法律效果包含加害人责任的免除。但在我国，无论是《民法通则》第131条、《侵

---

① 程啸：《过失相抵与无过错责任》，载《法律科学》2014年第1期。

② 《民法典》第591条第1款规定："当事人一方违约后，对方应当采取适当措施防止损失的扩大；没有采取适当措施致使损失扩大的，不得就扩大的损失请求赔偿。"第592条第2款规定："当事人一方违约造成对方损失，对方对损失的发生有过错的，可以减少相应的损失赔偿额。"

③ 克雷斯蒂安·冯·巴尔：《欧洲比较侵权行为法》（下卷），焦美华译，张新宝审校，法律出版社2001年版，第669页。

④ 王利明、周友军、高圣平：《中国侵权责任法教程》，人民法院出版社2010年版，第306页。

⑤ U. 马格努斯、M. 马丁-卡萨尔斯主编：《侵权法的统一·共同过失》，叶名怡、陈鑫译，法律出版社2009年版，第252页。

⑥ 王利明、周友军、高圣平：《中国侵权责任法教程》，人民法院出版社2010年版，第305页。

权责任法》第 26 条或《民法典》第 1173 条,均只是明确,受害人对于损害的发生或扩大有过错的,可以减轻加害人的责任。我国过失相抵适用的后果是否包含加害人责任免除,因此成疑。《侵权责任法》第 27 条还规定:"损害是因受害人故意造成的,行为人不承担责任。"该条款后被吸收成为《民法典》第 1174 条的规定。但该条是否系属过失相抵制度,从而在立法上支持免除责任的适用后果,亦有争论。

关于《侵权责任法》第 27 条是否系属过失相抵制度的规定,肯定观点主张,《侵权责任法》第 26 条、第 27 条规定的都是受害人过错,从过失相抵的效果来说,受害人过错包括作为减轻责任事由的受害人过错(第 26 条)和作为免除责任事由的受害人过错(第 27 条)[1];但否定观点认为,第 27 条的规定不属于过失相抵,且第 27 条规定的受害人故意与过失相抵中的受害人故意有别。[2] 受害人故意是指受害人明知自己的行为会发生损害自己权益的后果,而希望或放任此种结果的发生。笔者认同,第 27 条规范的是受害人故意为损害发生唯一原因的情形,则行为人的行为与损害之间不具有因果关系,行为人的行为不构成侵权行为,行为人自然不承担损害赔偿责任,而非免除其全部损害赔偿责任。所以,第 27 条关于法律效果的措辞是"行为人不承担责任"。因此,第 27 条规定的受害人故意,构成《侵权责任法》第三章"不承担和减轻责任的情形"中过失相抵之外独立的不承担责任事由。

确认《侵权责任法》第 27 条(《民法典》第 1174 条)不属于过失相抵的规定,是否意味着我国过失相抵的法律效果仅包含加害人责任的减轻?对此,有学者持肯定观点认为,过失相抵只产生减轻责任的法律后果,我国立法并不采用免除责任的方法。[3]《侵权责任法》颁布实施后,有学者基于对该法第 26 条、第 27 条的关系理解认为:"过失相抵的法律后果限定于减轻责任,而免除责任的规定,则通过第二十七条受害人故意来进行调整";"过失相抵中受害人故意造成损害的后果是减轻加害人的责任,在加害人与受害人之间产生责任的分担,并不免除加害人的责任"[4]。笔者以为,《侵权责任法》第 26 条或《民法典》第 1173 条规定被侵权人对于损害发生的过错,包含受害人的故意或过失。过失相抵本属基于公平及诚实信用的价值基础为权衡调整的规则,当受害人对于损害的发

---

① 王利明:《侵权责任法研究》(上卷),中国人民大学出版社 2010 年版,第 484 页。

② 具体观点及区别,可参照陈现杰主编:《中华人民共和国侵权责任法条文精义与案例解析》,中国法制出版社 2010 年版,第 91 页。

③ 杨立新:《侵权法论》,人民法院出版社 2011 年版,第 686 页。

④ 陈现杰主编:《中华人民共和国侵权责任法条文精义与案例解析》,中国法制出版社 2010 年版,第 85 页、第 91 页。

生与有故意，而侵权人对于损害的发生也有故意或者重大过失的，应属于减轻侵权人责任的情形，但若侵权人仅具有轻微过失，不免除侵权人的损害赔偿责任，则未免有失公平。对此，后文还将详细阐述。

过失相抵的适用可能导致加害人责任的减轻或免除，为各国立法和学界所共认。《民法典》侵权责任编应予全面明确规定，不应再拘泥于责任的减轻。遗憾的是，相较于《侵权责任法》，《民法典》的相关规定并未呈现实质的改进，内容亦非足够明晰。

第三节 过失相抵与相关制度的区别

一、过失相抵与自甘冒险

（一）问题的提出

自甘冒险[①]指的是这样一种情形：受害人非基于法律、道德等义务，将自身置于一个其明知或可得而知的危险处境中，并招致损害。自甘冒险，意味着风险须自负，其在很多国家曾经或现今被接受为被告重要的抗辩事由。

在中国，《民法典》之前并未规定自甘冒险制度，但司法实践涉及甚至直接援引以之判案者，却有其例。早在1988年的"张连起、焦容兰诉张学珍、徐广秋人身伤害赔偿案"[②]即已涉及自甘冒险规则。而在"刘涛诉丁山花园酒店有限公司、郑小刚、星汉美食城有限公司损害赔偿案"中，一审法院援引了自甘冒险规则，但却依照公平原则判决原、被告分担责任。二审法院改判认为，足球比赛是种激烈的竞技性运动，此性质决定了参赛者难以避免会遭受潜在的人身危险。参赛者自愿参加比赛，属于自甘冒险行为，在比赛中受到人身损害时，被请求承担侵权责任者可以以其自甘冒险为抗辩理由，从而免除民事责任。[③]此外，在其

---

① 关于该制度的名称，国内表述颇为多样化，包括自甘冒险、自甘风险、自担风险、风险自负、自冒风险等，具体可参照U. 马格努斯、M. 马丁-卡萨尔斯主编：《侵权法的统一·共同过失》，叶名怡、陈鑫译，法律出版社2009年版；埃尔温·多伊奇、汉斯-于尔根·阿伦斯：《德国侵权法——侵权行为、损害赔偿及痛苦抚慰金》（第5版），叶名怡、温大军译，刘志阳校，中国人民大学出版社2016年版，第82页；王泽鉴：《损害赔偿》，北京大学出版社2017年版，第320页；王竹：《侵权责任分担论——侵权损害赔偿责任数人分担的一般理论》，中国人民大学出版社2009年版，第307页；丹·B. 多布斯：《侵权法》（上册），马静等译，中国政法大学出版社2014年版，第465页；克雷斯蒂安·冯·巴尔：《欧洲比较侵权行为法》（下卷），焦美华译，张新宝审校，法律出版社2001年版，第636页；汪传才：《自冒风险规则：死亡抑或再生》，载《比较法研究》2009年第5期。

② 《中华人民共和国最高人民法院公报》1988年第4期，第12页。

③ 李鲲：《典型人身侵权改判案例精析》，中国法制出版社2005年版，第95页。

他一些体育损害侵权案件中，如 2002 年"石景山足球损害赔偿案"、2007 年"上海交大足球损害赔偿案"①及 2011 年"宝山篮球损害赔偿案"②，均引入自甘冒险理论以为判决作分析论证。但由于其时自甘冒险立法规则的空缺，以及理论研究不足导致的制度认知混乱，以致司法裁判对于自甘冒险理论的援用颇显混乱。有的案子未将自甘冒险与受害人同意清晰地定性区分；③有的案子虽肯定原告属于自甘冒险，却仍援引公平原则，判决被告须给予原告一定的补偿；④有的则与与有过失相混淆，认为原告自甘冒险，与有过失，判决其依过失比例承担损失。⑤此中包含自甘冒险与受害人同意、加害人过失、受害人与有过失适用关系的理解把握，引出的问题是：自甘冒险规则应否作为侵权责任法上独立的抗辩事由。

对于自甘冒险规则在我国侵权责任法上的应然地位，肯定其应被明确规定者有之，⑥质疑其独立性并否认其单独作为侵权责任抗辩事由者亦有之。⑦侵权责任法的学者建议稿则多有涉及，如梁慧星先生和王利明先生各自主持的民法典草案建议稿均有相关规定。⑧只是，2009 年《侵权责任法》并没有规定自甘冒险制度，但《民法典》最终确立了该制度，其第 1176 条第 1 款规定："自愿参加具有一定风险的文体活动，因其他参加者的行为受到损害的，受害人不得请求其他参加者承担侵权责任；但是，其他参加者对损害的发生有故意或者重大过失的除外。"

---

① 参见上海市第一中级人民法院（2009）沪一中民一（民）终字第 4914 号民事判决书。

② 参见上海市宝山区人民法院（2011）宝少民初字第 113 号民事判决书。

③ 如"石景山足球伤害案"，因法院判决未对其所适用的侵权抗辩事由准确定性，造成学者理解的分歧。如以杨立新教授为代表的多数学者认为该项判决援引的是自甘冒险规则。参见杨立新：《学生踢球致伤应否承担侵权责任》，载《侵权司法对策》（第 3 辑），吉林人民出版社 2003 年版；李燕：《"自愿承担风险"抗辩在体育伤害责任中的适用》，载《山东体育学院学报》2009 年第 4 期。但有学者认为该案的裁判依据是受害人同意。参见艾湘南：《体育侵权案中如何适用受害人同意规则》，载《武汉体育学院学报》2012 年第 3 期。此外，还有学者认为该案体现的是受害人同意规则，但受害人同意应包括自甘冒险。参见方益权、陈英：《论"受害人同意"及其在学生伤害事故中的适用》，载《政治与法律》2007 年第 4 期。

④ 如前述"刘涛诉丁山花园酒店有限公司、郑小刚、星汉美食城有限公司损害赔偿案"的一审判决。

⑤ 汪传才：《自冒风险规则：死亡抑或再生》，载《比较法研究》2009 年第 5 期。

⑥ 汪传才：《自冒风险规则研究》，载《法律科学》2009 年第 4 期。

⑦ 廖焕国、黄芬：《质疑自甘冒险的独立性》，载《华中科技大学学报（社会科学版）》2010 年第 5 期。

⑧ 《中国民法典草案建议稿附理由》第 1558 条规定：受害人同意加害人对其实施加害行为或者自愿承担危险及相应后果的，加害人不承担民事责任。加害行为超过受害人同意范围的，加害人应当承担相应的民事责任。受害人同意的内容违反法律和善良风俗的，不发生免除或者减轻加害人民事责任的效力。参见梁慧星：《中国民法典草案建议稿附理由（侵权行为编 继承编）》，法律出版社 2004 年版。《中国民法典学者建议稿》第 1851 条规定：受害人明确同意对其实施加害行为，并且自愿承担损害后果的，行为人不承担民事责任。加害行为超过受害人同意范围的，行为人应当承担相应的民事责任。受害人自愿承担损害的内容违反法律或者社会公共道德的，不得免除行为人的民事责任。参见王利明：《中国民法典学者建议稿及立法理由》，法律出版社 2005 年版，第 54 页。

在比较法上，主流观点认为自甘冒险并非独立的抗辩事由，但应将其置于其他什么范畴加以考察，则颇有争论。部分学者认为，自甘冒险是受害人同意的特别内容；有的学者则认为，自甘冒险是一个应主要在共同过错制度中集中解决的问题；还有部分学者认为，它是侵权行为法注意义务具体化的问题；甚至有人将其列入协议免除责任或因果关系的范畴内。①

自甘冒险在私法中是否应具有什么法律地位，无论中外，均有争论。但可以发现，对于自甘冒险及其法律地位的理解定位，绕不开与过失、与有过失之间关系的探讨。

（二）自甘冒险规则发展的比较法分析

自甘冒险源自罗马法谚语"自愿招致损害者不得主张所受损害"（volenti non fit injuria），即如果一个人自愿从事一项危险性的工作，那么他不能就由这个危险而造成的自身伤害请求赔偿。②该法谚发展走向有二：其一是作为故意侵权抗辩的受害人故意；其二是作为过失侵权抗辩的自甘冒险。③

自甘冒险观念尽管在罗马法已然生根，但该理念得到充分发展却是近代以来的事。一般认为，1837 年的 Priestley v. Fowler 案较为明确确立了自甘冒险规则。④其时代背景为工业革命带来的工伤事故激增。由于工伤事故频发，雇员经常提起过失侵权之诉，雇主则以自甘冒险提出抗辩：雇员明知工作中的风险仍接受雇佣，视为默示地接受其职业中固有的风险，无权获得任何赔偿。⑤其后，自甘冒险抗辩逐渐扩张至其他过失侵权责任领域，成为侵权责任中独立的抗辩事由。自甘冒险规则的司法适用，促进了西方近代新生工业的发展，减轻了经济发展的事故负担。⑥自甘冒险的思想"充分体现了上升时期资产阶级事业上生气勃勃的进取精神、竞争中优胜劣汰（即合法的损人利己）的价值观，与工业革命的扩张政策遥相呼应，以最小的侵权责任风险换取资本的原始积累和扩张，有助于经济发展和个人愿望的实现"⑦。

在规则适用的鼎盛期，自甘冒险抗辩被总结划分为如下不同类型：（1）明

① 克雷斯蒂安·冯·巴尔：《欧洲比较侵权行为法》（下卷），焦美华译，张新宝审校，法律出版社 2001 年版，第 636 页。另可参照丹·B. 多布斯：《侵权法》（上册），马静等译，中国政法大学出版社 2014 年版，第 469 页。

② 彼得·斯坦、约翰·香德：《西方社会的法律价值》，王献平译，郑成思校，中国法制出版社 2004 年版，第 156 页。另可参照丹·B. 多布斯：《侵权法》（上册），马静等译，中国政法大学出版社 2014 年版，第 466 页。

③ 汪传才：《自冒风险规则研究》，载《法律科学》2009 年第 4 期。

④ 汪传才：《自冒风险规则：死亡抑或再生》，载《比较法研究》2009 年第 5 期。

⑤ 廖焕国、黄芬：《质疑自甘冒险的独立性》，载《华中科技大学学报（社会科学版）》2010 年第 5 期。

⑥ 伯纳德·施瓦茨：《美国法律史》，王军等译，法律出版社 2007 年版，第 66 页。

⑦ 汪传才：《自冒风险规则：死亡抑或再生》，载《比较法研究》2009 年第 5 期。

示自甘冒险（Express Assumption of Risk），指受害人通过合同或其他形式表示同意免除侵害人的注意义务，同意承担侵害人行为已知或可能的风险导致的损害后果。（2）默示自甘风险（Implied Assumption of Risk），即受害人未作任何明示的同意，但基于其自愿参加某种带有固有风险的特定活动，推定其自愿承担风险。默示自甘冒险的理论基础在于，受害人对被告的行为所造成的风险有特别了解，意识到其性质，却仍然自愿继续遭遇它，则受害人的行为默示了同意；将来损害若果真发生，则系受害人"所招致的风险"。[1] 默示自甘冒险再区分为基本型默示自甘冒险（Primary Implied Assumption of Risk）和派生型默示自甘冒险（Secondary Implied Assumption of Risk）。前者指受害人之特定行为表明其自愿承担活动本身所固有的风险，侵害人对于受害人不负有消除此类风险的义务。例如，一名橄榄球运动员在与对方球员抢球时，因对方球员的犯规行为而受伤。对此，应解释为侵害人对于受害人不负有一般注意义务，因此，对于非恶意违规行为造成的伤害，属于受害人的"自甘冒险"。在后者，侵害人对于受害人负有注意义务，且已违反该注意义务，受害人在知悉存在侵害人违反义务造成损害的风险的情况下，仍自愿选择面对此风险。由于受害人参与风险活动的可归责性，构成与有过失，可以相应减轻侵害人的责任。[2] 在派生型默示自甘冒险中，根据受害人自愿承受已知风险是否合理，还有人将其进一步划分为"合理的默示自甘冒险"和"不合理的默示自甘冒险"。前者如佃农为救其小孩冲进失火农场而被灼伤；后者如佃农冲入火场是为抢救其帽子。[3]

在大陆法系国家，成文法对于自甘冒险的规定[4]虽不多见，但自甘冒险仍被一些国家法律接受为被告重要的抗辩事由，其既存在于法官造法中亦存在于特别立法中，既存在于过失责任中亦存在于严格责任中。[5] 在德国，长期以来，自甘冒险被解释为是建立在（默示）同意的原则上。帝国法院指出，自甘冒险必须是通过需受领的意思表示作为对侵害的同意而实现的。[6] 在解释上，"将自甘

---

① 丹·B. 多布斯：《侵权法》（上册），马静等译，中国政法大学出版社2014年版，第466页。另可参照 Victor E. Schwartz with Evelyn F. Rowe, *Comparative Negligence*, Lexis-Nexis Matthew Bender, 4th. ed. 2002. p.187.

② 汪传才：《自冒风险规则研究》，载《法律科学》2009年第4期。

③ 潘维大：《英美侵权行为法案例解析》，高等教育出版社2005年版，第299页。

④ 相关规定可查阅克雷斯蒂安·冯·巴尔：《欧洲比较侵权行为法》（下卷），焦美华译，张新宝审校，法律出版社2001年版，第636页注〔189〕。

⑤ 克雷斯蒂安·冯·巴尔：《欧洲比较侵权行为法》（下卷），焦美华译，张新宝审校，法律出版社2001年版，第636页。另可参照 U. 马格努斯、M. 马丁-卡萨尔斯主编：《侵权法的统一·共同过失》，叶名怡、陈鑫译，法律出版社2009年版，第374～378页。

⑥ 埃尔温·多伊奇、汉斯-于尔根·阿伦斯：《德国侵权法——侵权行为、损害赔偿及痛苦抚慰金》（第5版），叶名怡、温大军译，刘志阳校，中国人民大学出版社2016年版，第82页。

冒险构筑在受害人意思自治的自由效应上，以受害人的意思表示效力来实现逻辑上的自足"①。但这一解释构造并不令人满意，因为自甘冒险与受害人同意终究有别。受害人同意是对侵害行为及特定损害后果的同意，而自甘冒险的特征是，受害人使自己介入了不确定的风险，且和侵害人一样希望危险不要实现。②通过将任何面对已知风险的行为视为好像要同意接受这些风险，法院事实上偏离了自甘冒险所实质构建的基础。③所以，其后对于自甘冒险的解释更多转向诚实信用原则。"源于诚信原则的'禁止矛盾行为'原则阻却了受害人无视自己有意识地制造了或参与制造了危险处境的事实而向加害人就危险的实现提起诉讼的可能性。"④

不可否认，自甘冒险制度促进了早期资本主义工业的发展，但因此付出了巨大的社会代价。一些法官认为自甘冒险是一个"无法容忍的残酷规则"。这种不满基于如此"强迫的事实，逼迫工人们继续从事伴随着不同危险的一个或另一个职业……这是因为[工人们]迫于穷困而不是出于同意"⑤。随着侵权法对于受害人救济价值的日渐强化，也因为助成过失终被比较过失制度所取代的改革，英国1880年《雇主责任法》开始对自甘冒险抗辩施加一定的限制，且在1948年《法律改革（人身伤害）法》明确废止雇佣关系中自甘冒险的抗辩。从此，劳工赔偿案件不再适用自甘冒险，改采严格责任即替代责任。自甘冒险规则自此也走向衰落。

美国法上，自甘冒险的衰落经历了大致相同的轨迹。20世纪以来，加强劳工赔偿救济的思想日渐成熟。先是1902年马里兰州首个颁布《劳工赔偿法》及其后各州纷纷效仿通过相关法律，再有1908年《联邦雇主责任法》及1939年国会对该法的修改，这些法律基本宣告了劳工赔偿案件不再适用自甘冒险抗辩。20世纪中叶起，随着新泽西州法院首先在案件中拒绝适用默示自甘冒险，后又宣称，不再承认自甘冒险为独立的抗辩。⑥此后，多有州法院效仿。尽管1979年美国《侵权法重述（第二次）》明确将自甘冒险作为过失侵权责任的抗辩事由加以规定（496B-496G），但在20世纪90年代美国法学会起草《侵权法重述（第

① 廖焕国、黄芬：《质疑自甘冒险的独立性》，载《华中科技大学学报（社会科学版）》2010年第5期。

② 克雷斯蒂安·冯·巴尔：《欧洲比较侵权行为法》（下卷），焦美华译，张新宝审校，法律出版社2001年版，第638页。

③ 丹·B.多布斯：《侵权法》（上册），马静等译，中国政法大学出版社2014年版，第467页。

④ 克雷斯蒂安·冯·巴尔：《欧洲比较侵权行为法》（下卷），焦美华译，张新宝审校，法律出版社2001年版，第636页。

⑤ Thrussel v. Handyside, 20 Q. B. D. 359, 364 [1888].

⑥ Meistrich v. Casino Arena Attrastions, Inc., 1959, 31 N. J. 44, 155 A. 2d 90; Mc-Grath v. American Cyanamid Co., 1963, 41 N. J. 272, 196 A. 2d 238.

三次)·责任分担编》时,对于是否规定自甘冒险,"废除派"最终占了上风,使得该重述未再规定自甘冒险规则。

在欧洲,自甘冒险始终并非普遍存在的抗辩,而且,越来越多的国家质疑其独立抗辩地位。在德国,联邦最高法院1961年对自甘冒险作出了正确指引(BGHZ 34,355):自甘冒险不再被理解为责任排除的依据,而是类似于第254条的与有过错,并置于其衡量之下。[①] 在瑞典、瑞士,受害人自甘冒险已被并入到受害人的过失问题中考量。[②] 荷兰最高法院判定,在荷兰侵权法中,要考虑受害人的行为,有充足的手段应对,根本不需要有自甘冒险的法则。[③]

以上所述,显示自甘冒险作为独立抗辩制度的衰落,甚至于被否定,有学者因此断言,自甘冒险已经死亡。[④] 但自甘冒险制度在我国相当于新生,其与过失、与有过失的认定是否存在什么关系,仍然值得深思。

(三)过失、与有过失与自甘冒险

前文对于自甘冒险类型的介绍表明,"所谓的自甘冒险并非一个单纯、独立的概念,它至少糅杂了免责合意、侵害人没有负担注意义务和促成过失等多种情形,他们之间并没有太多的共性;受害人的损害赔偿请求权在这些情形下的限缩或丧失均建立在各自独立的原则、规则与政策基础上,并不取决于自甘冒险抗辩本身"[⑤]。因此,所谓的"自甘冒险"抗辩并不纯粹,需要解构,以检视受害人自甘冒险行为引发的不同规范需求是否可为其他既有制度资源所涵盖。

1.明示自甘冒险与受害人同意

明示自甘冒险,究其实为受害人同意。受害人同意情形,损害的发生及其性质、程度是确定的,受害人同意侵害行为及其特定损害后果的发生,并将此意思明示于侵害人。自此而言,受害人同意与自甘冒险情形冒险人不希望不确定风险现实化,则有根本区别。所以,在明示自甘冒险,"导致侵害人免责的与其说是自甘冒险抗辩,还不如说是当事人之间的免责合意"[⑥]。正因为如此,美国《侵权法重述(第三次)》将明示自甘冒险还原为"责任的合同限制"(contract limitation on liability)。

---

① 埃尔温·多伊奇、汉斯-于尔根·阿伦斯:《德国侵权法——侵权行为、损害赔偿及痛苦抚慰金》(第5版),叶名怡、温大军译,刘志阳校,中国人民大学出版社2016年版,第82页。

② U.马格努斯、M.马丁-卡萨尔斯主编:《侵权法的统一·共同过失》,叶名怡、陈鑫译,法律出版社2009年版,第284页、第300页。

③ U.马格努斯、M.马丁-卡萨尔斯主编:《侵权法的统一·共同过失》,叶名怡、陈鑫译,法律出版社2009年版,第182页。

④ Kenneth W. Simons, Reflections on Assumption of Risk, 50 *UCLA L. Rev.* 2002, p.482.

⑤ 廖焕国、黄芬:《质疑自甘冒险的独立性》,载《华中科技大学学报(社会科学版)》2010年第5期。

⑥ 廖焕国、黄芬:《质疑自甘冒险的独立性》,载《华中科技大学学报(社会科学版)》2010年第5期。

2.默示自甘风险与过失、与有过失

明示自甘冒险之外，受害人冒险行为如何规范，主要涉及社会交往中注意义务的分配，及其与冒险行为关系的理解把握。注意义务的分配取决于不同因素，法律规定、习惯性做法、当事人之间的关系或他们默示的理解等都可能发挥影响。①有学者主张，"侵害人注意义务停止之处就是受害人自甘风险开始之处"，反之亦可成立。②但究其实，二者并非非此即彼的关系。侵权法关心的是注意，对他人人身及财产安全的注意，注意义务的分配相当于划定风险承担的范围。但在当事人一方负有注意义务的范围内，并非意味着其他主体即可肆意冒险而为，因为任何人对于自身利益亦有"合理照顾"的不真正义务。自甘冒险涉及受害人在风险知情基础上的自愿选择，只是对受害人行为形态的描述，与受害人是否负有相关义务并无关联。自甘冒险在侵权法领域更像是一种合同理念的表达，其反映了一个人对于风险的判断选择，潜在受害人准备遭遇甚至承受这样的风险。③当然，如此解释表达亦非意味着对于潜在侵害人任何违反注意义务行为及其风险的同意。所以，注意义务的分配与自甘冒险并非同一关系维度里非此即彼的选择，对于默示自甘冒险行为的规范应对，需要参酌当事人间注意义务的划分及过失构成与否等因素考量。

在基本型默示自甘冒险情形，往往发生在自身蕴含特定风险的娱乐或体育运动领域。对于某些娱乐活动，因为追求娱乐刺激，损害风险为其所固有，亦属正常可预期，具有不可排除性。"无论是从损害的可预见性、可控制性及社会政策角度而言，固有风险的损害都不应当由举办者或提供商来承担"④，否则，将使得活动失去其原有属性。所以，"娱乐业者对固有风险实现造成的损害不承担责任并非因为受害人自甘冒险，而是因为前者对固有风险并不负有防免的义务"⑤。体育运动同样如此，由于体育运动通常具有激烈的竞技性，如足球赛、橄榄球赛、滑雪比赛、拳击比赛等，均蕴含伤害风险，但已长期为社会所接受，所以，在体育运动中，运动员相互间保护对方或者对于观众安全的一般注意义务被限制或被认为不存在。总结而言，基本型默示自甘冒险作为法律适用的规则，是被告没有义务或没有违反义务，并不是对过失的一种抗辩，被告得拒绝赔偿是因为双方自愿参与了活动。⑥

① 丹·B.多布斯：《侵权法》（上册），马静等译，中国政法大学出版社2014年版，第438页。
② 廖焕国、黄芬：《质疑自甘冒险的独立性》，载《华中科技大学学报（社会科学版）》2010年第5期。
③ Dilan A. Esper and Gregory C. Keating, Abusing "Duty", 79 *S. CAL. L. Rev.* 265, (2006).
④ 廖焕国、黄芬：《质疑自甘冒险的独立性》，载《华中科技大学学报（社会科学版）》2010年第5期。
⑤ 廖焕国、黄芬：《质疑自甘冒险的独立性》，载《华中科技大学学报（社会科学版）》2010年第5期。
⑥ 汪传才：《自冒风险规则：死亡抑或再生》，载《比较法研究》2009年第5期。

当侵害人对于受害人负有注意义务，风险现实化往往意味着侵害人义务的违反而有过失，此时，即使受害人选择冒险，亦非等同于其同意接受因被告过失造成的所有风险。例如，明知朋友之汽车车况不好或其已醉酒，仍决定搭乘其汽车，其后搭乘者因交通事故发生而遭受损害。在类似的事故中，受害人选择冒险的举动不应被援引为被告的行为完全辩护的事由，让受害人承受任何车祸造成的后果，无法让人理解。"知道风险、理解风险且决定无论如何都将冒险的原告，在某些案件中可能是有过失的，但是被告很少可以合理地将原告的行为理解为她同意接受因被告过失造成的所有风险。正如 Prosser 所指出的，汽车司机不能合理地认为不遵守交通规则的原告同意了被告的过失。"[①] 所以，在这类案例中，受害人只是选择冒险疏忽了自己的安全而与有过失，应依照过失相抵来决定其可能获得的赔偿额。当然，受害人自甘冒险如果是合理的，如前述佃农为抢救自己的小孩而冒险冲入火场，甚至可能评价受害人行为具备合理性而无过失。

（四）结论

当前，多数国家认同，自甘冒险不再是独立的侵权抗辩，除了明示自甘冒险可以依照合同处理外，其他问题基本上可以由过失、与有过失取代规范。"原则上讲，对风险的承担应当由一般过错责任法规而不是一些特殊的所谓的'承担风险'的概念来进行评价。"[②] 事实上，无论现实风险根源何在，注意义务的承担基于什么原则分配，在加害人与受害人之间，无非是检讨加害人有无过失及受害人是否与有过失，据此，基本上可以实现对风险与注意义务的分配。

按照前述对于自甘冒险的类型划分，我国《民法典》第 1176 条的规定可以划归基本型的默示自甘冒险，在这种自愿参加的有风险的文体活动中，因为活动内在蕴含的风险现实化造成损害，受害人应自我承受，加害人不负有防范活动通常风险现实化的义务，自无行为有过失以构成侵权责任可言，当然，"其他参加者对损害的发生有故意或者重大过失的除外"。自此而言，即使我国法律未规定自甘冒险制度，经由对过失、与有过失的规范处理，亦可合理分配文体活动中的风险承担。当然，鉴于过失、与有过失的模糊难断，实践中的认定易流于

---

① 丹·B. 多布斯：《侵权法》（上册），马静等译，中国政法大学出版社 2014 年版，第 474 页。

② U. 马格努斯、M. 马丁-卡萨尔斯主编：《侵权法的统一·共同过失》，叶名怡、陈鑫译，法律出版社 2009 年版，第 46 页。多布斯教授认为：以前根据自担风险理论解决的案件在今天可以通过以下手段得到解决：（1）适用比较过错规则；（2）裁定被告没有注意义务；（3）裁定被告没有违反义务。哪一种解决方法更为恰当要取决于案件的事实。参见丹·B. 多布斯：《侵权法》（上册），马静等译，中国政法大学出版社 2014 年版，第 465～466 页。基顿教授也认为，除明示自甘冒险外，自甘冒险在其他案件中没有效力，应在无义务规则和过失相抵之间进行选择。因为适用其他规则就可以处理好，自甘冒险没什么用处，徒增混乱。See W. Page Keeton et al., *Prosser and Keeton on the Law of Torts*, 5th ed., west publishing co. 1984, p.493.

随意,故借由确立自甘冒险制度,通过具体的规范要件,当可相对明确可预期地实现对文体活动中风险承担的分配,或不失制度确立的价值。

二、过失相抵与因果关系中断

因果关系中断,属于大陆法系民法的概念,英美法称之为替代原因或介入原因(Superseding Cause),是指由于第三人的行为或者其他外力等不可预见的因素介入,打破了原来的因果链条(Chain of Causation),使得后者成为导致结果发生的最近的一个原因,从而使得原来的行为人,虽然其先前的行为是造成损害结果发生的一个实质性因素,但是由于该原因的介入而免于承担责任。[①]例如,某甲于某乙之食物中放毒,意图毒杀某乙,某乙食用后毒性发作前遭车祸身亡。毒杀与车祸所酿成之损害同一,然遭车祸之结果使毒杀之作用完全消失,即使毒杀损害之因果关系中断。[②]

过失相抵与因果关系中断明显有别。过失相抵要求加害人与受害人之行为属受害人损害发生或扩大之共同原因,二原因共存,造成同一损害,任何一方均不得主张另一方是损害发生的介入原因。而发生因果关系中断时,介入原因将使得在先行为与损害结果之间的因果链条被切断。但因果关系中断颇为复杂,哪些因素在什么情境下的介入得使因果关系中断,仍有疑难。受害人过错,尤其是受害人之故意,仍有可能构成介入原因从而中断加害行为与损害结果之间的因果关系。如此,似乎拉近了过失相抵与因果关系中断的关系,使得受害人与有过失究竟导向过失相抵或因果关系中断,仍有讨论之余地。

事实上,如前所述,在对英美法传统助成过失规则提供理论解释时,有些法院会建议,因为原告的过失是一个替代原因,使得被告的过失不再是近因。[③]该解释事实上即以因果关系中断来分析判断受害人过失的介入对于在先因果关系构成的影响。而在当前的比较法上,有判例与学说认为,在加害人与受害人的关系中,一方的故意是具有决定性意义的过错,将完全切断另一方过失与损害后果之间的因果联系。"如果受害人是故意引发损害,允许其从受害人共同过失的抗辩事由中受益从公共政策上而言是不公平、不合理的。"[④]而受害人任性有意的行为也将完全中断侵权人行为与损害后果之间的因果关系链条。[⑤]所以,受害人过

---

① 薛波主编:《元照英美法词典》,法律出版社2003年版,第1313页。

② 曾世雄:《损害赔偿法原理》,中国政法大学出版社2001年版,第261页。

③ 丹·B.多布斯:《侵权法》(上册),马静等译,中国政法大学出版社2014年版,第431页。

④ U.马格努斯、M.马丁-卡萨尔斯主编:《侵权法的统一·共同过失》,叶名怡、陈鑫译,法律出版社2009年版,第154页。

⑤ U.马格努斯、M.马丁-卡萨尔斯主编:《侵权法的统一·共同过失》,叶名怡、陈鑫译,法律出版社2009年版,第255页。

错的介入并不当然会被解释为与加害人过失并存且共同对损害结果发挥作用,也可能被认为阻断加害人行为与损害后果之间的因果联系,从而须单独承受自身的损失。其中,何种情形或条件足以认定构成因果关系中断则值得关注探究。

三、过失相抵与损益相抵

损益相抵,是指受害人基于损害发生的同一赔偿原因获得利益时,应将所受利益由所受损害中扣除以确定损害赔偿范围的规则。如房屋被毁损,但留有建筑材料。损益相抵的目的在于计算出侵权所造成的实际的、真实的损失,即属赔偿责任的范围确定问题。其法理依据在于,损害赔偿的目的乃填补受害人所受损害,而非使受害人因此而获得不当利益,故在赔偿之前,须确定损害的确实数额。我国现行法并未规定损益相抵制度,但自法理言,其应属自然之理。

过失相抵与损益相抵同为确定损害赔偿额之方法,皆以公平原则为价值基础,处理上可能均需有法官自由裁量之运作。但二者的区别亦属明显,过失相抵旨在确定损害赔偿额时平衡加害人与受害人之间的利益,其适用原则上以受害人与有过失为要件,乃基于私法自己过失、自己责任之法理;而损益相抵旨在避免受害人获得损害之外的不当利益,其适用以受害人因侵权损害获有利益为要件,乃基于无损害则无赔偿之法理。[①]

如果过失相抵与损益相抵在同一侵权损害赔偿诉讼中相竞合,何者应优先适用呢?该问题的确定对于赔偿范围的计算有较大的影响,不得不察。设甲之房屋因乙侵权毁损,房屋价值100万元,甲与有过失应担责任比例为50%,且甲因房屋毁损可获得30万元利益。在此设例中,假如先进行过失相抵,甲可获得的赔偿金额为50万元,然后进行损益相抵,则甲可获得的赔偿金额应为20万元。相反,若先进行损益相抵,可确认甲的实际损害为70万元,继而进行过失相抵,则甲可获得的赔偿额为35万元。由此可见,过失相抵与损益相抵何者优先适用,结果会有很大的不同,显然,先损益相抵后过失相抵对受害人更为有利。笔者认同,损益相抵旨在确定受害人实际的损害范围,在损害范围确定之后,始依照加害人与受害人间过失相抵的责任比例分配损害,应属合理的逻辑顺序,故应使损益相抵优先于过失相抵适用。[②]

---

① 郑玉波:《论过失相抵与损益相抵之法理》,载《民法债编总论》,中国政法大学出版社2004年版,第243页。

② 李颖:《论侵权法上的比较过错制度》,中国政法大学2008年博士学位论文。在日本法上,关于过失相抵或损益相抵何者优先,形成截然不同的观点,但司法实务更倾向于先过失相抵后损益相抵的做法。具体可参照圆谷 峻:《判例形成的日本新侵权行为法》,赵莉译,法律出版社2008年版,第222页;李薇:《日本机动车事故损害赔偿法律制度研究》,法律出版社1997年版,第233~235页。

第二章　过失相抵的法理基础

过失相抵，使得加害人对于受害人的赔偿责任得以减免，其法理基础何在？该问题颇为重要，关系到如下争论议题：过失相抵的适用是否仅限于受害人与有过失情形；受害人是否须具有责任能力；与受害人相关之第三人的过失是否视为受害人的与有过失而适用过失相抵等。但当前包括台湾地区在内的国内学界对该问题的探究颇显不足，多仅限于对他人学说的简单转介，对问题的理解认知仍属表浅。何以过失相抵，日本的学理探讨较为深入充分，故下文对于不同学说的介绍评述将着重呈现日本学者的观点。

第一节　不同学说介绍评述

一、日本学说评介

（一）受害人分担损害的视角

就受害人分担损害之视角探求过失相抵之法理基础，旨在解释受害人因与有过失之所以须分担或承担损害的理由。

1. 被害人之不注意

加藤一郎教授认为，过失相抵是谋求受害人与加害人之间公平的一种制度。与加害人过失系属违反对他人之注意义务不同，受害人之过失，乃受害人未尽社会共同生活应有之注意，系助成损害发生的不注意，属于对诚信原则上注意义务的违反。[①] 我妻荣同样将受害人在此的注意义务解释为诚实信用原则上的义务，其认为，在社会生活中，每个人不仅应注意不给他人带来损害，还应注意不使自己蒙受损害，如果违背该原则，受害人须忍受其损害。[②] 该学说不特别探究受害人的主观情事，旨在以受害人客观上单纯的疏忽，作为其应分担损害的归责事由。所以，有学者评价加藤学说之基础，在于损害分配原理，而非归

---

① 加藤一郎：《不法行为》，东京有斐阁1974年版，第247页，转引自陈聪富：《过失相抵之法理基础及其适用范围》，载王洪亮等主编：《中德私法研究》第4卷，北京大学出版社2008年版，第9页。

② 我妻荣：《事务管理、不当得利、侵权行为》，有斐阁1940年版，第209页，转引自李薇：《日本机动车事故损害赔偿法律制度研究》，法律出版社1997年版，第210页。

责原理。[①]

2. 受害人行为具有违法性

前田达明教授认为，过失侵权行为之归责依据，非为意思责任，应求诸信赖原则之违反。所谓信赖原则，系指任何人均得信赖其他社会成员遵守注意义务而不侵害他人。从而，过失意指依照通常合理人的注意标准，对于可回避之损害结果未能回避，致侵害他人之权益。则过失在性质上系属客观的行为义务之违反，属于违法性而非有责性的问题。前田达明教授进而推论认为，加害人过失乃违法性之要素，受害人之过失亦同。因而受害人之过失，亦属违反法律上义务。自此而言，"过失相抵"则为加害人与受害人违法性之比较衡量，亦即"违法性相抵"。[②] 很显然，前田达明教授基本将受害人过失与加害人过失等同视之。

3. 受害人行为具有作为违法性判断基础的"危险性"

此为四宫和夫教授的观点。四宫和夫教授认为，过失相抵之受害人过失，包含违反义务之真正过失与非义务违反之不真正过失。不真正过失，系属受害人对于自己的过失。受害人对于自己利益的防卫，单纯不注意或怠慢时，虽非真正义务之违反，但为避免加重加害人之损害赔偿责任，潜在的受害人为防卫自身之利益而为合理的行为，应为社会生活所期待。从而，所谓受害人之过失，系指偏离对受害人所期待之行为模式，对于权益损害之发生或扩大，具有原因力。亦即受害人行为具有作为违法性判断基础的"危险性"，即可构成过失相抵之"过失"。受害人自己过失发生时，亦属应予非难之行为，而应负担损害。[③]

4. 被害人具有损害回避可能性

洼田充见教授认为，过失相抵制度，系在损害赔偿范围内，就加害人与受害人相互间如何分担损害，寻求正当化的根据。过失责任的基础在于不得侵害他人权益。在法律上，受害人固然不具有不得侵害自己法益之一般性法律义务，但受害人为了不侵害自己的法益，可为一定之必要行为而不为，就加害人与受害人之间的损害分配而言，过失相抵即具有意义。从而，在加害人应负损害赔偿责任时，若受害人对于损害的回避或减少具有期待可能性，加害人主张受害人本身应分担部分损害，即具有合理性。该观点以法益所有人应承担自己损害

① 日本学者桥本佳幸的评价，转引自陈聪富：《过失相抵之法理基础及其适用范围》，载王洪亮等主编：《中德私法研究》第 4 卷，北京大学出版社 2008 年版，第 9 页。

② 前田达明：《民法Ⅵ 2（不法行为法）》，东京青林书院昭和 55 年版，第 359~362 页。转引自陈聪富：《过失相抵之法理基础及其适用范围》，载王洪亮等主编：《中德私法研究》第 4 卷，北京大学出版社 2008 年版，第 10 页。

③ 四宫和夫：《不法行为》，转引自陈聪富：《过失相抵之法理基础及其适用范围》，载王洪亮等主编：《中德私法研究》第 4 卷，北京大学出版社 2008 年版，第 10~11 页。

之原则为基础。据此，受害人具有损害回避之期待可能性，即为受害人过失相抵之归责理论，而成为加害人得主张受害人负担损害之正当化理由。[①]

(二)加害人责任减轻的视角

就加害人责任减轻的视角探讨过失相抵的法理基础，旨在解释说明加害人对受害人侵权责任的承担何以得减免。

1. 加害人之非难可能性减低

西原道雄教授认为，过失相抵的适用，依加害人方面的非难可能性程度，据以酌定其损害赔偿数额，足以克服完全赔偿原则的缺失。过失相抵中的受害人过失，不应从文言上的"受害人"和"过失"来把握，而应该作为减少加害人方非难可能性程度的一项标志。至于受害人过失之有无及其程度，与其主观情事无关，应自行为之外观型态予以客观上判断。因而，凡是受害人对于事故之发生具有原因力之因素，均足以成为损害赔偿数额减少的事由。[②]

2. 加害人行为之违法性减低

川井健教授认为，适用过失相抵时，加害人的违法性程度，应成为问题点，依据加害人的违法性程度，划定损害赔偿之范围。从而，过失相抵之本质，应求之于加害人违法性的程度。在损害事故发生时，加害人对于受害人的行动样态，究应采取何种应对方式，始为问题之核心。此时，对于加害人应为之应对方式，与其现实上所为之行为予以比较，审查其欠缺程度，而减轻加害人之责任。换言之，受害人之过失，系以加害人之违法性程度而成为问题，加害人仅依据其违法性程度而负担损害赔偿之责任。[③]

3. 加害人行为仅有部分因果关系

该说认为过失相抵的责任减免系属因果关系问题。加害人仅对与自己行为有因果关系的损害负责，对于与受害人行为有因果关系的损害不负责任，被认为理所当然。历史上，日本民法的起草者们多以因果关系说来解释过失相抵。[④]

---

① 洼田充见：《过失相杀の法理》，东京有斐阁2004年版，第201~206页，转引自陈聪富：《过失相抵之法理基础及其适用范围》，载王洪亮等主编：《中德私法研究》第4卷，北京大学出版社2008年版，第11~12页。

② 于敏：《日本侵权行为法》，法律出版社2015年第3版，第605页；西原道雄：《生命侵害、伤害中的损害赔偿额》，载《私法》1965年第27期；《幼儿的死亡、伤害与损害赔偿》，载《判例时报》1964年第389期，转引自陈聪富：《过失相抵之法理基础及其适用范围》，载王洪亮等主编：《中德私法研究》第4卷，北京大学出版社2008年版，第12页。

③ 川井健：《现代不法行为法研究》，东京日本评论社1978年版，第292页以下，转引自陈聪富：《过失相抵之法理基础及其适用范围》，载王洪亮等主编：《中德私法研究》第4卷，北京大学出版社2008年版，第13页。

④ 于敏：《日本侵权行为法》，法律出版社2015年第3版，第602页。

如梅谦次郎认为，所谓斟酌受害人的过失，正是因为加害行为的因果关系未及于因受害人过失而产生的损害，所以说损害赔偿的减额属因果关系问题。穗积陈重也认为，法官对侵权行为的损害赔偿有较大的斟酌权，其斟酌的根据归根到底还是加害行为的因果关系问题。[①] 其后的森岛昭夫、浜上则雄等教授亦坚持类似的观点。森岛昭夫教授主张应该像民法起草者那样，以因果关系问题来把握过失相抵的根据。其认为，"即使在发生的损害可以看作与加害人的行为大致处于相当因果关系的范围内的场合，对于该结果的发生，受害人也给予了原因力时，在该程度上缩小加害人的行为应该负担的本来的责任范围，因此，赔偿额被缩减"[②]。浜上则雄教授参考法国法上之部分因果关系说，认为在因果关系上具有竞合关系的多数加害原因，对于损害结果未必具有同等作用。事故发生之全部损害，必须与各个因果关系上的原因力相联结。就全部损害而言，各个原因仅具有部分的因果关系，则在责任范围上，仅生部分的责任。[③]

（三）总结评述

1. 过失相抵法理基础的探求展开，事实上涉及诸多相关根本性问题的理解认知。这些问题包括：过失性质的主观或客观定位；过失与违法性的关系何解；受害人过失的理解定性；受害人过失构成是否以其具有何种主观认知能力为要件；过失相抵是否限于受害人具有过失时的相抵等等。上文对于学说的介绍主要指向过失相抵法理基础问题本身，基本未旁及其他。相关问题的论述将在后文渐次展开。

2. 可以认同，加害人系依据过失责任主义而负责，受害人则系基于法益主体自行承担损害而负担损害。[④] 日本多样化的学说被归类为从"受害人分担损害"与"加害人责任减轻"的视角解释过失相抵的法理基础。但二者解释指向的问题实无根本差异：前者无非探寻，加害人行为满足侵权责任构成时，为何不是将全部损害转嫁给加害人，而得留存部分损害由受害人自行承担；后者则旨在追问，在加害人须承担侵权责任时，为何只需承担部分责任，而非全部责任。待

---

① 梅谦次郎、穗积陈重的观点，均转引自李薇：《日本机动车事故损害赔偿法律制度研究》，法律出版社1997年版，第209页。

② 森岛昭夫：《侵权行为法讲义》，有斐阁1987年版，第389页，转引自于敏：《日本侵权行为法》，法律出版社2015年第3版，第608页。

③ 浜上则雄：《损害赔偿法中的"保证理论"与"部分性因果关系的理论"》，载《民商法杂志》1972年第66卷第4期，转引自陈聪富：《过失相抵之法理基础及其适用范围》，载王洪亮等主编：《中德私法研究》第4卷，北京大学出版社2008年版，第13页。

④ 桥本嘉幸：《过失相杀法理的构造与射程（四）》，载《法学论丛》第137卷第6号，第32~33页，转引自陈聪富：《过失相抵之法理基础及其适用范围》，载王洪亮等主编：《中德私法研究》第4卷，北京大学出版社2008年版，第14页。

解释的问题实际上基本一样,即受害人为何须自行承担部分损害,而非将全部损害转嫁给加害人承担。差异在于解释理据的落脚点:是受害人行为具疏忽、违法性等属性而使其须自负部分损害,还是因为加害人行为非难可能性、违法性降低或仅与损害具有部分因果关系而得减轻责任。在前者,会更多关注受害人及其行为的属性特质并予以解释评价;而在后者,则更多关注加害人行为可责性或违法性减低或其致损因果关系的一面,据此确定责任数额,但可责性、违法性或致损原因力的减低,是否系因受害人对应的行为或受害人之外的因素,似乎没有给予太多的关注。

3. 日本学者的上述学理解释,多以受害人或加害人的行为可责性或违法性等作为过失相抵的理据。此多少契合过失责任的法理。就如我国有学者所认为的,过失相抵制度本质上仍然应当被认为是过错责任原则的发展,它体现了过错责任提出的应依据过错确定责任和责任范围的要求。这不仅体现了法律所蕴含的公平正义理念,而且更加坚定地维护了责任自负的现代法治精神。[①] 但在过失相抵实践中,何以使受害人分担或使加害人减少承担特定数额的损害,似有解释疑难。因为,各国的侵权损害赔偿实践,基本未以过错或违法性程度作为确定责任数额的依据,更多依赖的是因果关系要件的审核。因此,笔者更倾向于因果关系面向的解释论说,以为其更能符合责任自负的价值精神。但因果关系的客观属性会遗留如下的疑问:过失相抵是否仅限于受害人之与有过失作为损害的共同原因,抑或亦适用于与受害人无关的因素发生原因竞合的场合。[②] 就此,容于后文再作专门的分析阐述。

4. 从加害人责任减轻的视角,将过失相抵解释为根据加害人的违法性或可责性的强弱进行损害赔偿的减额。这实现了从受害人到加害人以及从过失到违法性的解释转换,被认为是一种新的思考方法的尝试。此种解释路径与过失客观化背景相关,也涉及过失与违法性关系的争论。但该论说的展开实质是以加害人与受害人之违法性相抵决定损害赔偿额,则其立论须以受害人具有违法性为前提。在此,有质疑观点认为,受害人在"法律上既无对自己利益注意义务的规定,受害人对自己的侵害也不被视作侵权行为。因此,将受害人与有过失行为视为违法行为,并且将此违法性与行为人所为行为的违法性等同进而认为行为人的违法性被消减,此推论过程不合逻辑"[③]。此外,日本学界对该解释路径批判认为,其会带来两个基本问题。(1)加害人违法性说与民事责任中计算损

---

① 王利明:《侵权行为法归责原则研究》,中国政法大学出版社2000年版,第331~332页。

② 李薇:《日本机动车事故损害赔偿法律制度研究》,法律出版社1997年版,第209页。另可参见于敏:《日本侵权行为法》,法律出版社2015年第3版,第609页。

③ 尹志强:《论与有过失的属性及适用范围》,载《政法论坛》2015年第5期。

害赔偿额的一般思考方法相悖。民事责任旨在填补受害人的损失，损害赔偿额的计算是以填补受害人的实际损失为根据的，而不是以加害人的违法性为根据的，即加害人违法性程度无论轻重，其赔偿不得低于或超过实际损害额。（2）加害人违法性说在复数原因竞合时不利于受害人的损害填补。如果仅依加害人违法性决定赔偿额，当出现受害人因素外的复数原因竞合而加害人违法性程度很低时，受害人可能得不到实际损害的补偿。[①]

在我国，现行法并未明确规定侵权责任构成的违法性要件，学界亦多有否认侵权违法性要件者，[②] 且过失相抵中受害人之与有过失，通常仅为其不真正过失，更难以与违法性等同，所以，无论以加害人方或受害人方的违法性为理据解释过失相抵，均难谓妥当。

二、其他学说评述[③]

（一）公平正义说

在比较法上，许多国家的学者以公平、正义价值作为过失相抵制度的正当性基础。[④] 我国同样有持此说者，认为过失相抵制度的理论基础在于法律的公平精神和责任自负原则。因为当受害人的过错与加害人的过错共同导致损害的发生，或者受害人的过错导致了损害的扩大时，如果要求加害人就并非自己行为导致的损害承担责任，不仅违背了公平的精神，而且不符合责任自负的原则。[⑤] "与有过失制度及其内容建构，系以诚实信用及公平原则为基础，即被害人对损害的发生或扩大既然与有责任，犹得请求全部赔偿，乃自我矛盾。"[⑥] 对自

[①]　李薇：《日本机动车事故损害赔偿法律制度研究》，法律出版社1997年版，第213页；另可参见于敏：《日本侵权行为法》，法律出版社2015年第3版，第606页。

[②]　王利明：《我国〈侵权责任法〉采纳了违法性要件吗？》，载《中外法学》2012年第1期。

[③]　除了本节介绍的国内外各种学说外，对过失相抵制度法理基础的解释还包括保护加害人说、危险领域说、过错责任说等等，本文不拟逐一介评。具体可参照程啸：《论侵权行为法上的过失相抵制度》，载《清华法学》第6辑；王利明：《侵权责任法研究》（上卷），中国人民大学出版社2010年版，第474~476页；陈聪富：《过失相抵之法理基础及其适用范围》，载王洪亮等主编：《中德私法研究》（第4卷），北京大学出版社2008年版，第14~15页。

[④]　U.马格努斯、M.马丁-卡萨尔斯：《侵权法的统一·共同过失》，叶名怡、陈鑫译，法律出版社2009年版，第37页、第40页、第105页、第148页、第185页、第231页、第316页。

[⑤]　程啸：《论侵权行为法上的过失相抵制度》，载《清华法学》第6辑。

[⑥]　王泽鉴：《损害赔偿》，北京大学出版社2017年版，第303页。日本同样有学者认为，过失相抵的根据在于，不仅在受害人对损害的发生构成了单纯的客观原因的场合，而且，在由于受害人的过错使损害发生或扩大的场合，从诚实信用原则来看损害不得转嫁给加害人，进一步地，要求在共同生活中不仅负有注意不要给他人造成损害的义务，而且负有尽相当的注意以使自己不要蒙受损害地进行生活的义务，从而减免对受害人的赔偿作为违反那种法律上义务的效果。参见于敏：《日本侵权行为法》，法律出版社2015年第3版，第602页。

已损害共同负责的受害人，如果要求加害人给予全部赔偿，则构成法律禁止的权利滥用。[①]如法律不考虑受害人的过错而使加害人承担全部损害，显然不符合公平正义原则。

可以说，公平正义乃过失相抵适用旨在实现的价值目标，然则，法律制度本即秉承公平正义之精神而存在，所以，以公平正义去解说过失相抵制度的正当性基础，未免大而化之，未及根本。有观点甚至认为，这种理念依据有其危险性：它会诱使责任之减免，依赖纯粹的公平衡量，在确立受害人的与有责任时，无法像确立加害人责任那样，提供同样精准的归结标准。[②]过失相抵的适用，固然在追求加害人与受害人之间的公平，但何以得减免对受害人的赔偿责任以实现公平，应为法理基础探究应回答的问题。

（二）同等对待说

在奥地利法，承认过失相抵的主要原因之一是平等对待加害人和受害人的必要性。在英国法上，对侵权行为中的双方平等对待，构成共同过失抗辩存在的主要理由，因为，"在以过错为基础的体系中，忽略索赔人的过错似乎是不可能的，甚至在严格责任情形下这也很难做到"。而在瑞典法，同等对待受害人的与有过失与加害人的过失，被认为是自然、公正的。[③]美国《侵权法重述（第三次）·责任分担编》第3条及评论a认为，"原告的过失应依据适用于被告过失的标准来定义。特别适用于定义原告过失的各种严格法律学说均已被废止"[④]。在这些法域，同等对待说被解释为过失相抵的主要理据。同等对待说又被称为对称性理论，要求平等对待侵权法律关系中的加害人与受害人。受害人与有过失，被认为如"镜中映像"，与加害人过失存在结构上的相似性和对称性。所以，"民法上的自己责任原则，强调个体须为自己的行为负责，不仅体现为加害人要对自己致他人损害的行为负责，也体现为受害人要对自我致害行为负责"[⑤]。

---

① 埃尔温·多伊奇、汉斯-于尔根·阿伦斯：《德国侵权法——侵权行为、损害赔偿及痛苦抚慰金》（第5版），叶名怡、温大军译，刘志阳校，中国人民大学出版社2016年版，第78页。人们从诚信原则（瑞士《民法典》第2条）的角度出发可得出结论：令其他人对我"给自己造成"的损害承担责任，是一种权利滥用。U.马格努斯、M.马丁-卡萨尔斯主编：《侵权法的统一·共同过失》，叶名怡、陈鑫译，法律出版社2009年版，第294页。

② Westermann / Bydlinsky, BGB-Schuldrecht Allgemeiner Teil, 4. Aufl., 15/17. 转引自张谷：《作为自己责任的与有过失——从结构对称性角度所作的评论》，载王洪亮等主编：《中德私法研究》（第4卷），北京大学出版社2008年版。

③ U.马格努斯、M.马丁-卡萨尔斯主编：《侵权法的统一·共同过失》，叶名怡、陈鑫译，法律出版社2009年版，第12页、第363页、第364页。王泽鉴先生也认为，台湾地区与有过失的两个构建原则之一为平等原则。王泽鉴：《损害赔偿》，北京大学出版社2017年版，第303页。

④ 小詹姆斯·A.亨德森等：《美国侵权法：实体与程序》（第七版），王竹等译，北京大学出版社2014年版，第354页。

⑤ 张谷：《作为自己责任的与有过失——从结构对称性角度所作的评论》，载王洪亮等主编：《中德私法研究》（第4卷），北京大学出版社2008年版。

同等对待说的理念是可取的,受害人须对其过错引发的自身损害负责,符合私法自治与责任自负的精神,如此,过失相抵似显自然。然而,受害人与有过失与加害人的过失,在过失主体是否违反什么义务以及是否须具有什么程度的认知能力或标准等方面,仍被认为不可完全等同。甚至可能是,侵权关系一方的故意与另一方较低程度的过失并存,对过错并不同等对待以作损害分担,而选择单独由一方承担损害或责任。此外,同等对待说更多在理念层面强调受害人应被平等对待,亦须对自身过错自负其责,然而在过失相抵中,使受害人分担或使加害人减少承担的应是什么数额的损害,该说对此涉及的作用机理揭示仍显不够。

(三)惩罚不当行为说

该理论由哈斯伯里勋爵在 Wakelin v. London & S. W. R. Co. 一案中提出。[①]该理论认为,对于那些因自身的过错而共同造成了损害或者导致损害扩大的原告,之所以不能给予赔偿或者减少赔偿,就是为了惩罚这些原告的不当行为。[②]

惩罚说的不妥当性较为明显,其偏离了私法共识性的功能把握,侵权责任法重在救济和补偿,而非惩罚。此外,在一些案件中,受害人即使有重大过失,甚或构成犯罪,亦可能使其得以获得赔偿,惩罚说对此的解释明显乏力。[③]

(四)损害控制说

有些学者从法律经济学角度解释过失相抵的合理性,认为法律通过对那些自身存在过错的受害人减免赔偿,可以促使人们不去从事那些对自身权益具有不合理风险的行为,从而能够起到威慑与遏制作用。一名因自身过错而须承担损失的受害人会在将来更谨慎地行为,从而减少事故的发生。[④]据此,过失相抵制度给人们提供了更加谨慎行为以保护其自身的激励,鼓励潜在的受害人实现一个最经济的注意水准。[⑤]

损害控制说属于功能论层面的解读。受害人与有过失时,适用过失相抵,可"使得潜在的原告针对风险尽到自我保护之责",[⑥]达到损害控制、预防损害的效果或功能。损害控制说相当于言明,为追求此效果或功能,宜采纳过失相

---

① See Wakelin v. London & S. W. R. Co.,〔1886〕12 A. C. 41, 45.

② 程啸:《论侵权行为法上的过失相抵制度》,载《清华法学》第6辑。

③ 程啸:《论侵权行为法上的过失相抵制度》,载《清华法学》第6辑。

④ See Schofield, Davies v. Mann: Theory of Contributory Negligence, 3 *Harv. L. Rev.*, 1890. p. 270.

⑤ U. 马格努斯、M. 马丁-卡萨尔斯主编:《侵权法的统一·共同过失》,叶名怡、陈鑫译,法律出版社2009年版,第185~186页、第315~316页。

⑥ U. 马格努斯、M. 马丁-卡萨尔斯主编:《侵权法的统一·共同过失》,叶名怡、陈鑫译,法律出版社2009年版,第148页。

抵制度。此并非事理本身的说明，并非在既有的法理框架内对过失相抵何以然的解释，而是自经济理性的视角对过失相抵应然社会效果解读的结论。然而，经济学家以外的人倾向于认为这种理据说明缺乏真实世界的现实性。[①]Gary T. Schwartz 教授认为，经济学方法不能为过失相抵抗辩提供有说服力的解释，公平才是这一制度的充分理由。[②]Prosser 教授也主张，对过失相抵作法经济学解释的学说缺乏任何真实性以及人类经验基础的假定。依该学说的推理方法，人们同样可以合理地认为，过失相抵制度会激励那些存在过失的被告希望其所伤害的人也具有过失，从而刺激事故的发生。[③]所以，法经济学对于过失相抵制度的效率解释被认为不具有充分的说服力。

第二节 过失相抵实质为原因力比较定责

在过失相抵中，受害人为何须对其与有过失负责？受害人是否仅限于对其自身与有过失负责？探究此等问题以阐明过失相抵的法理基础，事实上涉及对侵权法过失责任原则的理解认知。因此，下文将首先阐述过失责任原则的理据。

一、过失责任原则的理据

关于过失的意义与判准，霍姆斯早已认为，法律的标准只能是普遍适用的标准。决定每一个致害人的智识和能力以作出主观性判决的信息成本太高，因此，人们不能偏离理性人的判定标准。[④]当然，如此意义的过失并非意指过失的绝对客观化，客观过失与主观过失的差别仅在于对行为人个体因素的考量选择上，即"允许更多个人品行（即更主观）或更少（即更客观）介入到考虑中"[⑤]，客观过失主张以一般化的合理注意标准去比较认定行为人过失的存在，较少去考量行为人的个人品性以确定具体的注意标准。从这个意义上讲，过失责任较多地趋向于与严格责任同样的客观归责。但与严格责任主要作为原因责任不同，过失责任仍强调以过失为责任的基础，原因只是责任构成中不可或缺的一个

---

① U. 马格努斯、M. 马丁-卡萨尔斯主编：《侵权法的统一·共同过失》，叶名怡、陈鑫译，法律出版社2009年版，第316页。

② Schwartz 教授从四个方面对安全激励理论提出了质疑。See Gary T. Schwartz, Contributory and Comparative Negligence: A Reappraisal, *The Yale Law Journal*, 1978. pp.697-721.

③ William L. Prosser, *Handbook of the Law of Torts*, 4th ed., West Publishing Co., 1971. pp.417-418.

④ Landes W. M. and Posner R. A. *The Economic Structure of Tort Law*, Harvard University Press , 1987. p.127.

⑤ 沃伦·A. 西维：《过错：主观抑或客观？》，林海译，载徐爱国编译：《哈佛法律评论》，法律出版社2005年版。

要件。尽管当前严格责任正以法定化方式不断扩张其领地,但不可否认的是,包括中国在内,绝大多数国家和地区的侵权法仍确立了过失责任原则的支配地位。

过失客观归责,要求行为人须对其未能达致一般合理注意标准的过失行为负责。合理注意标准,实质上蕴含的是信赖责任原理。而从社会契约论的视角看,在当前主要由陌生人构成的风险社会里,对于"在目的、刺激和偏好上有分歧的人们"[①],社会契约只能从维持合作的立场出发,从否定方面达成人们在合作中不得违背的基本准则,但在基本准则的界限范围内,仍须充分肯定"个人确定目的和进行工具判断的余地"[②]。该基本准则可以表述为:合理行为以避免损害他人。"不伤害他人"构成了人类追求善的基本合作基础,因为,"安全对人们在其完整的一生中追求善的观念的能力来说是必不可少的"[③]。但如此原则要求几乎未向我们阐明任何法律规则,因为它无法在不可损害他人与风险的合理控制要求之间达成平衡,因此,仍须附加"合理行为"作为适当的限制与修正。[④]这在一定程度上回应了对过失责任原则的一种质疑,即无过失的加害人为何能以使无辜受害人承受损失为代价去追求自身的利益? [⑤]这种质疑认为,由导致不利后果的人承担损失具有公平性,[⑥]更"符合自然理性"[⑦],以至于爱泼斯坦等人曾主张,应以因果关系为基础使严格责任在侵权法中得以一般化。[⑧]

上述质疑涉及对过失责任原则中"无过失不归责"正当性的追问。就此,笔者认同,法律应从人性的需要中去寻找它的哲学。[⑨]法律反映的是特定时代被感觉到的需要,所以,应由这些需要而不是任何理论去决定法律应该是什么。[⑩]过失客观化即属于对当前风险社会安全需求的反映,所以,客观化过失乃趋向于社会合理注意的要求,在一定程度上超越了对于个人注意能力的观照,成为

---

① 格瑞尔德·J. 波斯特马主编:《哲学与侵权行为法》,陈敏、云建芳译,易继明校,北京大学出版社2005年版,第32页。

② R.M. 昂格尔:《现代社会中的法律》,吴玉章、周汉华译,译林出版社2001年版,第32页。

③ 格瑞尔德·J. 波斯特马主编:《哲学与侵权行为法》,陈敏、云建芳译,易继明校,北京大学出版社2005年版,第75页。

④ 郑永宽:《论过失客观归责的理据及其地位》,梁慧星主编:《民商法论丛》(第56卷),法律出版社2014年版。

⑤ George P. Fletcher, Fairness and Utility in Tort Theory, *Harvard Law Review*, Vol. 85, No. 3. 1972. P. 564.

⑥ James Barr Ames, Law and Morals, *Harvard Law Review*, Vol. 2, No. 2. 1908. P. 99.珍妮·斯迪尔:《风险与法律理论》,韩永强译,中国政法大学出版社2012年版,第101页。

⑦ 叶金强:《风险领域理论与侵权法二元归责体系》,载《法学研究》2009年第2期。

⑧ Richard A. Epstein, A Theory of Strict Liability, *Journal of Legal Studies*, Vol. 2. (1973).

⑨ 伯纳德·施瓦茨:《美国法律史》,王军等译,法律出版社2007年版,第163页。

⑩ 伯纳德·施瓦茨:《美国法律史》,王军等译,法律出版社2007年版,第163页。

社会风险的调整或分配机制,而不再纯粹是一种个人道德标准。[①]客观过失责任"包含了对社会期待之能力的绝对保证"[②],使行为人责任已趋向于严格化。但合理注意终须有其要求的限度,否则,将构成对自由的不当限制或扼杀。故若尽社会合理注意仍不免损害发生,此可解为社会意外风险的现实化,是一种如同自然灾害般偶然和难以预测的社会性基础风险,[③]这类技术发达之现代社会基本存在的风险必须由每一个个体自己负责,[④]因此,加害人不应受过失或可归责的指摘。此际的行为归责,如霍姆斯略带夸张的断言,并不比强迫我保证使得邻居不受雷电的袭击更为合理。[⑤]所以,损失应视为受害人的不幸而由自己承受,不能以牺牲自由为代价而要求无过失的加害人来赔偿,因为,自由与安全始终是每个人均不可或缺的基本价值,二者的平衡也永远是侵权法无法彻底解决的现实难题,是任何时代均会呈现出来的社会需要。

至此,在实证法规定外,再尝试为过失责任原则的正当性作些言说,以证实过失责任原则在当前风险社会仍不丧失其"合时宜性"。事实上,即使当前侵权法的视角已由行为人转向受害人,但只要各国承认客观化过失规范调整的基础地位,则被奉行的过失责任原则就仍将保有对"无过失不归责"的坚持,尽管行为人"无过失"的认定空间已经因过失客观化变得逼仄,而认定的意义也因严格责任的扩张而弱化,但不管怎样,行为是否达到社会信赖期待的标准的认定归责,在很大程度上仍将维系着自由与安全间的动态平衡。所以,侵权法的基本原则仍然是,只有在加害人具有过错时,损失才应当转由加害人承担,否则法益所有人应自担风险,即如霍姆斯所言,法律的总体原则是,让损失停留于其所发生之处,除非有特别干预的理由。[⑥]只是,随着法定严格责任适用领域的扩张及过失内涵的转变,过失责任的实质价值也随着社会的演进在发生着微妙的变化。

二、过失相抵的法理基础

上文关于过失责任原则的论辩表明,在一般侵权领域,对于人际互动中因

---

① Fleming James, Jr. Contributory Negligence, *The Yale Law Journal*, Vol. 62, No. 5. 1953. P. 705. 珍妮·斯迪尔:《风险与法律理论》,韩永强译,中国政法大学出版社2012年版,第111页。

② 叶金强:《风险领域理论与侵权法二元归责体系》,载《法学研究》2009年第2期。

③ 格瑞尔德·J.波斯特马主编:《哲学与侵权行为法》,陈敏、云建芳译,易继明校,北京大学出版社2005年版,第48页。

④ U.马格努斯、M.马丁-卡萨尔斯主编:《侵权法的统一·共同过失》,叶名怡、陈鑫译,法律出版社2009年版,第304页。

⑤ 小奥利弗·温德尔·霍姆斯:《普通法》,冉昊、姚中秋译,中国政法大学出版社2006年版,第84~85页。

⑥ 小奥利弗·温德尔·霍姆斯:《普通法》,冉昊、姚中秋译,中国政法大学出版社2006年版,第83页。

加害人行为而造成的受害人损失，应仅在加害人具有过错时，始可转移而由加害人承担。相反，对意外产生的损害，法益所有人应自己负责，不能转嫁给他人。[①] 所以说，过错是受害人损失可得转移而要求加害人承担的基本前提。但过错只是责任承担的基础，是对行为人主观恶意或行为未能符合合理注意标准的属性认定，即使其中过错程度可得确定，过错本身通常亦不决定责任的大小。尽管当前有部分人主张应使过错程度与损害赔偿额相对应，[②] 但主流观点对此仍不予采纳，或认为其仅能在精神损害赔偿、惩罚性赔偿等很有限的场合实现。事实上，当经由构成要件的检验确认行为人须对某特定损害有所负责时，其经由行为体现的过错程度与行为造成的损害之间并无逻辑必然联系，即过错的大小与实际造成的损害大小并不当然对应，因此，在当前，试图以过错程度直接影响或决定损害赔偿额，无疑将与侵权法的补偿性功能追求相抵触，而有补偿不足或过度的问题。所以，为确定损害赔偿额，过错行为与损害后果的联系应透过前者对后者的作用力评判来实现，基于自己责任原理，加害人应仅对自己过错行为造成的损害部分负责，而超出此因果联系外的受害人损失，无论基于受害人自身过错或无过错行为甚至是第三人、自然力等因素，似乎均欠缺当然转嫁损失的价值基础。所以，过失相抵并非双方过失相互抵消，亦非比较双方过失以定其责，但如此的"形容之语"却使我们对于该制度的理解与适用产生不小的困扰。旨在最终确定加害人侵权责任大小的过失相抵制度，究其实质，系就加害人过失行为与受害人行为相竞合造成损失发生或扩大的场合进行规范的制度，其中，不管竞合致害的原因或形式如何，甚至在两行为与损害间均存在"无此则无彼"意义上的事实因果关系的情形，加害人的过失行为对于全部损害而言亦可能仅具有部分原因力，则加害人应仅在与自己的过失行为有事实上因果关系的损害范围内承担赔偿责任。所以，过失相抵，其实质应在于，通过评判确认加害人过失行为与受害人行为对于损害的原因力，在此基础上使加害人对其致害部分担责。[③] 其中，受害人过失并非强调的重点，而乃以其行为对损害的作用力为重，尽管这种原因力的评判在技术上颇有疑难，有时也难以厘清与过失的交缠。

以上对于过失相抵法理基础的阐述立论，在一定程度上可契合于我国现行

---

① 个人主义的价值观主张，个人应当自己照料自身利益，对他人的要求是不要干涉本人的自身事务，而由命运造成的不幸，应当由自己以最大限度的冷静和坚忍来承受。彼得·斯坦、约翰·香德：《西方社会的法律价值》，王献平译，郑成思校，中国法制出版社2004年版，第177页。

② 叶金强：《论过错程度对侵权构成及效果之影响》，载《法商研究》2009年第3期。

③ "原因力是指在构成损害结果的共同原因中，每一个原因对于损害结果发生或扩大所发挥的作用力"。参见杨立新：《侵权法论》，人民法院出版社2011年第4版，第691页。此方法与多数人侵权场合多数人间内部侵权责任的分担确定大致相当。在多数侵权人各自行为对于损害的作用力可得确定的情形，责任分担主要基于此作用力的评估而确定。

法的规定。《民法典》第 1173 条规定："被侵权人对同一损害的发生或者扩大有过错的，可以减轻侵权人的责任。"此规定隐含了受害人过错行为与损害发生之间因果关系的要求，在解释上为将过失相抵解为原因力评判基础上的归责与减责留下了可能的空间。因为，该规定仅明确了受害人过错乃侵权人责任得减轻的一种情形，但对于减责究基于受害人过错的程度抑或双方过错行为对于损害的作用力，并不清晰。但较多人可能引据《道路交通安全法》的相关规定提出质疑。该法第 76 条明确规定，机动车之间发生交通事故的，双方都有过错的，按照各自过错的比例分担责任；机动车与非机动车驾驶人、行人之间发生交通事故，有证据证明非机动车驾驶人、行人有过错的，根据过错程度适当减轻机动车一方的赔偿责任。对此，笔者认为，首先，这里的过错应仅指作为损害原因的行为过错，而与损害发生不相关的过错则不应纳入评价，如出租车与摩托车均违反红绿灯指令而相碰撞的场合，摩托车驾驶人违规没有戴安全帽的过错则不应影响其小腿受损害的损失分担的评价。其次，如前文所述，过错大小并不必然与所造成的损害大小相对应，较大的过错可能仅酿成较小的损害，反之亦然，因此，仅以过错大小定责，有违责任追究或损失分担的构成要件要求，使得行为与损害间的因果关系要件的功能被虚置或弱化，当事人可能因此承担比其实际所造成损害更多或更少的损失。最后，过错与原因力分属不同范畴，前者旨在确认行为对社会合理行为规范的违反，后者则用于评价过错行为对于损害发生所具有的作用力，但社会生活的复杂以及学理研究的不足，使得二者在定性与定量分析上常有交叉，甚至混淆，所以，容易造成或加剧过错大小即相当于损害大小的常见误解。综合以上理由，依批判的视角，笔者以为，《道路交通安全法》第76 条关于过失相抵的规定宜作立法与实践的相应调整，主要取向于原因力的视角去规范，以更好地契合法理与社会实际。

过失相抵，实质上宜解为以原因力比较确定加害人责任的承担。如此观点在理论上不乏认同。在日本法上，民法典起草者并没有从受害人过失的责难可能性或加害人的违法性等方面寻求过失相抵的根据，而是从由受害人的行为引发的损害与加害人的行为之间没有因果关系此方面来解释过失相抵的理据。[①]德国学者多有认为，"如果损害产生时受害人的过错也一起发挥了作用，则赔偿责任以及赔偿范围要取决于具体案情，尤其是取决于损害在何种程度上归因于或归咎于这一部分或那一部分"。[②]台湾地区学者曾世雄认为，受害人自己过失引发的损害不得转嫁他人承担；决定责任大小的，乃损害原因力之强弱，而非过

---

① 于敏：《日本侵权行为法》，法律出版社 2015 年第 3 版，第 602 页。

② 埃尔温·多伊奇、汉斯-于尔根·阿伦斯：《德国侵权法——侵权行为、损害赔偿及痛苦抚慰金》，叶名怡、温大军译，刘志阳校，中国人民大学出版社 2016 年第 5 版，第 78 页。

失程度之轻重；过失程度如何，仅为判断原因力强弱之参考。^①"人应只对自己之行为负责，对于他人之过失行为所生之损害，自不应负责。盖被害人对于损害之发生或扩大亦与有过失，自不应使加害人负赔偿全部损害之责，否则，将使原为自己之过失转嫁由他人负担之不合理情形出现。"^②王利明教授同样主张：过失相抵的法理依据主要在于受害人的过错与损害的发生或扩大具有因果关系。^③

比较法上，在欧洲，诸多国家，包括瑞士、意大利、西班牙、比利时、捷克与荷兰等，多有制度规定或判例认为，共同过失（即本文所探讨的过失相抵问题——笔者注）本质上是一个因果关系问题，更精确地说，是共存原因的问题，或至少认为，因果关系发挥着最主要的作用。^④

尽管将过失相抵解释为因果关系问题得到了上述诸多国家理论实践的认同，其仍将遭受如下的质疑，即"在故意的侵权行为中为什么当受害人只有一般过失时不减轻赔偿义务人的赔偿责任"^⑤？确实如此，包括中国在内，很多国家均有如此规定或实践，而且，在受害人故意而加害人仅有一般过失的致害场合，则免除加害人的赔偿责任。^⑥如《人身损害赔偿司法解释》第 2 条第 1 款规定有：侵权人因故意或者重大过失致人损害，受害人只有一般过失的，不减轻赔偿义务人的赔偿责任。过失相抵适用的如此限制，不可否认，乃与上述因果关系解释视角不完全吻合，因为，在这些限制情形中，立法或司法并未去关注一方故意与另一方过失对损害发生的作用力并因此归责。尽管有观点主张仍将其归结为因果关系问题，即加害人或受害人的故意切断了另一方过失与损害结果之间的

---

① 曾世雄：《损害赔偿法原理》，中国政法大学出版社 2001 年版，第 259 页、第 269 页。

② 林诚二：《民法债编总论——体系化解说》，中国人民大学出版社 2003 年版，第 279 页。持类似观点的还有浜上则雄、尹志强等人，分别可参见陈聪富：《过失相抵之法理基础及其适用范围》，载王洪亮等主编：《中德私法研究》（第 4 卷），北京大学出版社 2008 年版；尹志强：《论与有过失的属性及适用范围》，载《政法论坛》2015 年第 5 期。

③ 王利明：《侵权责任法研究》（上卷），中国人民大学出版社 2010 年版，第 476 页。

④ U. 马格努斯、M. 马丁-卡萨尔斯主编：《侵权法的统一·共同过失》，叶名怡、陈鑫译，法律出版社 2009 年版，第 371~372 页。在德国和英国，对于过失相抵中因果关系要素与受害人"过错"要素给予同等的重视，责任分配的过程似乎是受害人"过错"和因果关系的混合物。在美国，不乏比较因果关系以确定责任的判例，可参照丹·B. 多布斯：《侵权法》（下册），马静等译，中国政法大学出版社 2014 年版，第 884 页。Mark E. Roszkowski and Robert A. Prentice, *Reconciling Comparative Negligence and Strict Liability: A Public Policy Analysis*, 33 *St. Louis U. L.J.* (1988). 台湾地区"最高法院"则认为，过失相抵应斟酌双方原因力之强弱与过失之轻重。参见王泽鉴：《损害赔偿》，北京大学出版社 2017 年版，第 307 页。

⑤ 程啸：《论侵权行为法上的过失相抵制度》，载《清华法学》第 6 辑。

⑥ 如德国、希腊、意大利、西班牙、南非、瑞士、美国等均承认，原则上，被告人的故意排除共同过失的存在；德国、希腊、意大利、西班牙、南非、瑞士、荷兰等规定，原告的故意排除过失侵权人的责任。参见 U. 马格努斯、M. 马丁-卡萨尔斯主编：《侵权法的统一·共同过失》，叶名怡、陈鑫译，法律出版社 2009 年版，第 382~385 页。

因果联系。[①]但这种解释难以包容应对实践中故意过失并存致害的多样性存在，尤其是故意一方对于另一方过失存在不能合理预见的情形。所以，通行的观点主张以公平或诚信原则等价值理念来对此注解，即加害人或受害人的故意昭示了加害人强烈的可谴责性或排除了受害人的可救济性，此种情形主张对方的过失担责，均有违公平价值与诚实信用原则，或构成故意方的权利滥用。[②]由此说明，过失相抵适用的基准，尽管应以加害人或受害人的行为对于结果发生的客观影响程度为中心，但有时也须考量当事人故意或过失本身的影响力，以兼顾特定场合双方的公平。但笔者反对简单以公平正义理念作为过失相抵适用的一般理据，[③]因为，公平正义乃法律的根本价值，其一般性与模糊性并无助于过失相抵价值理念的具体明晰并支撑相应方法的确定统一，所以，为了尽量避免法律适用的弹性与不确定性，过失相抵本质上应解为因果关系问题，仅在法定情形下去考虑故意或过失本身的影响力，这种例外更多是一种政策价值的考量。[④]

三、过失相抵解释为原因力比较衡量须回应的问题

（一）过失相抵适用是否以受害人与有过失的存在为前提

采纳原因力比较的路径以确定损失的分担，是否意味着只要受害人之行为与有原因，不管其有无过错，均需承担相应的损失？尤其是在无过错责任中，无论加害人是否有过错，总需对其行为所致损害负责，而依平等及对称性原理，是否无论受害人有无过错，总需自担其行为与有原因的损害？事实上，无论过错或无过错侵权责任的构成，加害人与受害人之间均存在某种互动关系，并在互动关系中相互合理期待以实施特定的协调行为。此呈现了"大多数社会协调模式所共有的重要特征——相互性"，归结为社会互动关系中任何一方对他方行为的、相互对应的合理期待问题。[⑤]如果双方均按相互期待的合理注意标准行

---

① U. 马格努斯、M. 马丁-卡萨尔斯主编：《侵权法的统一·共同过失》，叶名怡、陈鑫译，法律出版社 2009 年版，第 154 页、第 255 页。

② U. 马格努斯、M. 马丁-卡萨尔斯主编：《侵权法的统一·共同过失》，叶名怡、陈鑫译，法律出版社 2009 年版，第 154 页、第 295 页。关于加害人或受害人一方存在故意时失相抵的适用及其限制，在本书第四章第三节"过失相抵适用范围的限制"部分将有详细的阐述。

③ 将公平正义作为过失相抵法理依据的观点，可参见朱卫国：《过失相抵论》，载梁慧星主编：《民商法论丛》（第 4 卷），法律出版社 1995 年版；John Fleming , The Law of Torts, 9th ed. , Law Book Company , 1998 , p. 306.

④ 关于过失相抵的法理基础，存在诸多不同的观点。对于其他观点，具体可参照 U. 马格努斯、M. 马丁-卡萨尔斯主编：《侵权法的统一·共同过失》，叶名怡、陈鑫译，法律出版社 2009 年版，第 362~365 页。

⑤ 帕特里克·凯莱：《未成年人、精神病人与精神缺陷者》，黎晓婷译，载张民安主编：《监护人和被监护人的侵权责任：未成年人、精神病人及其父母的侵权责任》，中山大学出版社 2010 年版。

为，损害通常不会发生。而损害之所以会发生，结合哈特和奥诺尔的common sense因果法则判断，乃因某项因素干扰、介入，或改变正常或合理期待之事件发展过程。[①]哈特和奥诺尔视之为原因，其中即包含了当事人的过错行为，以及无过错责任中为各国法律明确承认为归责原因的"技术进步创造的'文明世界的风险'"[②]。所以，当加害人未符合合理注意标准行为而有过失，或其显著增加的外在危险现实化，而受害人无过错，可能在"无此则无彼"的意义上，受害人行为仍然是损害结果发生或扩大的事实原因，但很显然，受害人行为与自身损害并不具有相当性，即非损害的法律原因，因为，受害人的合理行为通常并不足以导致损害。所以，如果仅仅因为受害人的行为对于损害结果发生或扩大具有一定的作用，即认为其与有原因而应负责，将极大损害受害人在与他人正常无过错互动中不受他人侵害的合理期待。[③]

仍需探讨的例外是，在加害人的过错上是否完全不考虑受害人的严格责任，即受害人在特定情境中即使没有过错是否也须承担部分损害？对此，欧洲主流观点予以肯定，称其为共同过错的镜像原则在物的危险和经营风险上的适用，条件是"假设受害人是被告时他就必须承担赔偿责任"[④]。例如比利时最高法院1983年所作的判决，公寓房中因共有房屋设备的缺陷导致了原告房屋的损坏，原告按他在共有设备上的所有权比例承担了部分损失。[⑤]在德国法上，"如果受害人的特殊危险活动受严格责任调整（如参与机动车交通），那么在损害发生时受害人的特殊危险活动能够满足共同过失的要件"[⑥]。台湾地区判例学说也认为，加害人与受害人一方或双方均应负无过错危险责任时，亦应有过失相抵的适用。王泽鉴先生称其为由"与有过失"扩大调整至"与有物或企业危险"[⑦]。笔者以为，只要侵权法确立相关领域的无过错责任，受害人在特定侵权情境中部分因为自己

① 该核心观点的详细论述，具体可参见H.L.A.哈特、托尼·奥诺尔：《法律中的因果关系》，张绍谦、孙战国译，中国政法大学出版社2005年版。

② U. 马格努斯、M. 马丁-卡萨尔斯主编：《侵权法的统一·共同过失》，叶名怡、陈鑫译，法律出版社2009年版，第303页。

③ 台湾地区司法实务也认为，被害人与有过失，须被害人之行为助成损害之发生或扩大，就结果之发生为共同原因之一，行为与结果有相当因果关系，始足当之。参见王泽鉴：《损害赔偿》，北京大学出版社2017年版，第310页。

④ 克雷斯蒂安·冯·巴尔：《欧洲比较侵权行为法》（下卷），焦美华译，张新宝审校，法律出版社2001年版，第674~675页。

⑤ 克雷斯蒂安·冯·巴尔：《欧洲比较侵权行为法》（下卷），焦美华译，张新宝审校，法律出版社2001年版，第674页。

⑥ 瑞士法同样如此，"按照每个人对于自己（而非任何其他人）风险范围内的行为和事件必须自负其责的观念，如果受害人是危险活动的危险引发者或操作者，那么这种情形可能涉及共同过失"。参见U. 马格努斯、M. 马丁-卡萨尔斯主编：《侵权法的统一·共同过失》，叶名怡、陈鑫译，法律出版社2009年版，第379页。

⑦ 王泽鉴：《损害赔偿》，北京大学出版社2017年版，第303页、第339页。

保有物或经营危险的现实化而受害，即使受害人对此危险现实化没有过错，亦应肯定受害人承担相应的"无过错"损失。所以，在过失相抵问题上仍应例外肯定受害人无过错承担损失的可能。但无论受害人是否有过错，过失相抵的适用比较仍应以双方行为对于损害后果的原因力为据，过错应"仅为判断原因力强弱之参考"。此点至少在逻辑上应予认同，实乃自己责任的当然之理。

综上所述，受害人分担损失原则上需以其行为具有过错为必要。当然，对上述问题的如此作答将引出以下相关的另一个问题。

（二）过失相抵适用是否仅限于受害人与有过失存在的情形

将过失相抵实质解释为对因果关系的抗辩，则更多关注的是客观层面的致害关联。这接近于日本多数学说采纳的损害分配观点。[①] 损害分配观点以"权利人自担损害"为起点，认为损失由所有人承受是为原则，所以，就受害人自我负责而言，其损失不应由第三人承担不仅是逻辑上的必然，而且也是公正和公平的。"合理妥当的政策让损失归于其发生之处，除非能够看到介入的特殊理由"。[②] 以此为基础，日本学者桥本佳幸提出危险领域理论。该理论主张，受害人应负担损害，系基于危险领域原理。所谓危险领域原理，是指对于一定之不利益的损害危险，其属于何人之影响或活动领域，即应由何人负责之危险分配原理。对于自己权利领域内的特别危险，应由自己承担损害。因受害人系自行承担损害，而非由于转嫁损害而来，因而作为法益主体的受害人应承担之损害，较之加害人负担损害的范围，应更为广泛。从而，只要属于受害人危险领域所生之损害，即应由受害人承担，不得转嫁由加害人承担。[③] 损害分配观点或危险领域原理均具有扩大过失相抵适用的倾向，认为受害人对于可期待回避之损害未回避，或属于受害人危险领域之事项所生损害，即应由受害人负担。[④] 日本的判例法理在这一方向上逐步扩张，不仅超越了无责任能力的过失相抵问题，而且将过失相抵制度类推适用到与主体行为、过失等不相关的受害人的疾病或特殊体质上。[⑤] 相反，主张限缩过失相抵之适用的观点则认为，过失相抵的本质，

[①]　陈聪富：《过失相抵之法理基础及其适用范围》，载王洪亮等主编：《中德私法研究》（第4卷）北京大学出版社2008年版。

[②]　U. 马格努斯、M. 马丁-卡萨尔斯主编：《侵权法的统一·共同过失》，叶名怡、陈鑫译，法律出版社2009年版，第294~295页。

[③]　桥本佳幸：《过失相杀法理的构造与射程》，载《法学论丛》第137卷第6号，转引自陈聪富：《过失相抵之法理基础及其适用范围》，载王洪亮等主编：《中德私法研究》（第4卷），北京大学出版社2008年版第15页。

[④]　陈聪富：《过失相抵之法理基础及其适用范围》，载王洪亮等主编：《中德私法研究》（第4卷），第15页注〔40〕。

[⑤]　周江洪：《绝对过失相抵抑或相对过失相抵——数人侵权情形过失相抵方式之考察》，载《浙江社会科学》2014年第10期。

在于提供受害人提高注意程度之诱因，因而仅限于受害人对于造成他人损害，必须负责之过失程度，始需负过失相抵的责任。据此，受害人过失应与加害人过失同等对待，在抑制损害事故发生的观点下，以受害人对于损害事故发生具有支配力为限，始有过失相抵之适用。[①] 如此争论涉及过失相抵的适用是否仅限于受害人与有过失的情形。

前文有述，过失相抵之实质为因果关系问题，旨在说明适用之理据在于当事人自负其责，即自己导致之损害不得转嫁于他人，并主要依凭原因力的定量判断确定分担数额。但笔者亦认为，过失相抵的适用原则上应以受害人与有过失为前提，意在强调受害人对自身损害的承担须以其行为构成原因为条件，受害人的原因构成同样须满足相当性，受害人的与有过失行为才通常与其应承担损害之间具有因果关系，从而与加害人的加害因果关系并存，甚至可能使得后者发生中断。所以，坚持过失相抵的适用原则上以受害人与有过失为前提，实质上借过失强调了因果关系相当性满足的需求，如此则未完全表露对于过失相抵适用扩张或抑制的倾向，而对过失相抵作因果关系层面的客观解释自然就会遗留如下的问题，即过失相抵是否应因与受害人与有过失无关的其他因素而发生。

受害人与有过失之外，还可能发生受害人无过失行为、第三人的行为、自然力或受害人特殊体质等自身因素与加害行为竞合导致损害发生或扩大的情形，此时是否仍仅由加害人依照其行为的原因力比例承担损害赔偿责任，颇为疑难，与前述扩张或限缩过失相抵适用之争论有所关联。主张以因果关系来把握过失相抵理据的森岛昭夫教授倾向于认为，即使对与受害人的行为之间的原因竞合从公平角度出发政策性地承认可以扣减，对自然力等原因竞合原则上则不应该扣减，因为，在这种场合下，减少受害人的损害赔偿额，对受害人是过分苛刻的。[②] 笔者整体上以为，上述情形是否适用过失相抵，仍应主要以原因是否构成为权衡重心。对于第三人行为或自然力，笔者认为，只要其构成介入原因而与加害人行为竞合甚或取代加害人行为成为原因，以自己责任为基础，似无再由加害人就相应损害部分负责之理。至于受害人无过失行为作为原因的情形，更多发生在无过错责任侵权领域的过失相抵，在前文已略作阐述。而受害人特殊体质涉及的问题更为复杂，涉及应否适用过失相抵，以及是否属于类推适用过失相抵等争论议题，将在后文专门加以研讨。

---

① 陈聪富：《过失相抵之法理基础及其适用范围》，载王洪亮等主编：《中德私法研究》(第4卷)，北京大学出版社2008年版第15页注〔40〕。

② 森岛昭夫：《侵权行为法讲义》，有斐阁1987年版，第392页以下，转引自于敏：《日本侵权行为法》，法律出版社2015年第3版，第609页。

第三章 过失相抵的构成要件

第一节 构成要件概述

一、受害人与有过失

通说认为，过失相抵的适用应以受害人与有过失为前提。受害人与有过失，系指受害人苟能注意，即得避免损害之发生或扩大，乃竟不注意，致有损害发生或扩大。[①] 与有过失行为包括作为与不作为，前者如停车于禁止停车之路口致车被过失驾驶的加害人撞毁；后者如骑摩托车未戴安全帽被撞而头部受伤。受害人与有过失行为可能导致自身损害发生，如行人跨越护栏横穿马路被违规超速车辆撞伤受损；与有过失行为亦可能导致损害扩大，如被他人侵害受伤后不肯就医致伤情恶化。

受害人与有过失乃广义之过失，包括故意在内。[②] 受害人故意，是指受害人明知其行为将会对自己造成某种损害仍有意而为之的主观心理状态。受害人故意有别于受害人同意，后者是指受害人对于他人特定行为发生及其对于自己权益造成特定损害后果明确表示同意，与受害人故意涉及自我伤害不同[③]。受害人同意是行为人不承担责任的抗辩事由，因为，依照私法自治原则，除了依法不能处分的权益之外，受害人有权利处分自己的权利和利益，只要这种处分不违反法律的强制性规定和公序良俗，就是有效的。[④] 依照"自愿者无损害"的观念，受害人同意阻断了加害行为的可责性，加害行为不构成侵权行为，从而不具备过失相抵适用的前提。[⑤]

[①] 曾隆兴：《详解损害赔偿法》，中国政法大学出版社2004年版，第429页。

[②] 史尚宽：《债法总论》，中国政法大学出版社2000年版，第305页。

[③] 关于受害人故意与受害人同意更为详细的比较，可参照程啸：《论侵权行为法上的过失相抵制度》，载《清华法学》第6辑。

[④] 李颖：《论侵权法上的比较过错制度》，中国政法大学2008年博士学位论文。

[⑤] 在英美侵权法中，受害人同意是被告否定侵权行为存在的抗辩事由。受害人同意"使得原告有权针对法律确定的故意侵权行为享有自我决定权和自主权"。在德国，同意是一项违法阻却事由，确认"经由同意则不是违法"。参见丹·B. 多布斯：《侵权法》（上册），马静等译，中国政法大学出版社2014年版，第193~194页；埃尔温·多伊奇、汉斯-于尔根·阿伦斯：《德国侵权法——侵权行为、损害赔偿及痛苦抚慰金》，叶名怡、温大军译，刘志阳校，中国人民大学出版社2016年第5版，第48页。

根据《人身损害赔偿司法解释》第 2 条的规定，受害人过失在我国当前可区分为重大过失与一般过失。两者的差别在于受害人是以极不合理的方式抑或违反一般合理人注意标准而没有尽到对自身权益的防护。

受害人与有过失是过失相抵制度构成的基本要素，在此仅先作基本说明，至于受害人与有过失的实质（受害人未尽到对自身权益应有的注意，何以称之为过失）、判断标准，以及受害人过失的构成是否以受害人具备什么程度认知能力为前提等问题，颇为重要，但有分歧，将于其后专题阐述。

二、受害人与有过失行为是损害发生或扩大的原因

过失相抵的适用，除受害人与有过失外，还须受害人与有过失行为是其损害发生或扩大的原因之一。原则上，加害人须证明受害人的行为与其所受损害之间存在因果关系，"行为与结果有相当因果关系，始足当之"[1]。若受害人之行为与结果之发生并无相当因果关系，不能仅以其与有过失，即认有过失相抵规则之适用。如台湾地区"最高法院"2003 年台上字第 431 号判决认为，"受害人许某某未领有驾驶执照驾车，固属违规行为，惟其此项违规行为与本案车祸之发生，能否认有相当因果关系，原审未予调查审认，遂为许某某不利之认定，并嫌疏略。本案判决认为不能径以受害人无照驾驶本身即认与其所受车祸之发生具有因果关系，殊值赞同。""在衡量驾驶人之行为，对于损害事故之发生，是否具有影响力时，必须斟酌者为，驾驶人本身之行为，而非是否领有驾驶执照"[2]。

作为过失相抵适用的要件，因果关系引出的重要问题为：在过失相抵框架中对待因果关系的方法，是否与过错责任框架中对待因果关系的方法相同。[3]对此，多数国家认同，判断受害人与有过失与损害之间的因果关系，应当适用与判断侵权行为与损害结果之间因果关系相同的规则。[4]例如，美国《侵权法重述

---

① 王泽鉴：《损害赔偿》，北京大学出版社 2017 年版，第 310 页。

② 陈聪富：《过失相抵之法理基础及其适用范围》，载王洪亮等主编：《中德私法研究》（第 4 卷），北京大学出版社 2008 年版。

③ U. 马格努斯、M. 马丁-卡萨尔斯主编：《侵权法的统一·共同过失》，叶名怡、陈鑫译，法律出版社 2009 年版，第 371 页。

④ U. 马格努斯、M. 马丁-卡萨尔斯主编：《侵权法的统一·共同过失》，叶名怡、陈鑫译，法律出版社 2009 年版，第 371 页。但也有学者主张，为了更充分救济受害人，在判定受害人与有过失行为与损害之间的因果关系问题上，应对受害人更加宽容，使得该因果关系认定标准较之加害人更为严格。即，只有当受害人与有过失行为必然地、直接充分地且可预见地造成其损害，构成损害的实质性原因时，始认定因果关系之存在。See A.M. Honore, Causation and Remoteness of Damage, *International Encyclopedia of Comparative Law, XI Torts*, J.C.B. Mohr Tubingen Martinus Nijhoff Publishers, 1983, p.109. 也有学者从责任保险普遍存在且可分散事故损失于社会为由支持上述主张。参见朱卫国：《过失相抵论》，载梁慧星主编：《民商法论丛》（第 4 卷），法律出版社 1996 年版。但总体而言，因果关系认定标准的不统一会导致更多操作困境与法官恣意，而且，对于加害人而言，会招致不公平之质疑。

（第二次）》第 465 条第 2 款明确规定："决定原告的过失行为与其所受损害之间的因果关系，与决定被告的过失行为与导致他人伤害的因果关系，适用相同的规则。"所以，事实因果关系与法律因果关系规则，同样可以用于过失相抵中对受害人行为与其损害之间因果关联的审查检验。

过失相抵的适用，要求受害人与有过失行为为其损害之共同原因，惟"赔偿原因发生之助成"是否包括在内，抑或仅限于直接导致损害发生或扩大？[①] 该问题在台湾地区有其争论，但案涉判决多主张：所谓受害人与有过失，应包括助成损害原因事实之成立在内，非仅以助成损害本身之发生或扩大为限。[②] 所以，在一起警员枪击受害人的案件中，警员开枪固属损害发生之原因，但受害人如不逃走，警员不至于在追捕时开枪射击，所以，受害人之逃走，显然助成其损害原因事实之成立。[③] 笔者认同，过失相抵适用之目的，既在谋求加害人与受害人之间损害分担的公平，则导致损害之发生或扩大，不单指损害本身，并应包括助成损害发生原因事实之成立。"即就损害原因事实之成立或损害本身之发生或扩大，任何一方之助成，均有过失相抵之适用。"[④]

三、受害人是否需要具有与有过失的认知能力

认定受害人与有过失，是否需要受害人具备什么程度的认知能力？此在比较法上颇有分歧，学说层面亦有较大争论。

（一）比较法概况

在比较法上，奥地利、比利时、捷克、英国、德国、希腊、以色列、荷兰、南非、瑞典和瑞士等国家的立法或判例多确认，受害人的侵权责任能力是构成其与有过失的条件。[⑤] 例如，在奥地利，关于受害人所需的行为能力，可类推适用关于侵权行为责任的规定。[⑥] 在比利时，适用于与有过失的有关侵权责任能力的条件，与调控过错责任的那些条件是一致的。[⑦]

在意大利、西班牙、波兰、法国、葡萄牙等国家，则确认受害人的侵权责任能力不是构成其与有过失的条件。在意大利，无须该要件的正当理由据说存在

---

① 史尚宽：《债法总论》，中国政法大学出版社 2000 年版，第 306~307 页。

② 台湾地区 1969 年台上字第 342 号判决及 1969 年台上字第 3427 号判决。

③ 曾隆兴：《详解损害赔偿法》，中国政法大学出版社 2004 年版，第 430 页。

④ 史尚宽：《债法总论》，中国政法大学出版社 2000 年版，第 306~307 页。

⑤ U. 马格努斯、M. 马丁 - 卡萨尔斯主编：《侵权法的统一·共同过失》，叶名怡、陈鑫译，法律出版社 2009 年版，第 369 页。

⑥ U. 马格努斯、M. 马丁 - 卡萨尔斯主编：《侵权法的统一·共同过失》，叶名怡、陈鑫译，法律出版社 2009 年版，第 17 页。

⑦ U. 马格努斯、M. 马丁 - 卡萨尔斯主编：《侵权法的统一·共同过失》，叶名怡、陈鑫译，法律出版社 2009 年版，第 43 页。

于因果关系原则中。在西班牙,存在相同的观念,即当受害人的行为足以被认定为"客观过失",并且该客观过失促成了损害的发生时,侵权人的责任将会减轻。[1]法国、葡萄牙的法院在判定受害人与有过失时事实上放弃了辨别能力要件。[2]在美国,要想认定与有过失,说原告未能尽到保护自身的合理注意就足够了。在考虑何种行为能被认定为与有过失时,美国法院会在原告行为所必然带来的风险程度和原告采取减少该风险的预防措施而要承受的负担二者之间进行平衡,即原告是否像一个"合理谨慎的人"那样行为。[3]

(二)学说分歧

1. 须有责任能力说

该说认为,在认定受害人对其所受损害与有过失,进而适用过失相抵减免加害人责任时,受害人须具有责任能力,即受害人能够认知其行为且预见可能发生的法律责任。故受害人为未成年人时,如无责任能力,亦予过失相抵,应属有失公平。[4]支持该说的理由为,受害人与有过失,系属违反社会生活中尽相当注意以使自己不受损害的义务,受害人同样具有责难可能性,其过错与加害人的过错实无本质上的区别,故认定受害人与有过失须以其具有责任能力为条件。[5]法经济学分析认为,当受害人不是出于其自由意志(例如由于缺乏心智能力)时,过失相抵抗辩无法对其保持注意的激励产生任何影响,因此没有经济学意义。如此,可以认为受害人对于事故的风险没有产生任何影响。[6]台湾地区通说采此见解,认为受害人须有识别能力,始足成立与有过失,而承担减免损害赔偿的不利益。因为,依平等原则,相对于侵权行为的过失,与有过失亦应以识别能力为要件,以保护无识别能力的未成年人。[7]

---

[1] U. 马格努斯、M. 马丁-卡萨尔斯主编:《侵权法的统一·共同过失》,叶名怡、陈鑫译,法律出版社2009年版,第169页、第253页、第370页。

[2] 克雷斯蒂安·冯·巴尔:《欧洲比较侵权行为法》(下卷),焦美华译,张新宝审校,法律出版社2001年版,第665页。

[3] U. 马格努斯、M. 马丁-卡萨尔斯主编:《侵权法的统一·共同过失》,叶名怡、陈鑫译,法律出版社2009年版,第316~317页。

[4] 史尚宽:《债法总论》,中国政法大学出版社2000年版,第305页;曾隆兴:《详解损害赔偿法》,中国政法大学出版社2004年版,第431页。

[5] 于敏:《日本侵权行为法》,法律出版社2015年第3版,第602页;曾隆兴:《详解损害赔偿法》,中国政法大学出版社2004年版,第431页。

[6] U. 马格努斯、M. 马丁-卡萨尔斯主编:《侵权法的统一·共同过失》,叶名怡、陈鑫译,法律出版社2009年版,第347页。

[7] 王泽鉴:《损害赔偿》,北京大学出版社2017年版,第310页;孙森焱:《民法债编总论》(上册),台湾三民书局2006年版,第458页。王伯琦教授认为:台湾地区"民法典"第217条之所谓过失,并非违反注意义务,仅为能注意而不注意。从而与有过失之受害人仍须注意,亦即需有识别能力。转引自陈聪富:《过失相抵之法理基础及其适用范围》,载王洪亮等主编:《中德私法研究》(第4卷)。

2. 须有注意能力说

该说主张，在过失相抵中，受害人与有过失与作为侵权责任成立要件之过失并非完全等同。与有过失并非违反对他人之注意义务，而系对于自身权益之单纯不注意，故过失相抵所要求之受害人主观能力，并非对于自己行为结果所生责任之识别能力，而只需具备回避损害发生之注意能力，即可过失相抵。[①] 此种能力在日本昭和三十九年（1964年）6月24日最高裁判所判决中被称为"事理辨识能力"。该判决指出："过失相抵的问题在性质上不同于让侵权行为者负损害赔偿责任的问题，它只不过是在确定侵权行为（者）……必须负有责任的损害赔偿额时，从公平的角度出发就损害之发生斟酌受害人之疏忽的问题。在斟酌未成年的受害人的过失时，只要未成年者具有能够辨识事理的能力即可，并不要求未成年者在负侵权行为责任时所必须具备的能够辨识行为责任的那种能力。"[②] 事理辨识能力是低于责任辨识能力的判断能力，以日本大法庭判决视之，在8岁左右即已具备。[③] 但自日本下级法院的一些判例来看，对于5岁以上的受害人基本认定具备事理辨识能力，而对于4岁以下的儿童多否定其具有事理辨识能力。[④] 只是，在受害人不具有事理辨识能力之案件，虽不得斟酌受害人客观上之过失，但在日本、台湾地区等，均得斟酌受害人之法定代理人或使用人之过失，则其结果与下述之客观说实无不同。[⑤]

3. 客观说

此说认为，基于部分因果关系或依加害人违法性之强弱进行损害赔偿减额的立场，受害人如无责任能力、识别能力或事理辨识能力，即不予过失相抵，有失公平，故过失相抵不以受害人具有前述能力为必要，只要受害人客观上具有过错，即可过失相抵。[⑥]

---

① 曾隆兴：《详解损害赔偿法》，中国政法大学出版社2004年版，第431页；李薇：《日本机动车事故损害赔偿法律制度研究》，法律出版社1997年版，第211页；于敏：《日本侵权行为法》，法律出版社2015年第3版，第603页。

② 最高裁判所昭和三十九年（1964年）6月24日判决，载《最高裁判所民事判例集》第18卷第5号，第854页。转引自李薇：《日本机动车事故损害赔偿法律制度研究》，法律出版社1997年版，第211页。

③ 圆谷骏：《判例形成的日本新侵权行为法》，赵莉译，法律出版社2008年版，第217页。

④ 李薇：《日本机动车事故损害赔偿法律制度研究》，法律出版社1997年版，第211页。

⑤ 曾隆兴：《详解损害赔偿法》，中国政法大学出版社2004年版，第432页；陈聪富：《过失相抵之法理基础及其适用范围》，载王洪亮等主编《中德私法研究》（第4卷）；圆谷骏：《判例形成的日本新侵权行为法》，赵莉译，法律出版社2008年版，第218页。

⑥ 曾隆兴：《详解损害赔偿法》，中国政法大学出版社2004年版，第431页；李薇：《日本机动车事故损害赔偿法律制度研究》，法律出版社1997年版，第212~213页。

（三）我国当前的学说与实践

我国当前的民法学理层面，多有学者认为，适用过失相抵无须考虑受害人是否具有过失相抵的主观能力。理由有二：（1）无论《民法通则》第133条还是《侵权责任法》第32条，均规定非完全行为能力人造成他人损害的，由其监护人承担民事责任。在此，并未确立责任能力制度以影响责任承担，行为人有无责任能力并不影响损害赔偿责任的成立，同样也不应使其影响过失相抵的适用。（2）非完全行为能力受害人的行为构成其损害发生或扩大之共同原因时，应认其法定代理人具有过失，据此过失相抵减轻加害人的赔偿责任。[①] 但也有学者认为，在过失相抵中应当要求受害人具有过失相抵能力。此能力为辨识能力，即受害人具备对其行为将会产生某种损害自身权益后果的认识。如果受害人不具备此种辨识能力，即使其监护人未尽到监护义务，也不能以监护人的过失作为受害人的过失，进行过失相抵。[②]

从司法实务来看，我国各级人民法院在审理非完全民事行为能力人作为受害人能否进行过失相抵时，基本不考虑受害人是否具有过失相抵能力，相反主要是从监护人是否尽到监护义务的角度来确定能否过失相抵。只要监护人具有监护过失，一般即把监护人过失视为受害人之过失适用过失相抵。[③] 此司法态度早在《关于赵正与尹发惠人身损害赔偿案如何运用法律政策的函》（91民他字第1号）中即得到确认。最高人民法院在此函中认为："尹发惠因疏忽大意行为致使幼童赵正被烫伤，应当承担侵权民事责任；赵正的父母对赵正监护不周，亦有过失，应适当减轻尹发惠的民事责任。"其后，我国司法实务涉及非完全行为能力人受害过失相抵适用时，基本均循此例。但很显然，如此操作并不利于非完全行为能力受害人的保护。

过失相抵的适用是否以受害人具有过错能力为条件，该问题事实上涉及受害人与有过失的实质、判断标准，以及如何对待非完全行为能力人受害与其监护人监护过失之间的关系等问题，因此，具体论述在此暂且不予展开，留待其后相关章节再作阐述。

---

① 王利明：《侵权行为法归责原则研究》，中国政法大学出版社2003年版，第346页；杨立新：《侵权法论》，人民法院出版社2011年第4版，第687页。

② 程啸：《论侵权行为法上的过失相抵制度》，载《清华法学》第6辑。

③ 程啸：《论侵权行为法上的过失相抵制度》，载《清华法学》第6辑。

第二节　受害人与有过失

一、侵权过失的判断方法

（一）侵权过失的客观化

1. 侵权过失流变的考察

人类社会始终面临一个人际交往的基本问题：因权益受侵害而产生的损失究应由被害人承担，抑或使加害人负担损害赔偿责任？罗马法早期甚至更早以前，对此曾采纳结果责任，即行为人当然须对其致人损害行为负责，其系以原因归责，又称原因主义。此乃早期社会的责任观，其时尚不知关注人际交往中行为在主观方面所具有的伦理与理性价值，[①] 而更在意复仇欲望与激情的最终表达与实践。[②] 但原因主义失之过严，动辄使人得咎，其与实际生活之不合渐为明显。人们转而愿意相信，损失更应该被理解为个人的不幸或命运。这是一个西方法史上千百年来根深蒂固的宿命论观念，其出发点在于："反对由法律来阻碍偶然事件的发生，并反对由法律补偿由命运所造成的不平等。根据这种观念，只有当他人实施了不正当的行为时，才可能由该他人代替遭受损失的人承担责任。"[③] 所以，耶林在考察罗马法之后认为，罗马法学的一个永恒的功绩，即在于将过错观念贯穿于整个民法。[④] 因为，使人负损害赔偿的，不是因为有损害，而是因为有过错，其道理就如同化学上的原则，使蜡烛燃烧的，不是光，而是氧气一般的浅显明白。[⑤] 而近代以来，这种无过错既无责任的过错责任主义，则特别契合于自由主义世界观中张扬并保障个人社会经济活动自由的价值精神。所以，各国民法，特别是侵权行为法，基本都确立了过错责任的归责原则。

由此可见，过错责任制度实可追溯及罗马法。然其中，故意以外，过失的内涵与判定至今则已经几多变化与发展，在很大程度上体现了特定历史文化阶段

---

① 张俊浩：《民法学原理》（下册），中国政法大学出版社2000年版，第905页。

② 鲁道夫·冯·耶林：《罗马私法中的过错要素》，柯伟才译，中国法制出版社2009年版，第16页。

③ 马克西米利安·福克斯：《侵权行为法》，齐晓琨译，法律出版社2006年版，第2页。美国著名法学家Holmes同样认为："良好的政策应让损失停留于其所发生之处，除非有特别干预的理由存在"（Sound policy lets losses lie where they fall except where a special reason can be shown for interference）。参见小奥利弗·温德尔·霍姆斯：《普通法》，冉昊、姚中秋译，中国政法大学出版社2006年版，第83页以下。

④ 鲁道夫·冯·耶林：《罗马私法中的过错要素》，柯伟才译，中国法制出版社2009年版，第35页。

⑤ 鲁道夫·冯·耶林：《罗马私法中的过错要素》，柯伟才译，中国法制出版社2009年版，第35页以下。

中占主导地位的思维方式、伦理道德观念以及社会经济关系。现有资料表明，在早期之罗马法，就故意、过失与事变所致损害之法律后果，似已有所区别。如《十二铜表法》已规定对杀人、烧毁房屋等过失或故意行为作轻重不同的处罚。而因不可抗力或事变造成的损失，不构成私犯。[①] 不过，由于当时主观意思之理论，尚未发达，且违法性及有责性之概念，更未严格区别。故过失概念，无非为法律上义务之违反，与现今侵权法上所谓违法的概念，其间似无多大区别，至多亦仅具客观上归责之意义而已。[②] 所以，罗马法上对过失的判定，实际采纳"善良家父"这一人格化的客观标准，以"善良家父"所能达到的注意程度，来判断行为人是否有过失，行为人没有预见或避免"善良家父"可预见或避免的损害的，即为有过失。[③] 因其系依客观抽象之标准而定，故通称为"抽象的轻过失"，在性质上当属客观过失之范畴。

不过，也正是在作为罗马法最为成熟时期的查士丁尼时代，侵权责任开始呈现逐渐主观化的发展过程。侵权责任的过错已经同个人道德的考虑联系在一起，仅仅在个人的侵权行为具有主观上的可责难性时，才使侵害人对他人承担法律责任。此后，人们在责令侵害人对受害人承担责任时，更加注意对侵害人过错的具体分析，这被现代法学家描述为从抽象过失到具体过失的转变。[④] 这种转变认为，要求行为人达到其不可能达到的行为标准是不公平的。从而在归责判断上，更加关注个别行为人之主观状况与注意能力，承认个别不同之过失标准，故，亦可谓为主观过失的转向。此转向应与其时以来希腊哲学及基督教哲学对道德伦理态度日渐重视与严格要求紧密相关，迄至近代，则且契合于崇尚人的理性的个人主义与自由主义的时代精神，终在耶林关于主观不法与客观不法的区分中得到较清晰明确的体现，[⑤] 并得以在近代法国、德国甚至是英美的侵权法上确立起主流地位。

上述所谓主观构想之过失责任主义，在近代民法可适用无失，一般认为应推究及如下几点，即无过失加害之稀有性、过失证明之非高度困难性以及加害人与被害人地位之互换可能性。然自 19 世纪后期以降的工业化社会，以上三

---

① 周枏：《罗马法原论》（下册），商务印书馆1996年版，第783页。

② 邱聪智：《从侵权行为归责原理之变动论危险责任之构成》，中国人民大学出版社2006年版，第52页。

③ 王卫国：《过错责任原则：第三次勃兴》，中国法制出版社2000年版，第40~41页。

④ C. Ferrini, Esposizione . Storica e Dottrinale del Diritto Penale Romano, in Enc Pessina, I . 1902, p258. 转引自张民安：《过错侵权责任制度研究》，中国政法大学出版社2002年版，第40页。

⑤ 鲁道夫·冯·耶林：《罗马私法中的过错要素》，柯伟才译，中国法制出版社2009年版，第3页。关于主观过失的发展及其不同学说的介绍，还可参照邱聪智：《从侵权行为归责原理之变动论危险责任之构成》，中国人民大学出版社2006年版，第38~43页。

者几均不复存在，① 主观过失的归责理论对于受害人的保护，因此则甚显不周。故除法定的特殊侵权情形，大多数国家依危险分配理念或其他政策考量而有无过失归责或推定过失归责的制度设计外，更为基础且根本的改变，则在于使过失回归与罗马法精神相似的客观过失立场，以回应现代社会对于人际交往中注意义务的同质构想与信赖要求。如此构建的"过失客观化"，系指以一般"合理人"② 社会生活上之注意义务，作为过失判断的根据。举凡行为人之损害行为，违反上述注意义务，除有法定之免责情事外，即认过失成立，不再论究行为人的注意能力是否能预见该损害。此说可谓系现行民事责任论之通说，为包括德、法、英、美、日等国在内的绝大部分国家的私法所践行。

2. 侵权过失客观化的理据

以上对侵权过失历史的简要概观，可知过失经历了客观过失——主观过失——客观过失的发展。然今日之客观过失，尽管仍以怠于客观、抽象的注意义务作为过失判断要素，而不重视行为人个人之主观情事，但却亦非罗马法上客观过失的简单回复。至少，在客观过失据以形成运作的时代精神与学术反思方面，罗马法时期之客观过失，因心理、意思之理论未趋发达，所谓主观过失的构想无由形成。客观过失毋宁为幼稚、朴素的自然结果，并非学术上探讨反思之结论。反之，19世纪末期以降之客观过失说，则非认识论上缺乏自觉之偶然所得，而是学术研讨之后，认为客观过失较符合侵权行为法之精神，从而进一步加以肯定形塑的结果。③ 也正是从该角度思考，近代法上主观过失向客观过失的转向最引人瞩目且甚待省思。主观过失主张过失负责须以具备遵守可能性为前提，系以个人可非难的主观情事为基础，以证明行为人个人心理上的过失状态为其中心，较符合道德感受。而客观过失则被解释为系以社会一般道德感为出发点，依合理人之行为标准，作为判定过失成立与否之依据。此所谓合理人，系以共通经验与活动以及社会行为规范之理想化为基础，故过失在性质上乃基于社会道德要求之客观判断标准。④ 无怪乎有学者认为，当今之客观过失出于对传统过失责任主义的眷恋与缅怀，仍穿着过失责任主义的破旧外衣，昂然穿梭往来于20世纪新建之民法殿堂上，但受法律社会化之影响，实则已脱胎换骨，

---

① 关于正文中述及的主观构想之过失责任主义的三个基础的解释及其在工业社会中的变化，具体可参照邱聪智：《从侵权行为归责原理之变动论危险责任之构成》，中国人民大学出版社2006年版，第45~46页。

② "合理人"又有称之为"善良管理人"、"理性人"等，但其实质内涵则基本一致。

③ 邱聪智：《从侵权行为归责原理之变动论危险责任之构成》，中国人民大学出版社2006年版，第54页。关于二者在适用方面存在的其他区别，可参照该著第54~55页。

④ M. Millner, Negligence in Modern Law, 1967, PP17-19、23. 转引自邱聪智：《从侵权行为归责原理之变动论危险责任之构成》，中国人民大学出版社2006年版，第61页。

无论在内涵或外延上,均与传统理论所称之"过失",颇有分道扬镳之势。[1]

但事实上,客观过失与主观过失之间的区别被误解或夸大了,二者均属过错或有责性的检测手段,并不具有本质性差别,因为,"人们只能通过外在的客观因素来认定内在的主观状态,故唯一可能的标准是客观标准"[2],或者说,"主观的法律过错其实根本不存在"[3]。面对"一个人何以须对非其所预期的损害后果负责"这样的追问,主观过失回答的视角与客观过失并无本质上的差别,都是聚焦于行为人应注意而不注意的伦理可责难性。只是主观过失,在归责判断上,尚要求依个别行为人之主观状况具体确定其注意能力;而客观过失,则不再论究具体行为人之注意能力是否能预见损害后果。所以说,主观过失与客观过失之间应仅具程度上的差别,主观过失采行的是更为具体的行为标准,而客观过失则采更为一般的行为标准,此行为标准的具体与一般主要体现在对行为人个体因素的考量选择上,即"允许更多个人品行(即更主观)或更少(即更客观)介入到考虑中"[4]。

现今,"过失客观化"乃侵权责任论之通说。过失客观化是合理且正当的,因为法律的标准只能是普遍适用的标准。"法律不将气质、智力和教育诸方面无穷无尽的变数作为某一给定行为的内在特征予以考虑,因为,这些东西在不同人的身上大相径庭。"[5]而要精确地衡量一个人的能力及其限度是很难甚至是不可能的。法律所能考虑的只是,对于一个具有正常智力和审慎的合理人而言,什么是可归责的,而不能去具体辨识且考究行为人的内心欲求与个体缺失。此其一。其二,"合理人"的拟制表达了一般性的行为注意要求,这在一定程度上因缘于"陌生人社会"的事实构成。这种抽象社会的核心特征在于社会成员和许多不认识的他人发生关系,故,呈现给我们的必然是制度的一般化和价值观念的一般化和普世化。[6]所以说,"如果人类群居不可避免,那么在陌生人组

---

① 邱聪智:《从侵权行为归责原理之变动论危险责任之构成》,中国人民大学出版社2006年版,第30页。

② 叶金强:《信赖合理性之判断:理性人标准的建构与适用》,载《法商研究》2005年第3期。

③ 沃伦·A.西维:《过错:主观抑或客观?》,林海译,载徐爱国编译:《哈佛法律评论》,法律出版社2005年版。

④ 沃伦·A.西维:《过错:主观抑或客观?》,林海译,载徐爱国编译:《哈佛法律评论》,法律出版社2005年版。

⑤ 小奥利弗·温德尔·霍姆斯:《普通法》,冉昊、姚中秋译,中国政法大学出版社2006年版,第94页。

⑥ 在这种社会里,人们会依据既定的行为标准来行为,使自己的活动与其他人的活动协调一致。这些行为标准一旦被社会大众所接受,所有的社会成员都会依据这些标准来判断自己的行为,并期待与其相处的其他社会成员也会遵循这些标准。帕特里克·凯莱:《未成年人、精神病人与精神缺陷者》,黎晓婷译,载张民安主编:《监护人和被监护人的侵权责任:未成年人、精神病人及其父母的侵权责任》,中山大学出版社2010年版。

成的共同体中,采取客观的标准就是交往和共处的需要"①。其三,"合理行为"要求作为一客观标准,也可以视为是"在目的、刺激和偏好上有分歧的人们相互接受的现有最好的正当性标准"②。

过失在侵权法中的意义,除了作为责任构成之要素,还兼以归责原则的基础而存在。客观化之过失,多采合理人之行为为判断标准。这种"合理行为"标准,其实质是社会互动结构中最一般化的行为样态的表达,构成了人们在社会选择中可基本信赖的行为基础,乃社会大众信赖及期待之所在。故笔者认同,过失客观归责之理据应在于信赖原则之违背。因为,"只有当必不可少的信赖被保护时,人类才有可能在保障每个人各得其应得者的法律之下和平共处。全面绝对的不信赖,要么就导致全面的隔绝,要么就导致强者支配,质言之,导致与法状态适相反对的情况。因此,促成信赖并保护正当的信赖,即属于法秩序必须满足的最根本要求之一"③。"因此各个人于参与社会活动时,即应本乎社会对其所为之信赖要求,担保意思集中之维持。换言之,亦即以社会信赖之程度,维持其意思集中之状态,乃系各个人参与社会活动时应尽之'法定担保义务'。"④ 因为,如果不能期待信赖行为人在特定状况下实施与合理人同样的行为,社会生活就无法圆满地进行。而在现代高度技术化的陌生人社会中,我们的生活建立在这种信赖之上的情况则已普遍化与常态化。从这个意义上讲,违反合理人注意标准,造成他人损害,构成过失侵权,其归责根据即在于对前述信赖基础的违背。因此产生的信赖责任意谓:行为人之行为,违反防止损害发生之安全保证义务,且未符合一般人对其参与社会活动所为之"信赖",致生损害,即应负担损害赔偿责任。⑤

综上所述,笔者以为,"合理人"行为标准提供了我们可得信赖的社会合作基础,对该标准的背离造成对他人的损害,构成过失侵权,破坏的正是这种主体间的相互信赖,其归责之真正理据亦恰在于此。

---

① 冯珏:《汉德公式的解读与反思》,载《中外法学》2008 年第 4 期。

② 格瑞尔德·J. 波斯特马主编:《哲学与侵权行为法》,陈敏、云建芳译,易继明校,北京大学出版社 2005 年版,第 32 页。

③ 卡尔·拉伦茨:《法学方法论》,陈爱娥译,台湾五南图书出版公司 1996 年版,第 392 页。

④ 邱聪智:《从侵权行为归责原理之变动论危险责任之构成》,中国人民大学出版社 2006 年版,第 85 页。

⑤ 相反,笔者以为,法经济分析的解释路径是失败和无效的,而矫正正义论则仅具有有限的说明意义。关于法经济分析与矫正正义论对于侵权过失归责的解释及其存在的问题,具体可参见郑永宽:《论过失客观归责的理据及其地位》,载梁慧星主编:《民商法论丛》(第 56 卷),法律出版社 2014 年版。

（二）侵权过失的判断模式[①]

1. 过失的法律构造

以信赖原则为基础之客观化过失，其判定之要旨，首先须确认在与行为人实施行为相同的情境下，合理人通常会实施什么行为，并以之为合理行为标准；进而将行为人的"现实行为"，衡诸合理人此一"当为行为"，若认定行为人的行为低于该注意标准，即认其有过失。其中，合理人于相同情境下通常会实施的行为乃过失判定之基准，最终判定之结果固不免受裁判者自居于拟制之合理人所作的自由心证的影响，但分析过程仍要求结合过失的法律构造展开。

一般认为，过失的法律构造包含两个层面：一是损害发生的可合理预见性；二是损害发生的可合理避免性。[②]其中，可合理预见性乃回避损害的前提，对于不可合理预见的损害，不应指望合理人为回避损害而采取防免措施。可合理预见性乃一客观概念，主要通过"合理人"立于相同情境中是否能够预见损害风险来判断。在损害风险的预见可能性与避免可能性之间，预见可能性是前提，所以，一般认为，对损害风险的合理预见性构成过失的要件，在加害行为时没有对风险的预见可能性就不发生过失责任。据此，过失被解为系"对本来结果的发生是可能预见的却没有采取应该采取的措施的加害人施加的法律上的责难"。[③]可合理预见性构成了结果回避义务的当然前提。

在合理预见基础上，采取了合理的防免措施，仍不必然可避免损害的发生；损害仍不免发生者，则可谓损害具有不可合理避免性。结果回避义务的存在，以损害的可合理避免性为基础。只有损害可合理避免，行为人才负有合理行为以避免损害结果的义务。因此，这里实质上隐含了双重法律评价：其一，损害的可合理避免性；其二，行为人的行为是否合理。前者可推导出合理行为标准，其后再通过将行为人的行为与合理人在相同情境中通常会实施的合理行为相对照以判定过失。此"实为"与"当为"的比较判定程式的细致展开，大致如下：（1）合理人采取了通常的防免措施，无论是否能够回避损害，只要行为人也采取了该措施，行为人即无过失；（2）合理人采取了通常的防免措施，能够回避损害，但行为人未采取该措施，致损害发生，是为有过失；（3）合理人采取了通常的防

[①] 关于侵权过失判断的具体论述，可参见郑永宽：《论侵权过失判定标准的构造与适用》，载《法律科学》2013年第2期。

[②] 曾世雄：《损害赔偿法原理》，中国政法大学出版社2001年版，第79~80页；于敏：《日本侵权行为法》，法律出版社2015年第3版，第175~190页。英美学者也认为：只有当行为人的行为与损害具有因果关系、具有预见该损害的能力并有机会在预见的基础上采取措施去避免该损失的发生时，行为人才须对损害结果承担赔偿责任。参见格瑞尔德·J. 波斯特马主编：《哲学与侵权行为法》，陈敏、云建芳译，易继明校，北京大学出版社2005年版，第101页。

[③] 于敏：《日本侵权行为法》，法律出版社2015年第3版，第176页。

免措施,未能回避损害,行为人未采取该措施,此时仍应认为行为人未尽到合理行为标准而有过失,但行为人未合理行为与损害之间并无因果关系。此判定程式充分说明,确认合理人在相同情境下通常会采取什么合理行为,才是过失判定的关键。

以上所述,旨在说明,合理人标准的适用,仍须结合过失两个层面的法律构造展开,在确定"合理人"对于损害风险可合理预见的基础上,去探求"合理人"通常会实施什么行为以回避预见到的损害风险。

2. 合理人模式的具体展开

(1)概说

透过合理人标准以判定过失,其具体目标在于确定合理人在相同情境中通常会实施什么行为,以之作为可与行为人之所为相比较的合理行为标准。因此,合理人模式的具体展开包含以下三个步骤:具体型构合理人,确定合理人所处的情境,透过法官的心理机制完成合理行为的判断。

在此三个步骤中,合理人的具体型构至为重要且甚待探究。因为合理人终究不是抽象空白之存在,乃特定社会型态中具有人之禀赋特征的具体构成。而合理人不同之禀赋特征,在推导特定情境中合理人通常之所为并以之为合理行为标准的运作过程中,具有非常重要的作用。尽管该推导系透过法官的心理机制完成的,并不免受法官的偏见与价值等因素的影响,但作为推导之基础的仍是具体型构之合理人的品性特征。因此,合理人究竟应该具备哪些品性特征,实乃关涉过失之判定标准,并进而与特定社会所抱持之人际伦理观念紧密相关,故,此中争论,虽颇疑难,却属问题解决之关键。

至于合理人所处情境的确定,乃行为人实施行为的特定时空及其他相关因素的同构或再现,借此说明,合理人标准的运用,须使合理人置身于个案的具体情境,始能获致结论的具体妥当性。而在合理人及其所处情境确定的基础上,透过法官心理机制的判断运作须结合前述过失的法律构造进行,即首先判断合理人在相同的情境中是否能够预见损害的风险,在可预见的基础上,再推导合理人在此情境中通常会实施什么行为以防免损害。此运作过程虽有过失的法律构造可充作判断推导的大致路径,但终究不可摆脱个案中综合权衡的具体作业。

(2)合理人的具体型构

"合理人"并非意味着一个理想或完美的人,而是一个共同体的普通成员,有着一般人的性情与缺点。他会欢乐、兴奋、沮丧,也会面临危机而紧张。他代表了其所处的社会的一般道德水平、一般教育程度等"一般性"的特征,具有一般社会公众所信赖和期待的理智与谨慎。但以其为标准化、固定化的拟制主体，普遍适用于任何侵害事故，并不必然具有具体妥当性。因为，合理人标准所属意之过失客观化，并非意味完全平均化与绝对化，所以，合理人仍有具体型构之必要，即表现为在常人基础上，依一定标准在个案中对合理人进行适当修正。由此，合理人可被视为一种将个案事实与共同体标准紧密联系在一起的司法尝试，①是在客观化要求的基础上面向具体个案事实所作的实质正义的必要调校，所以，合理人型构面对的主要问题是：依据什么标准，个案中行为人的哪些主观因素可以用来修正合理人的形象？正如沃伦教授其文《过错：主观抑或客观？》中反向追问的，个人的品行在多大程度上会被忽略、会被一些惯常使用的词汇一并概括？②

关于合理人的具体型构，笔者认为首先应借鉴职业类别客观过失说，即认为：职业活动上之过失，应因交易上相互信赖之要求，决定其注意义务之标准，并依买卖、运送，或公务员、建筑师、律师、医师等活动或职业之不同加以类型化。除此以外，一般侵权行为，则应依客观生活上所要求的标准，判定过失之有无。③依此，对于职业活动之情形，合理人应首先表现为一般职业人的形象，此将有助于使合理人的品性特征更贴近于特定的职业活动型态，复可在一定程度上合理限制法官的自由裁量权。而就一般侵权行为，始寻求一般合理人的标准。

合理人具体型构时，对于行为人之年龄、智力、体征、技能、知识等个性，是否均毋庸考虑？对此，笔者有过细致研究，简单结论如下：④

①一般认为，在判断行为的合理性时，行为人的年龄是不相关的。这一规

---

① Larry A. Dimatteo, The Counterpoise of Contracts: The Reasonable Person Standard and the Subjectivity of Judgment, 48 *S. C. Rev.*, 1997. pp.318-319 .

② 沃伦·A. 西维：《过错：主观抑或客观？》，林海译，载徐爱国编译：《哈佛法律评论》，法律出版社2005年版，第111页。

③ 邱聪智：《从侵权行为归责原理之变动论危险责任之构成》，中国人民大学出版社2006年版，第56页。

④ 具体分析论证，可参照郑永宽：《论侵权过失判定标准的构造与适用》，载《法律科学》2013年第2期。但事实上，行为人相关因素的探讨可能是难以穷尽的，例如，关于行为人的道德品行、宗教信仰、种族、社会地位等因素的探讨，仍存有一定的争论。如对于道德品行，沃伦教授认为："在判断道德品行时适用纯粹的客观标准是无可辩驳的。标准人格将根据结晶成法律的社群情感来进行价值判断。""如果有的个体了解社会价值观但拒绝苟同，允许他们建立自己个人化的行为标准就显然是对法律的破坏。允许个体以自己有缺陷的意志作为抗辩，显然会导致对他人权利的漠视。"沃伦·A. 西维：《过错：主观抑或客观？》，林海译，载徐爱国编译：《哈佛法律评论》，法律出版社2005年版，第120。关于宗教信仰因素的探讨，可参见 Vincent R. Johnson, *American Tort Law*, 赵秀文、徐琳、刘克毅注，赵秀文校，中国人民大学出版社2004年版，第70页。凯恩教授甚至认为："**在判断合理性时，法律**是否不应该**要求明示所有被考虑到的因素，比如种族和宗教，而是应该明示此类因素应该被忽视，从而让法院可以无声无息地、自由地将他们自己的看法（或偏见）付诸实施。"**[澳]彼得·凯恩：《侵权法解剖》，汪志刚译，北京大学出版社2010年版，第49页。

则是建立在"统一的成人期"①概念基础上的。这种成年的合理人被认为是理智的、成熟的、审慎的,符合社会的一般期待。但对于某一绝对年龄下的婴幼童②,确认其行为不会构成过失,而处于该绝对年龄之上的未成年人,当其从事未成年人行为时,只需要求其达到"同样年龄、智力、经验的理性、谨慎之人的注意"。相反,当未成年人从事了一项较具风险且通常只由成年人进行的活动时,则应使其行为适用成年合理人的注意标准。

②在合理人型构中,规则可操作性的考量至关重要。因为,"要去操作一个注意标准多变的制度是极其困难的",所以,除非某种清楚、显著的主体因素能为几乎所有人只需运用"标准的道德和最少的思维"③即得认知,如身体残缺,始应用于合理人的型构。即如《美国侵权法第三次重述》规定:如果行为人是残障人,那么其行为未达到一个具有同样残障的理性、谨慎之人的注意,为有过失。但即使行为人身上的某种缺陷被用于合理人型构,从而降低了合理注意标准,但任何人在安排自己的行为时应清醒认识自身的不足,避免介入依自身能力或缺陷无法防免损害风险的行为或领域,否则,仍须依一般合理人的标准判定其过失。至于精神方面的不足,包括愚笨、低能、粗心、健忘、暴躁、判断力低下等,则不应采纳作为合理人构造的因素。但完全不具有认知能力的精神病人,因理性能力之不存,应使责任承担为不能。尽管此点的论证似乎不能完全符合信赖保护原理,而更多的是"从认可对一定的能力显著低下者予以免责的政策性考虑出发建立的制度"④。

③当行为人选择从事一种要求特别训练、技能、教育或经验的行为,那么判断其行为的标准,将是有资格从事此种行为的合格成员的标准。⑤在判断行为人是否有过失时,不考虑其较差的技能、判断与认知等。但是,"知"则"当为"。"一个加害人掌握了特别的知识和能力,这使其能更谨慎,那么,他必须为这个提高了的谨慎承担法律后果"⑥,典型者如专家。因为,知识与能力乃预见的基础,预见系防免损害之前提。

④知识乃损害预见的前提。但合理人的具体型构对于知识因素的摄取不能仅限于行为人之实际所知,否则,无知就常常会是损害的正当理由,就会出现越

---

① 彼得·凯恩:《侵权法解剖》,汪志刚译,北京大学出版社2010年版,第47页。

② 该年龄界限在美国为5岁。《德国民法典》第828条规定,年满7岁之前的加害人无过错能力,因而无须承担侵权责任。这些规定可资参照。

③ 沃伦·A. 西维:《过错:主观抑或客观?》,林海译,载徐爱国编译:《哈佛法律评论》,法律出版社2005年版,第138页。

④ 郑永宽:《论民事责任能力的价值属性》,载《法律科学》2010年第4期。

⑤ 爱德华·J. 柯恩卡:《侵权法》(英文版),法律出版社1999年版,第52页。

⑥ 彼得·高赫:《侵权法的基本概念》,常鹏翱译,载田士永、王洪亮、张双根主编:《中德私法研究》2007年第3卷,北京大学出版社2007年版。

是怠于认知越可能因损害预见之不能而无过失之悖论。"不管是共同体中的哪一个人,在危难时都没有理由被完全束缚于自己所知的那点东西。"① 因此,在合理人型构时,应确认合理人具有如下认知、能力与义务,而无论行为人是否实际具备与履行。这些认知、能力与义务包括:常识;行业、社区或特定领域中的通常知识;通常的理解、认知、记忆、判断等能力;从事行为时必要且能以合理成本获得相关信息的调查义务等。

无论如何,合理人的具体型构终究是主体的自由与安全、法律适用的公平与效率等诸价值因素综合权衡的结果,体现的仍是社会发展的脉络以及主流价值观念的演化。

二、受害人与有过失的判断

(一)受害人与有过失的实质

1. 受害人与有过失的性质争论

侵权法的过失责任原则意味着,只有在加害人具有过错时,损失才应当转由加害人承担,否则法益所有人应自担风险,尤其是存在受害人与有过失时。但受害人与有过失与加害人过失是否实质等同呢? 台湾地区的通说认为,过失相抵之受害人与有过失,"系指被害人苟能尽善良管理人之注意,即得避免其损害之发生或扩大,乃竟不注意,致有损害发生或扩大之情形而言"。② 受害人与有过失系指非固有意义之过失,并非受害人违反注意义务,而仅系对损害之发生能注意而不注意而已,与固有意义之过失(又称"真正过失")应属有别,后者指应注意能注意而不注意,即必须加害人违反注意义务。③ 就此,有疑问者为,受害人之与有过失,是否真的无须其违反任何法律上义务,而仅以能注意而不注意为已足? 此即受害人与有过失的实质探讨问题,对于该问题,学界提出了"违反注意义务说"、"违反社会义务说"、"违法性说"、"未采取合理注意说"等各种观点,旨在说明受害人疏于对自身利益的防护何以构成法律上的过失。

(1)违反注意义务说

这种观点认为,在现实生活中,每个人均对其自身的人身和财产权益负有合理注意义务,未尽到此义务者,即属有过失。如日本有学者认为,在共同生活

---

① Terry, Leading Principles of Anglo-American Law. 转引自沃伦·A. 西维:《过错:主观抑或客观?》,林海译,载徐爱国编译:《哈佛法律评论》,法律出版社2005年版。

② 台湾地区"最高法院"1987年台上字第1408号民事判决,转引自陈聪富:《过失相抵之法理基础及其适用范围》,载王洪亮等主编:《中德私法研究》(第4卷),北京大学出版社2008年版。

③ 陈聪富:《过失相抵之法理基础及其适用范围》,载王洪亮等主编:《中德私法研究》(第4卷),北京大学出版社2008年版,第4页。

中，每个人不仅负有注意不要给他人造成损害的义务，而且负有尽相当的注意以使自己不要蒙受损害地进行生活的义务，从而把责任的减免视作违反此种法律上义务的效果。① 该种观点被广泛质疑，毕竟与每个人对他人负有不得侵害的注意义务相比较，难谓对自身权益亦负有相同的注意义务。相反，如果肯定每一个人都有保护自身权益的注意义务，那么就不存在过失侵权行为，任何损害的发生都可以认定为受害人没有尽到保护自身权益的注意义务。②

（2）违反社会义务说

该种观点认为，在现实生活中，虽然每个人都不负有自我保护的个人义务，但是一旦纯粹的个人主义外观被抛弃之后，这样一项对自身的义务，就与更广泛的对有关系的人的义务以及被告所负有的维护作为整体的社会的义务相互结合。这项保护自身权益的义务成为对其作为一个社会成员应向社会所尽到的义务的一个方面。③ 违反社会义务说以社会连带关系去阐述受害人与有过失的性质，未免过于笼统、宽泛，未能准确揭示受害人行为之所以是为过失的具体机理。④

（3）违法性说

该学说主张，应从受害人行为是否具有违法性视角来解释受害人的过失。可以通过类比未尽到对他人利益的通常注意义务的违法性，而将受害人未能照顾自身权益的行为看作是具有违法性的。⑤ 但很显然，受害人未照顾好自身权益只是被减少或免除救济，难以称其为具有违法性。

（4）未采取合理注意说

该说认为，受害人负有使自己处于安全状态，并不使加害人处于一种负责任的危险状态的义务，若受害人未尽合理注意而违反该义务，则不仅使自己处于不安全状态中，而且使他人处于负责任的不安全状态中，于此场合，受害人便有过错。⑥ 该观点并非贸然将受害人未采取合理注意的疏失等同于注意义务的违反或具有违法性，而是将其与使加害人处于负责任的危险相联系来解释受害人行为的不当。⑦

---

① 于敏：《日本侵权行为法》，法律出版社2015年版，第602页。
② 程啸：《论侵权行为法上的过失相抵制度》，载《清华法学》第6辑。
③ 程啸：《论侵权行为法上的过失相抵制度》，载《清华法学》第6辑。
④ 朱卫国：《过失相抵论》，载梁慧星主编：《民商法论丛》（第4卷），法律出版社1995年版，第416页。
⑤ A. M. Honore, Causation and Remoteness of Damages, *International Encyclopedia of Comparative Law, XI Torts*, J. C. B. Mohr Tubingen Martinus Nijhoff Publishers, 1983, p.99.
⑥ A. M. Honore, Causation and Remoteness of Damages, *International Encyclopedia of Comparative Law, XI Torts*, J. C. B. Mohr Tubingen Martinus Nijhoff Publishers, 1983, p.100.
⑦ 此解释视角为笔者所认同，下文将作更详细的阐述。其他更多学说观点的阐述，具体可参照朱卫国：《过失相抵论》，载梁慧星主编：《民商法论丛》（第4卷），法律出版社1995年版，第416-417页；程啸：《论侵权行为法上的过失相抵制度》，载《清华法学》第6辑。

2. 受害人与有过失实质的阐述

事实上,受害人过失只有被置于加害人责任大小探究的语境中讨论始有意义,纯粹讨论受害人能否损害自己或是否故意、过失损害自己并没有实质意义,因为,一般而言,法律并未强加给他人照顾好自身权益的义务,一个人疏于防护而使自身置于风险之中,只要不引致他人的损害,法律通常不会对其进行调整。但在过失相抵适用中,"考虑到若无受害人与有过失,加害人的过错行为也不可能致害或只可能造成一定的损害。故受害人过错客观上造成了加害人承担责任的危险"[①]。对于如此造成或扩大的损害,受害人应自己承受损失,不应转嫁于加害人。所以说,在且仅在加害人责任探讨的意义上,受害人对于自身利益的防护应负有合理注意的要求,即防止给"加害人带来造成损害、承担责任的危险"[②]。这种注意的要求,亦可自互动关系中加害人对理性受害人的合理行为期待解释所得。对于这种义务,德国民法学界通常将其解释为一种"不真正义务",其主要特征在于相对人通常不得请求履行,而违反该义务也不发生损害赔偿责任,只是使得负担此种义务的人遭受权利减损或丧失的不利益。[③]而美国、西班牙等国则更愿意将这种对于自己事务的必要注意要求称为负担而非义务,并且认为,受害人与有过失理念更好的表达是,受害人未能通过自我保护而尽到合理的注意。[④]由此作结,受害人与有过失的实质,乃基于防免他人处于负责任的不安全状态的视角,受害人对于自身权益安全合理注意要求的违反。就此而言,称其为过失亦不为过。[⑤]

---

①　朱卫国:《过失相抵论》,载梁慧星主编:《民商法论丛》(第4卷),法律出版社1995年版,第417页。与有过失可以表述为"受害人的过错,如果没有这种过错,加害人的过错行为无法对受害人造成同等程度的损害"。参见U.马格努斯、M.马丁-卡萨尔斯主编:《侵权法的统一·共同过失》,叶名怡、陈鑫译,法律出版社2009年版,第37页。"没有人(也没有人能)禁止我轻率地对待我自己的事物;在这个层面上我是个自由的人。但如果在发生损害事件后不对事先这种置危险于不顾的态度承担相应的后果,就不公平了。"参见克雷斯蒂安·冯·巴尔:《欧洲比较侵权行为法》(下卷),焦美华译,张新宝审校,法律出版社2001年版,第650页。

②　朱卫国:《过失相抵论》,载梁慧星主编:《民商法论丛》(第4卷),法律出版社1995年版,第417页。另可参见W. Page Keeton et al., *Prosser and Keeton on the Law of Torts*, West Publishing Co, 1984, p.453. 严格地说,与有过失不涉及义务,除非我们说原告有义务保护被告免于承担对原告自身过错的结果的责任。

③　迪特尔·梅迪库斯:《德国债法总论》,杜景林、卢谌译,法律出版社2004年版,第514~516页。

④　U.马格努斯、M.马丁-卡萨尔斯主编:《侵权法的统一·共同过失》,叶名怡、陈鑫译,法律出版社2009年版,第373~374页。

⑤　有学者认为,过失相抵之所以被称为"法技术"并在司法实务中表现出其政策性和可操作性,是因为过失相抵只是法院决定加害人妥当的赔偿额的方法和手段。过失相抵虽然以受害人的过失存在为要件,但是这种"过失"只是受害人实际损害额的减额事由的代名词,无论称其为"过失"、"谴责可能性"或"疏忽"(不注意),都是指减额的因素。参见李薇:《日本机动车事故损害赔偿法律制度研究》,法律出版社1997年版,第214页。

受害人与有过失，意味着其不符合社会互动关系中对理性受害人的合理行为期待。如此之受害人行为，虽无须为违法，然就其为自己之利益或伦理之视角判断，应属不当行为。故如受害人正当防卫、紧急避险等阻却违法之行为，应不构成受害人与有过失而有过失相抵之适用。例如受害人为救助横卧于铁轨上的儿童而受伤，因其行为具备积极价值的社会适宜性，不宜解释其行为违反损害回避义务而有过失。①

（二）受害人与有过失的判准

在确立了过失相抵中受害人对于自身权益亦"应注意"此一般性要求后，须具体探讨受害人是否"能注意"而不注意以判定其过失与否，此即涉及受害人与有过失的具体判准问题。

受害人与有过失与加害人过失在法律构造上应无不同，即均应包含可合理预见性与可合理避免性此双层构造。与加害人过失一样，对于不可合理预见的损害，不应指望受害人为回避损害而采取防免措施。只有在可合理预见的基础上，才能期待受害人实施合理的行为以回避损害。只是采取了合理的防免措施，仍不必然可避免损害的发生；损害仍不免发生者，则可谓损害具有不可合理避免性。所以，只有那些受害人可合理预见和避免但其却未能预见和避免而受害的行为，才能认定为受害人与有过失。如此，采纳何种标准判断受害人是否能够合理预见与避免受害，则是受害人与有过失判定的关键之所在。

当前，各国对过失的判定多采客观标准，系指以一般合理人为保护自己人身及财产权益所应尽的合理注意作为标准，此前文已述。这种合理行为标准，其实质是社会互动结构中最一般化的行为样态的表达，构成了人们在社会选择中可基本信赖的行为基础，乃社会大众信赖及期待之所在。其确立的价值基础为信赖原理。这种信赖期待也当然存在于侵害过程通常所包含的加害人与受害人的互动关系中，一方面，加害人会基于自己对理性受害人的合理期待，采取特定的方式来协调自己与受害人的关系；另一方面，受害人也应基于其对理性加害人的合理信赖，实施特定的协调行为。此呈现了"大多数社会协调模式所共有的重要特征——相互性"，归结为社会互动关系中任何一方对他方行为的、相互对应的合理期待问题。② 故基于社会互动关系的视角、信赖原理及侵害关系双方平等对待的对称性要求，对受害人与有过失的判定亦应采合理人注意标

---

① 史尚宽：《债法总论》，中国政法大学出版社2000年版，第305页。

② 帕特里克·凯莱：《未成年人、精神病人与精神缺陷者》，黎晓婷译，载张民安主编：《监护人和被监护人的侵权责任：未成年人、精神病人及其父母的侵权责任》，中山大学出版社2010年版，第37、41页。

准。①且与加害人过失的判断标准一样，此合理注意标准并非完全平均化、客观化或抽象化的标准，因为，作为过失判断标准重心的合理人，"不可能完全脱离任何人的禀赋特征而为白描，而使其成为彻底空白、无形的人，否则，此抽象人在规范实践中将因过度抽象暧昧而无法胜任其司法角色"②。所以，个案中合理人的具体型构仍显重要，因其在很大程度上推衍决定了在受害情境中能否合理预见损害，并在此预见基础上应采取何种合理措施以回避损害。合理人的具体型构，是以客观标准为基础去适当融合个体主观因素的努力，最终提供给我们的仍是过失判定方法上的形式统一，即以合理人的通常行为作为检评致害行为的判断标准，以"现实行为"与"当为行为"的比较判定受害人的与有过失。这种方法展现的是行为外在的比较，无须包含对受害人责任能力或过失相抵能力的评价。究其实质原因，系在过失论中已经采用客观的注意义务违反说的今天，以个人识别能力为核心的责任能力不再是过失认定的逻辑前提。而在责任能力原本可以发挥重要作用的未成年人或精神病人与有过失判定场合，绝对年龄以上的未成年人通常只需达到"同样年龄、智力、经验的理性、谨慎之人的注意"，这个标准已然包容了对未成年人未臻于成熟完善的理智能力的考量；而对绝对年龄下的未成年人与完全精神病人，可借鉴美、德等国无过失认定的特别政策考量以为规制，则在相当大程度上消除了对这些种类受害人可能的救济不公。③过失判定时无须再另行考量受害人的识别能力或责任能力，这是与有过失判定采合理人注意标准的自然推论，与我国现行法未规定责任能力制度的现

---

① 在比较法上，德国、美国、英国、比利时和我国台湾地区等对受害人过失均采与加害人过失相同的标准，即以一个"合理谨慎的人"的注意标准来判定。参见 U. 马格努斯、M. 马丁-卡萨尔斯主编：《侵权法的统一·共同过失》，叶名怡、陈鑫译，法律出版社 2009 年版，第 40、316、386 页；陈聪富：《过失相抵之法理基础及其适用范围》，载王洪亮等主编：《中德私法研究》（第 4 卷），北京大学出版社 2008 年版，第 18 页。"按照平等待遇原则，加害人和受害人应当受到同等对待。"埃尔温·多伊奇、汉斯-于尔根·阿伦斯：《德国侵权法——侵权行为、损害赔偿及痛苦抚慰金》（第 5 版），叶名怡、温大军译，刘志阳校，中国人民大学出版社 2016 年版，第 79 页。意大利的主流观点认为，认定受害人与有过失时，广义上的过错就足够了，无须个人的可归责性。而法国认定与有过失原则上以客观过错为准，即受害人在处理自己事务上偏离了善良家父的标准。克雷斯蒂安·冯·巴尔：《欧洲比较侵权行为法》（下卷），焦美华译，张新宝审校，法律出版社 2001 年版，第 650 页。

② 郑永宽：《论民事责任能力的价值属性》，载《法律科学》2010 年第 4 期。

③ 英国法官丹宁勋爵在 Gough v. Thorne 案中指出："非常幼小的儿童不能被认定为与有过失。年龄大点的儿童或许可以，但是要取决于案件的具体情况。只有当儿童达到能够被合理地期待对自己的安全可能采取预防措施，且其具有可归责性的时候，法官才能认定该儿童具有与有过失。"See John Cooke, *Law of Torts*, 5th Ed., Beijing: Law Press, 2003, p.148. 对于未成年或精神病加害人的过失判定时的合理人型构与特别政策考量，详可参见郑永宽：《论侵权过失判定标准的构造与适用》，载《法律科学》2013 年第 2 期。

状可相契合[①]，也与我国司法实践的通常做法及部分学者的观点相一致。[②]

就上述对于受害人过失采与加害人过失判定相同的合理人标准的观点，有学者提出不同的看法，认为加害人过失与受害人过失违反的义务不同，其道德上的可谴责性也有区别，同时为了增加受害人的补偿机会，故判断受害人与有过失的合理人标准所要求的注意程度，应低于加害人过失判断时所要求的注意程度，[③]或进一步具体化而认为，对于受害人的与有过失，应以受害人在行为过程中尽到与处理自己的事务一样的注意义务为标准，即主张采主观标准。[④]对此，笔者不表赞同，理由如下：

首先，尽管如前所述，合理人标准并非绝对平均、客观的标准，仍须以个案中具体型构的合理人为基础去推衍合理注意标准，因此不免有弹性把握的要求，但其中作为决定合理注意标准之关键的合理人型构并非主观任意的作业，其仍以客观标准为基础，具体的型构须接受信赖原则及其他较具共识性或可正当化的价值理念的制约引导，所以，这种合理人注意标准的具体确定是整体可控的。相反，以低于加害人过失判断时所要求的注意程度来判定受害人的与有过失，是难以操控的，易于成为裁判者任意裁量的工具。至于更具体的主观标准，已被证明是不可行的，因为，要精确衡量受害人的个人能力以及确定与其相适应的合理注意范围是极其困难的。所以说，"只有当具体适用于生活事实，而

---

① "在《侵权责任法》起草过程中，有的人建议根据行为人的年龄，增加行为人责任能力的规定。本法对此没有作出规定。" 全国人大常委会法工委民法室：《〈中华人民共和国侵权责任法〉条文说明、立法理由及相关规定》，北京大学出版社2010年版，第125页。

② 从我国司法实践来看，人民法院在审理被监护人作为受害人能否进行过失相抵时，从不考虑受害人自身有无过失相抵能力，相反，我国司法实践的普遍做法是，当被监护人受侵害时，首先较想当然地认定监护人有过失，然后将监护人的过失视为被监护人的过失而与加害人过失相抵。参见程啸：《论侵权行为法上的过失相抵制度》，载《清华法学》第6辑；李永军：《被监护人受侵害时法律救济的理论与实证考察》，载《华东政法大学学报》2013年第3期。当然，就我国现行法规定及其实践，存在诸多批评意见，如简单与行为能力不足相联系，形式化地认定未成年人与精神病人不会构成过失与与有过失；简单地将监护人的过失视为被监护人的过失而与加害人过失相抵等。所以，笔者主张在判定受害人与有过失时，无须单独考核受害人的过失相抵能力，既非基于我国现行法规定现状，亦非因认同我国司法实践的做法。在学界，杨立新教授和王利明教授等亦认为，认定责任能力为侵权责任构成的必备条件，没有确实的根据和必要。参见杨立新：《侵权法总则》，人民法院出版社2009年版，第324页；王利明：《自然人民事责任能力制度探讨》，载《法学家》2011年第2期。而另有一些学者，如程啸、叶桂峰、肖嗥明等则主张须考量受害人的过失相抵能力。参见程啸：《论侵权行为法上的过失相抵制度》，载《清华法学》第6辑；叶桂峰、肖嗥明：《论侵权行为受害人的过失相抵能力》，载《环球法律评论》2007年第2期。

③ 王利明主编：《人身损害赔偿疑难问题》，中国社会科学出版社2004年版，第85页；程啸：《论侵权行为法上的过失相抵制度》，载《清华法学》第6辑。

④ 孙森焱：《民法债编总论》（上册），法律出版社2006年版，第375页；冉克平：《论未成年人受侵害的过失相抵》，载《法律科学》2010年第4期。在美国，有些学者认为原告的与有过失应该依据一项"半主观"的标准来判断。See Richard Wright, The Standard of Care in Negligence Law, in David G. Owen, ed., *Philosophical Foundations of Tort Law*, 1995.

无需与之不相称的成本支出时，一个法律制度才将胜任其使命"①。而主观精神状态证明的不易，将容易诱发当事人的虚假抗辩，②使其可获得较普遍的损失分担豁免权。因此，笔者以为，以低于一般合理人注意标准的标准来判定受害人的与有过失是不可行的。

其次，如前所述，受害人与有过失并非重在关注受害人能否损害自身权益或如何疏于防护，并宣示其比损害他人权益的过失更不具道德可谴责性，而是以影响加害人责任承担为视角去分析，受害人在伴随损害发生而与加害人形成的互动关系中，是否如合理人般行为以符合他方的合理期待。"每个人只有当他为了自己利益保持了交往中被客观期待的注意时，才能就其自身遭受的损害向他人索赔"。③这种合理期待的保护对于社会互动关系的存在与发展是不可或缺的，因为它维系着社会通常的信赖价值和秩序。相反，不应脱离过失相抵适用的语境，去追问受害人损害自身权益或疏于防护是具有多大程度可谴责性的过失，这种探究并不具有实际的法律意义。

至于受害人救济的加强，这并非可无限扩张的法律目标。尽管现代风险社会更多地关注受害人的救济，但自由与安全的适度衡平保护在任何社会始终不可偏废④，否则，何不如舍过失责任而对加害人径采原因责任。在美国法上，曾对受害人与有过失与加害人过失适用不同的认定标准，但那是"要么全赔，要么不赔"的助成过失制度和庞氏规则的产物，即为了避免过多的受害人遭受仅因自己的与有过失就丧失损害赔偿请求权的不公平结果，降低受害人过失的认定标准成为当时一个合理的选择。⑤但现今美国侵权法基本放弃助成过失制度而采比较过失规则，比较过失对具有与有过失的受害人的不利后果有所缓和，它常常仅导致加害人减轻责任，而非免除其责任承担。因此，美国侵权法第三次重述在"责任的承担"部分改变了第二次重述的相关论述，主张不应该对原、被告过失适用不同的标准，进而取消了第二次重述中对原告过失认定的较低判断

---

① 彼得·高赫：《侵权法的基本概念》，常鹏翱译，载田士永、王洪亮、张双根主编：《中德私法研究》2007年第3卷，第118页。

② 郑永宽：《论过失客观归责的理据及其地位》，载梁慧星主编：《民商法论丛》（第56卷），法律出版社2014年版。

③ 埃尔温·多伊奇、汉斯-于尔根·阿伦斯：《德国侵权法——侵权行为、损害赔偿及痛苦抚慰金》，叶名怡、温大军译，刘志阳校，中国人民大学出版社2016年第5版，第80页。

④ 尽管侵权责任法维护人们行为自由的功能是以隐形方式发挥的，保护救济民事主体权益的功能是以显性方式发挥的，但是侵权责任法在维护人们的行为自由与保护民事主体的权益方面发挥着同等重要的功能，二者的价值没有实质差别。张新宝：《侵权责任法立法的利益衡量》，载《中国法学》2009年第4期。

⑤ 叶桂峰、肖曍明：《论侵权行为受害人的过失相抵能力》，载《环球法律评论》2007年第2期。

标准。[1] 所以说，加强受害人的救济不应简单成为受害人与有过失判定标准降低的正当性理由。

基于信赖责任原理，当前侵权法理论与实务多将过失理解为客观化过失，采行为人现实行为与"合理人"当为行为相比较的认定方式，以判断是否构成对于社会一般合理注意义务的违反。与加害人过失相对照，可以较好地理解把握受害人与有过失的构成与判断标准。关于受害人与有过失，可以认为，在可能影响加害人损失分担的意义上，受害人对于自身权益仍有"应注意"的负担；而在是否"能注意"而不注意以构成过失的判断标准上，基于社会互动关系中主体相互合理期待等视角，受害人与有过失的判定，应采与加害人过失判定一样的合理注意标准。[2]

---

[1] The American Law Institute, *A Concise Restatement of Torts*, 2000, p. 241.

[2] 不可否认的是，尽管不少国家认同将受害人与有过失作为加害人过失的"镜像"来进行描述，但仔细检视，仍会发现，该"镜面"颇为模糊，各国的规定在不同方面仍有诸多差异。参见 U. 马格努斯、M. 马丁-卡萨尔斯主编：《侵权法的统一·共同过失》，叶名怡、陈鑫译，法律出版社2009年版，第367页。

第四章　过失相抵的适用范围

第一节　过失相抵适用范围的若干争论议题

过失相抵适用范围的分析应严格把握其构成要件，即受害人与有过失行为导致损害的发生或扩大，从而依法减免加害人的赔偿责任。但在无过错侵权责任、互殴、精神损害赔偿等情形，过失相抵得否适用、如何适用，仍有相当的分歧与争论。

一、无过错责任与过失相抵

（一）问题的提出

过失相抵，实非过失的相互抵消，但理论与实务多以衡量加害人和受害人的过错大小为标准判定损失的承担。如此，在不以过错为要件特征的无过错侵权责任类型中，过失相抵可否适用，自难免引发分歧与争论。

在我国，《民法通则》第 131 条较为简单地规定："受害人对于损害的发生也有过错的，可以减轻侵害人的民事责任。" 2003 年《人身损害赔偿解释》第 2 条第 2 款规定："适用民法通则第一百零六条第三款规定确定赔偿义务人的赔偿责任时，受害人有重大过失的，可以减轻赔偿义务人的赔偿责任。" 其中，"第一百零六条第三款"[①] 是《民法通则》有关无过错侵权责任的一般规定，如此，该司法解释条款确立了以 "受害人有重大过失" 作为无过错责任中人身损害赔偿过失相抵的特别要件。2009 年，《侵权责任法》得以颁布，属于总则部分的第 3 章第 26 条规定："被侵权人对损害的发生也有过错的，可以减轻侵权人的责任。" 该条款作为《侵权责任法》中有关过失相抵的一般规定，显得过于简略，对于过失相抵可否普遍适用于无过错责任类型，易引发分歧，仍待解释展开。而在《侵权责任法》分则规定的诸多无过错责任类型中，立法者仅在涉及高度危险作业的第 72 条、第 73 条以及饲养动物损害责任的第 78 条，明确规定了过失相抵的适用，且在第 72 条有关占有或者使用易燃、易爆、剧毒、放射性等高度危险物致

[①]　《民法通则》第106条第3款规定："没有过错，但法律规定应当承担民事责任的，应当承担民事责任。"

害责任,以及第78条有关饲养动物致害责任中,特别规定以受害人的重大过失为过失相抵的要件。如此,又是否意味着无过错责任中过失相抵的适用以法律有特别规定者为限? 再者,鉴于无过错责任多秉承特殊政策价值而规定,若肯定其中过失相抵的普遍适用,是否在受害人过错程度要求、人身损害救济或非完全行为能力受害人的保障等方面,应有特别规则设计? 如此种种问题,并未随着《民法典》的编纂得以明确统一,现行法仍有混乱之嫌。而在当前风险社会里,无过错责任趋于扩张而重要,过失相抵是否及如何适用于无过错侵权责任类型,当有充分的探讨与明确的规定。因此,下文拟以前述系列问题为导向,评述反思我国当前法律规制可能存在的不足。

(二)过失相抵可否普遍适用于无过错侵权责任

1. 比较法上的立法现状与理论分歧

过失相抵,是属于各国司法实践中大量适应的重要规则。但过失相抵可否适用于无过错侵权责任,在各国或地区立法或判例中则存在一定的歧异。总体而言,肯定者居多,包括德国、荷兰、瑞士、波兰、西班牙、比利时、奥地利、英国、美国、我国台湾地区等。① 典型者如《德国民法典》第254条,② 其作为过失相抵的一般规则,规定于该法典第二编"债务关系法"第1章"债务关系的内容"第1节"给付的义务"中,属于损害赔偿法的总则部分,因此,通说认为,过失相抵规则既适用于依据民法典产生的损害赔偿请求权,也适用于依据民法典之外其他法律产生的损害赔偿请求权;既适用于侵权损害赔偿,还适用于违约损害赔偿;既适用于过错责任,也适用于危险责任。③ 在该问题上,是否适用存有争议或主张限制适用的国家主要有意大利、法国、以色列等。在意大利,过失相抵是否适用于无过错责任,存在较大的争议。部分学者认为过失相抵只能适用于过错责任案件中;另有学者认为,过失相抵与无过错责任可以协调,可以适用于无过错责任中,其正当性和因果关系原则相关。④ 以色列则有法院认为,无过错责任的正当性基础在于风险分配、威慑以及通过损失分散机制来补偿损失,若

---

① J. 费德特科、U. 马格努斯:《德国法上的共同过失》,载U. 马格努斯、M. 马丁-卡萨尔斯主编:《侵权法的统一·共同过失》,叶名怡、陈鑫译,法律出版社2009年版,第387页。

② 《德国民法典》第254条规定:"损害之发生,受害人与有过咎者,损害赔偿义务及其赔偿之范围,应依当时情事而定之,即如关于损害之引起究于如何范围内系以加害人或被害人为其主要原因,应予斟酌。被害人之过咎虽仅限于不预促债务人注意于重大损害之危险,而此项危险为债务人所不知或非所应知者,或被害人怠于避免或减少损害者,亦同。于此情形,准用第二百七十八条之规定。"

③ Jauernig/Teichmann. BGB Kommentar, 13Aufl. Beck, 2009, §254. 转引自程啸:《过失相抵与无过错责任》,载《法律科学》2014年第1期。

④ U. 马格努斯、M. 马丁-卡萨尔斯主编:《侵权法的统一·共同过失》,叶名怡、陈鑫译,法律出版社2009年版,第172页。

适用过失相抵抗辩,可能减缓或者阻碍这些目的的实现,所以,过失相抵抗辩应被否定,至少应受到限制。[①]南非则是少有的明确否定无过错侵权责任中适用过失相抵规则的国家。在南非,《1956年损害赔偿法》第34条规定了过失相抵一般规则,其只适用于损害部分由原告的过错造成、部分由被告的过错造成的情形。[②]

过失相抵规则可否适用于无过错责任,一些国家立法与司法表现出的否定、限制或犹疑,归因于理论上对于过失相抵法理及无过错责任的如下认知。首先,关于过失相抵的适用法理,多认其乃经由比较加害人与受害人的过错以确定损失的分担,而无过错责任中加害人可能并无过错,如此,将受害人的过错与加害人的无过错进行比较或相抵是不合逻辑的,也是无法操作的。[③]其次,涉及过失相抵适用与无过错侵权责任政策目标实现之间的关系。[④]否定过失相抵适用的观点倾向于认为,无过错责任或者说真正意义上的严格责任并不是在一切方面都遵循传统侵权行为法的规则,它虽然存在于私法体系当中,却具有社会法的特征。无过错责任旨在通过责任保险的方式分摊那些在人类文明发展过程中出现的不幸,因此,没有必要将过失相抵适用于其中。[⑤]相反,肯定论者认为,过失相抵规则是诚信、公平价值的体现,具有普遍的妥当性,其适用的领域不因责任之为何而不同。[⑥]过失相抵规则适用于无过错责任领域不存在价值或技术障碍。

在我国,关于无过错责任领域是否适用过失相抵,《侵权责任法》立法前后始终存在争论,理论上的分歧主要围绕过失相抵的适用法理,即适用于无过错责任的合逻辑性问题。[⑦]但究其实,我国立法与司法始终肯定过失相抵规则在特定无过错责任类型中的适用,只是立法上较多以特别法、司法解释的规定出

[①] U. 马格努斯、M. 马丁-卡萨尔斯主编:《侵权法的统一·共同过失》,叶名怡、陈鑫译,法律出版社2009年版,第156页。

[②] U. 马格努斯、M. 马丁-卡萨尔斯主编:《侵权法的统一·共同过失》,叶名怡、陈鑫译,法律出版社2009年版,第235页。

[③] 朱卫国:《过失相抵论》,载梁慧星主编:《民商法论丛》(第4卷),法律出版社1996年版。

[④] See Mark E. Roszkowski and Robert A. Prentice, Reconciling Comparative Negligence and Strict Liability: A Public Policy Analysis, 33 *St. Louis U. L. J.*, (1988). Marcus L. Plant, Comparative Negligence and Strict Tort Liability, 40 *La. L. Rev.*, (1980).

[⑤] 克雷斯蒂安·冯·巴尔:《欧洲比较侵权行为法》(下卷),焦美华译,张新宝审校,法律出版社2001年版,第657页。

[⑥] 王泽鉴:《民法学说与判例研究》(第一册),北京大学出版社2009年版,第58页。

[⑦] 冯建妹:《高度危险作业致人损害的免责条件和其他抗辩研究》,载《南京大学法律评论》1997年春季号;王胜明:《中华人民共和国侵权责任法解读》,中国法制出版社2010年版,第126页。我国《侵权责任法》起草过程中,即有观点表达了类似的质疑,认为在以无过错责任为归责原则的前提下,由于不考虑加害人的过错,加害人有损害即须赔偿,所以不存在过失相抵的问题。参见《侵权责任法草案座谈会简报(一)》,载全国人大常委会法制工作委员会民法室编:《侵权责任法立法背景与观点全集》,法律出版社2010年版,第129页。

现，[1]而《侵权责任法》尽管在属于总则部分的第 26 条中规定了过失相抵的一般规则，却又仅在高度危险作业和饲养动物致害责任中规定了过失相抵的特别规则，以致论争仍然存续，即过失相抵规则可一般适用于无过错责任领域或须以法律的特别规定为前提。

2. 自己责任与过失相抵的适用

关于过失相抵的法理基础与适用方法，主流观点认为在于过错之比较，但过失相抵，实质上宜解为以原因力比较确定加害人责任的承担，前文对此已有详细阐述。即如梅谦次郎认为，所谓斟酌受害人过失，正是因为加害行为的因果关系未及于因受害人过失而产生的损害，所以，损害赔偿数额的减少归根到底还是加害行为的因果关系问题。[2]森岛昭夫也主张，对于因受害人过失而减免赔偿额的问题，应当从因果关系的角度解释："即使在发生的损害可以看作与加害人的行为大致处于相当因果关系的范围内的场合，对于该结果的发生，受害人也给予了原因力时，在该程度上缩小加害人的行为应该负担的本来的责任范围，因此，赔偿额被缩减。"[3]所以说，过失相抵本质上是一个因果关系问题，是共存原因的问题。

比较行为之原因力以确定损失的分担，如此定位传统的所谓过失相抵，则过失相抵可适用于无过错责任领域，应属当然之理，当无"过错与无过错比较"之逻辑与方法上的疑难。无过错责任只是对过错责任的适度偏离，不再偏执于加害人过错的存在，但损害仍须因加害行为而生，始可要求行为人负责，这是对自己责任原则的坚持。过失相抵"在严格责任背景下发挥的作用本质上与过错责任的背景下的作用一样。其目标和技术总是恰当地将各方（应承担的）那部分损失——对应于其危险范围的那部分损失——归咎于（或归因于）各相关当事人"[4]。即如史尚宽先生所指出的，"过失相抵，为基于赔偿制度之公平分担及支配债权债务关系之诚信原则之一具体的表现，即不得以因自己过失所生之损害，转嫁于他人"[5]。

3. 无过错责任的政策考量与过失相抵的适用

过失相抵规则可否普遍适用于无过错侵权责任，更多关注与疑虑指向于其

---

① 具体包括《铁路法》第 58 条、《电力法》第 60 条、《水污染防治法》第 85 条、《人身损害赔偿司法解释》第 2 条第 2 款等。

② 李薇：《日本机动车事故损害赔偿法律制度研究》，法律出版社 1997 年版，第 209 页。

③ 森岛昭夫：《侵权行为法讲义》，有斐阁 1987 年版，第 389 页。转引自于敏：《日本侵权行为法》，法律出版社 2015 年第 3 版，第 607 页。

④ U. 马格努斯、M. 马丁-卡萨尔斯主编：《侵权法的统一·共同过失》，叶名怡、陈鑫译，法律出版社 2009 年版，第 303 页。

⑤ 史尚宽：《债法总论》，中国政法大学出版社 2000 年版，第 303 页。

适用是否将损害无过错责任政策价值的实现。^①有观点指出，无过错责任更多的立足于个案的公平，过失相抵却更多地基于一般的公平理念，因此，过失相抵在严格责任中的内容将面临很大的压力。^②法院判决时应在侵权责任目标的实现和过失相抵的适用范围之间权衡。^③更有甚者，有学者认为，认可过失相抵规则的适用将损害颠覆无过错责任的政策目标。^④

关于无过错责任的政策目标，概有危险分散、损失分担、损害预防以及公平考量等等。无过错责任，在有些国家被概称为危险责任，显示其主要产生发展于现代技术工业及伴生大量损害的风险社会背景。技术与工业为现代文明所容许且必需，但极大地增加了损害风险，而加害人对于风险的现实化则不必然有过错。由此，基于加害人对于危险的创设控制以及获利担损一致的合理性，也因为风险控制主体多为企业组织，可以通过保险、价格机制转移损失，再加上依过错责任原则由受害人证明加害人过错之不易，所有这些理由支持了加害人即使无过错亦须担责，转而强化为受害人损失救济的价值。至于其中的损失分担目标，无论是否通过价格或保险机制，无非是提供受害人救济更为有效的理由或路径，借此亦相当于实现危险分散的目标。所以，无过错责任对过错要求的背弃，究其实，是为了更好地提供对受害人救济而出现的制度设计，如Esser教授所言是种"部分解决社会不幸事件的方案的现代形式"^⑤。但无论如何，无过错责任作为现代工业技术社会风险分配的机制，绝不是不考虑受害人的过错。"适用无过错责任并不意味着法律就可以宽恕或纵容受害人的过错，过错始终是民事责任制度中一个最起码的衡量标准"^⑥。否则，受害人在遭受损失之时或其后，将可以任由损害发生或扩大，此显然有违法律公平精神。而且，如果在无

---

① Mark E. Roszkowski and Robert A. Prentice, Reconciling Comparative Negligence and Strict Liability: A Public Policy Analysis, 33 *St. Louis U. L.J.* (1988). Harvey R. Levine, Strict Products Liability and Comparative Negligence: The Collision of Fault and No-Fault, 14 *San Diego L. Rev.* (1977).

② 克雷斯蒂安·冯·巴尔：《欧洲比较侵权行为法》（下卷），焦美华译，张新宝审校，法律出版社2001年版，第657页。

③ U. 马格努斯、M. 马丁-卡萨尔斯主编：《侵权法的统一·共同过失》，叶名怡、陈鑫译，法律出版社2009年版，第157页。

④ Mark E. Roszkowski and Robert A. Prentice, Reconciling Comparative Negligence and Strict Liability: A Public Policy Analysis, 33 *St. Louis U. L.J.* (1988). Marcus L. Plant, Comparative Negligence and Strict Tort Liability, 40 *La. L. Rev.* (1980). 我国台湾地区学者黄立先生也认为，在消保法的商品与服务责任中，受害人的行为几乎都有过失，如果一概适用过失相抵，则会导致受害人求偿无门，不符合立法本意。参见黄立：《民法债编总论》，作者印行2006年版，第404页。

⑤ 马克西米利安·福克斯：《侵权行为法》，齐晓琨译，法律出版社2006年版，第7页。

⑥ 冯建妹：《高度危险作业致人损害的免责条件和其他抗辩研究》，载《南京大学法律评论》1997年春季号。

过错责任中不适用过失相抵,受害人将缺乏足够的动力来避免损失。[①] 相反,肯定过失相抵的适用,显然给予了受害人有效的激励,也会导向一个最优的结果。其理由是,"如果侵害人认定受害人会保持有效注意,则侵害人也会保持有效注意。如果受害人保持了有效注意,那么侵害人对于损失将负全责,这样,侵害人就获得了一种激励,使其保持的注意水平能够最好地减少其总成本"[②]。所以,无过错责任领域适用过失相抵,并不会阻碍其政策价值目标的实现,而是在受害人可合理预见避免损害之情境,对于受害人注意义务的妥当要求,是法律上诚信、公平原则的体现。

需注意的是,事实上,无过错侵权责任可以说是一种"拼盘式"的责任构成。[③]危险责任主义也只是"较广泛地为无过失责任论的妥当性奠定基础的理论"[④]。正如英国大法官 Macmillan 对于严格责任所认为的,"严格责任"一词并无确切固定的法律含义。实际上,"严格责任"的具体规则随着侵权行为的不同而不同,它只是对那些直接以损害后果认定责任或以损害行为本身的存在作为认定责任的要求的侵权行为类型的一个通俗的泛称。而这些侵权行为各自的行为特点、法定的责任构成要求、免责事由的范围等都是各不相同的。[⑤]无过错责任的具体法定可能承载立者特定的价值期待,在涉及过失相抵时容许有相应的特别规定。我国《侵权责任法》上,除了第 26 条作为过失相抵一般规则外,在特殊侵权行为规定部分,仍在且仅在第 72 条、第 73 条、第 78 条特别规定了无过错责任的过失相抵,其中,第 72 条"高度危险物致害责任"和第 78 条"饲养动物致害责任"均将责任减轻限于受害人重大过失,而第 73 条"高度危险活动致害责任"却将责任减轻事由扩张至受害人一般过失。由此引发了无过错责任领域适用过失相抵规则的诸多争论。除了法规范差异的解释论证需求外,困惑还在于体系化适用争议,即前述规定是否意味着,凡是法律没有规定重大过失才能减责的,受害人有一般过失亦可减责,抑或表明只有在法律规定无过错责

[①] W. V. H. Rogers. *Winfield & Jolowicz on Tort*, 16th. Ed. London: Sweet & Maxwell. 2002. P.248. 法律的经济分析支持同样的观点,认为在严格责任场合把共同过失纳入考量范围的规则明确地为受害人提供了最经济的激励,并会产生最优的结果。激励受害人高效地保持注意的原因很清楚,就是那样做将构成避免必须承受其自身损失的一个手段。参见 U. 马格努斯、M. 马丁-卡萨尔斯主编:《侵权法的统一·共同过失》,叶名怡、陈鑫译,法律出版社 2009 年版,第 388 页。

[②] U. 马格努斯、M. 马丁-卡萨尔斯主编:《侵权法的统一·共同过失》,叶名怡、陈鑫译,法律出版社 2009 年版,第 333 页。

[③] 郑永宽:《论过失客观归责的理据及其地位》,载梁慧星主编:《民商法论丛》(第 56 卷),法律出版社 2014 年版,第 109 页。

[④] 于敏:《日本侵权行为法》,法律出版社 2015 年第 3 版,第 20 页。

[⑤] 胡雪梅:《"过错"的死亡——中英侵权法宏观比较研究及思考》,中国政法大学出版社 2004 年版,第 116 页。

任中,受害人一般过失也可以减轻责任的,才能减轻责任？[①]对于上述部分法规范的差异,王竹教授尝试解释认为,立法者有意将高度危险责任划分不同的危险责任等级,第72条规定的"高度危险物致害责任"为极度危险责任,第73条规定的"高度危险活动致害责任"为高度危险责任,因此,在过失相抵规则的设计上,对于受害人过失程度的要求,亦相应有别。[②]此规范差异及其解释尝试说明,在立法中,过失相抵的特别规定须具备合理的价值基础与现实考量,且可经受批判检验。至于过失相抵在无过错责任中的体系适用,笔者倾向于认为,基于《侵权责任法》第26条作为过失相抵一般规则规定于总则部分,且结合前述过失相抵的原因力比较实质以及自己责任法理,原则上以受害人存在过失为条件,过失相抵即可适用于无过错责任领域,除非立法者就特定无过错侵权责任类型适用过失相抵规则作出了特别的规定。[③]

(三)无过错责任中适用过失相抵的特别规制探究

1. 是否应以受害人重大过失为适用的一般要求？

在我国,《水污染防治法》第96条第3款以及《人身损害赔偿解释》第2条第2款等规定,受害人对损害的发生或扩大有重大过失时,方可进行过失相抵,减轻加害人的赔偿责任。有观点基于这些特别法与司法解释的规定,进一步扩张认为,应以受害人重大过失作为无过错责任中适用过失相抵的一般条件。[④]

事实上,如前文所述,无过错责任主要的理论基础在于危险责任主义。正是加害人所从事的危险活动或保有的危险物品开启增加了对他人的危险,且其乃最有能力控制危险的主体,所以,法律多规定,当危险现实化,即使加害人无过错,亦须承担责任,以此减轻受害人的举证负担,强化对受害人的救济。但如此用以支持加害人无过错责任承担的理由,不可转而成为受害人在社会交往中无须尽到合理注意义务的依据。"原则上,人们倾向于承认,在我们当下的这个时代,人们在来来往往中必须采取比公共马车时代中所要求的更高程度的谨慎。因此,他们的共同过失将在以下基础上被判断:在21世纪初的当代人可合理期待的谨慎"。[⑤]在无过错侵权责任中,通常认为受害人对于危险的认识、控

[①] 程啸:《过失相抵与无过错责任》,载《法律科学》2014年第1期。

[②] 王竹:《特殊侵权行为中受害人过错制度的适用研究》,载《河南财经政法大学学报》2012年第1期。

[③] 略有不同的观点认为,过失相抵原则上可适用于基于无过错责任的损害赔偿之债,但无过错责任中是否适用过失相抵问题,应由法律逐一作出明确规定为宜。具体参见程啸:《过失相抵与无过错责任》,载《法律科学》2014年第1期。

[④] 程啸:《过失相抵与无过错责任》,载《法律科学》2014年第1期。

[⑤] U.马格努斯、M.马丁-卡萨尔斯主编:《侵权法的统一·共同过失》,叶名怡、陈鑫译,法律出版社2009年版,第303页。

制与防免能力较为低下，但在过失客观认定的模式下，危险情境的存在及受害人通常的能力低下，可能意味着，处于受害人地位的合理人在相同的具体损害情境中无法合理预见避免损害，由此推导合理人的当为行为亦无法合理防免损害，则具体受害人当无过失。相反，受害人有过失者，则意谓受害人对于具体损害可合理防免却未防免。如此意义上的过失构成，足以推导受害人对于自身损失须有相应承担，否则，将与民法的公平、诚信等价值追求明显相违。

在比较法上，前述所考察的肯定过失相抵规则适用于无过错责任的国家或地区，并不存在要求以受害人重大过失为适用一般条件的立法例。相反的，在德国，考虑到案件的具体情况，行为有重大过失的受害人有可能要承担全部损失，如果加害人仅仅是从事危险活动而承担严格责任的话，即加害人仅仅因为其行为所引发的"通常"危险而承担严格责任，所谓的未犯任何过错时的"通常危险"。[①]

2. 对于人身损害赔偿的过失相抵，是否及如何特别规制？

无过错责任中人身损害赔偿方面的过失相抵，《人身损害赔偿解释》第 2 条第 2 款作出了以受害人存在重大过失为适用条件的特别规制。但 2009 年颁布的《侵权责任法》，无论是作为过失相抵一般规则的第 26 条，还是规定无过错责任的特殊侵权行为部分，均未明确体现该特别要求。相反，《侵权责任法》有些具体规则，如第 73 条有关高度危险活动致害责任，只是规定"被侵权人对损害的发生有过失的"，即可以减轻经营者的责任，无论是否系属人身损害赔偿责任。而《侵权责任法》编纂进入《民法典》之后，《民法典》的相关规定对于人身损害的过失相抵，亦未有特别规制。因此，有观点质疑，依据新法优先于旧法以及上位法优先于下位法的原则，司法解释该项特别规制应不再适用。[②] 如此适用解释是否妥当，在此暂且不论。仅于法理层面分析考量，对于人身损害赔偿的过失相抵，是否应有特别规制？

自比较法观察，其他国家或地区不乏对于人身损害过失相抵限制的规定，只是限制方式不尽一致。如以色列在交通事故人身伤害案件中排除共同过失抗辩，而在缺陷产品导致人身伤害的严格责任案件中，仅受害人存在重大过失时，才能主张共同过失抗辩。[③] 日本在机动车损害赔偿的范围上，对受害人治疗

---

① U. 马格努斯、M. 马丁-卡萨尔斯主编：《侵权法的统一·共同过失》，叶名怡、陈鑫译，法律出版社 2009 年版，第 117 页。

② 涂卫：《论过失相抵原则在严格责任中的适用》，载《广西师范大学学报》（哲学社会科学版）2011 年第 5 期。

③ U. 马格努斯、M. 马丁-卡萨尔斯主编：《侵权法的统一·共同过失》，叶名怡、陈鑫译，法律出版社 2009 年版，第 157 页。

费用和丧葬费用等损害部分，并未适用过失相抵规则。① 而瑞典损害赔偿法第 6 章第 1 条则明确规定：人身伤亡损害赔偿，以受害人故意或重大过失共同导致时，才得以减轻。该项限制并不限于严格责任情形。② 这些立法例均在损害赔偿过失相抵中以特定的方式体现了对于人身权益的特别保障。

《人身损害赔偿解释》第 2 条第 2 款之所以规定，理由被认为在于：无过失责任的本意在保护受害人，加害人纵无过失也应对损害负责，因此，受害人有过失时，对其过失的斟酌应当比加害人负过失责任的情形为轻。但事实上，"加害人纵无过失也应对损害负责"，不应成为受害人对自身损害的防免可疏于合理注意义务的理由，此前文已述。尽管本文主张过失相抵的实质在于原因力相抵，然无论过错责任或无过错责任情形，过失相抵的适用原则上均须以受害人对于损害的发生或扩大存在过失为条件，二者就此并无根本差异。而且，在无过错侵权责任场合，受害人过失并不会更易于构成。因此，试图从过错责任与无过错责任的差异着眼，去证成无过错责任中人身损害赔偿过失相抵适用的特别限制，并不具有充分说服力。为寻求对此特别限制的正当化，有学者认为理由应立基于人身权益与财产权益的价值差异，以体现对人身权益更高程度的保障。即如瑞典损害赔偿法所规定的，无论加害人承担的是过错责任或无过错责任，不同于人身损害赔偿过失相抵所要求的受害人重大过失，对于财产损害赔偿的过失相抵，只要损害是由受害方共同导致的，就得以减轻。③ 但对于"人身伤害案件中过失相抵抗辩应被完全摒弃"这种一般化观点，笔者认同如下的质疑，即"这不仅对责任方不公平，而且会引发糟糕的副作用，譬如潜在受害人更低程度的自我保护等"。④ 所以，笔者认为，对于人身损害过失相抵的区别对待，或许可以基于特别政策价值考量，在特定类型或情境中借助立法加以体现，但在整个侵权法领域，区别对待人身损害与财产损害的过失相抵，似乎仍欠缺充足的正当化理由。

3. 对于非完全行为能力受害人，是否及如何特别保障？

比较法上，对于无过错侵权责任中非完全行为能力受害人损害赔偿的过失

---

① 李薇：《日本机动车损害赔偿保障法律制度研究》，法律出版社 1997 年版，第 227 页。

② 克雷斯蒂安·冯·巴尔：《欧洲比较侵权行为法》（下卷），焦美华译，张新宝审校，法律出版社 2001 年版，第 671 页。

③ 克雷斯蒂安·冯·巴尔：《欧洲比较侵权行为法》（下卷），焦美华译，张新宝审校，法律出版社 2001 年版，第 671 页。我国也有学者认为，我国应借鉴瑞典等国的做法，在未成年人受害、道路交通事故领域等，对受害人遭受损害的性质进行区分，若受害人遭受的是人身损害，仅在其存在故意或重大过失时，始依照过失相抵规则减少赔偿额。而且，当受害人遭受人身损害，仅在其系属故意且加害人无过错时，可免除加害人责任。参见程啸：《论侵权行为法上的过失相抵制度》，载《清华法学》第 6 辑；李颖：《论侵权法上的比较过错制度》，中国政法大学 2008 年博士学位论文。

④ U. 马格努斯、M. 马丁-卡萨尔斯主编：《侵权法的统一·共同过失》，叶名怡、陈鑫译，法律出版社 2009 年版，第 196 页。

相抵，存在不少特别保护规定，以体现保护弱势者的基本价值。例如，日本在机动车损害赔偿问题上，对于未成年人，有判例认为其不具备"责任辨识能力"，不适用过失相抵。[①] 法国1985年《改善道路交通事故受害人地位并加速赔偿程序法》明确规定：在人身损害中，事故时受害人16岁以下或70岁以上，或者持有永久性残疾程度80%以上证明的，不得适用过失相抵规则；但对于财产损害，可以适用过失相抵。[②] 在比利时，一些严格责任制度明确表示禁止考虑受害人的共同过失，比如，在交通事故中，通常不会考虑14岁以下的未成年人的共同过失问题。[③] 而在我国，2010年最高人民法院《关于审理铁路运输人身损害赔偿纠纷案件适用法律若干问题的解释》（以下简称《铁路运输人身损害赔偿解释》）第8条规定："铁路运输造成无民事行为能力人人身损害的，铁路运输企业应当承担赔偿责任；监护人有过错的，按照过错程度减轻铁路运输企业的赔偿责任，但铁路运输企业承担的赔偿责任应当不低于全部损失的百分之五十。铁路运输造成限制民事行为能力人人身损害的，铁路运输企业应当承担赔偿责任；监护人及受害人自身有过错的，按照过错程度减轻铁路运输企业的赔偿责任，但铁路运输企业承担的赔偿责任应当不低于全部损失的百分之四十。"该司法解释规定以最低赔偿限额的方式体现了对非完全行为能力人的特别保护。那么，在无过错侵权责任情形，考虑到非完全行为能力人危险应对能力的明显不足，对于其损害赔偿的过失相抵，在以后的民事立法中，是否应有怎样的特别规制呢？

我国有学者肯定了《铁路运输人身损害赔偿解释》第8条规定的价值基础，认为"当无过错责任中的受害人是无民事行为能力人或限制民事行为能力人时，不能无限制的减轻侵权人的赔偿责任，应当规定最低的赔偿比例"。其理由主要在于非完全行为能力人认知、理解和防免危险能力的不足。[④] 此借鉴建议可资赞同，但支持理由似有偏颇。事实上，依照我国当前《侵权责任法》第32条第1款的规定[⑤]（现为《民法典》第1188条第1款）及其解释推论，在侵权法实践中，非完全行为能力人是否存在过失或与有过失并不会被独立判断。而非完全行为

[①] 李薇：《日本机动车损害赔偿保障法律制度研究》，法律出版社1997年版，第219页。

[②] 克雷斯蒂安·冯·巴尔：《欧洲比较侵权行为法》（下卷），焦美华译，张新宝审校，法律出版社2001年版，第657页。另可参照于敏：《机动车损害赔偿与交通灾害的消灭》，载《侵权法评论》2004年第2辑。

[③] U. 马格努斯、M. 马丁-卡萨尔斯主编：《侵权法的统一·共同过失》，叶名怡、陈鑫译，法律出版社2009年版，第50页。

[④] 程啸：《过失相抵与无过错责任》，载《法律科学》2014年第1期。

[⑤] 《侵权责任法》第32条第1款规定："无民事行为能力人、限制民事行为能力人造成他人损害的，由监护人承担侵权责任。监护人尽到监护责任的，可以减轻其侵权责任。"

能力人之所以受侵害,多与监护人疏于履行监护职责有关。我国司法实践的普遍做法是,当被监护人受侵害时,法官几乎都会推定监护人有过失,然后将监护人的过失视为被监护人的过失而与加害人过失相抵。[①] 如此法律规定与实践做法,由来有自,且仍将维系。[②] 所以,在如此语境下,以非完全行为能力人防免危险能力不足为由,去正当化过失相抵中对其权益的特别保障,并不具有现实基础。只有当可能实现侵权法实践中非完全行为能力人过失与与有过失的具体化认定,且并非理所当然地将监护人过失等同于被监护人的与有过失时,才有必要以其不具备"责任辨识能力"等为由,排除或限制过失相抵的适用。所以,在非完全行为能力受害人过失相抵问题上,若仍坚持当前的规制模式与实践做法,笔者认为,规定限制加害人赔偿的最低比例,确实算是对非完全行为能力受害人在风险社会里权益特别保障的现实有效的方式。就如同《铁路运输人身损害赔偿解释》第 8 条规定理由所认为的,"铁路运输作为一种具有高度危险的作业,企业应当对损害的发生承担无过错责任,不宜过分强调监护人的过错或者受害人自身的过错,应提高铁路运输企业的赔偿比例"[③]。

4.无过错责任的加害人的附加过错应否作为评估责任大小时的考量因素?

无过错责任的加害人如果存在所谓的附加过错,该附加过错是否应当作为评估加害人责任大小时的考量因素?对于该问题,少有肯定的立法例或实践。瑞士《侵权法总则草案》第 51 条明确采纳了肯定的观点,其规定:"若危险活动实施者或该实施者对其负责之人的过错行为促成了损害的发生或导致损害的扩大,则那样的过错行为必须作为评估损害赔偿大小时加以考量的因素。"[④] 瑞典的司法实践同样持肯定态度,但受到一些瑞典法学家的严厉批评。[⑤] 我国台湾地区有学者持类似的观点认为,加害人应负无过错责任,或依举证责任之倒置,应负中间责任时,如被害人与有过失者,亦得过失相抵。但法律上课与加害人

[①] 程啸:《论侵权行为法上的过失相抵制度》,载《清华法学》第6辑。

[②] 《侵权责任法》第32条的规定基本继受自《民法通则》第133条。事实上,自《民法通则》第133条规定始,其包含的对于被监护人过失认定与损害赔偿的内容就遭受诸多批评,但这些批评基本不为立法者所采纳。《铁路运输人身损害赔偿解释》第8条第2款似乎肯认限制行为能力人铁路运输人身损害中的与有过失,但如此规定与作为一般法的《侵权责任法》第32条并不一致,或只可许些许反映实践部门对于非完全行为能力人是否一律不具有过失的反思态度,难以预示立法规则的根本改变。而《民法典》第1188条仍沿袭了《侵权责任法》第32条的规定。

[③] 江必新:《最高人民法院〈关于审理铁路运输人身损害赔偿纠纷案件适用法律若干问题的解释〉理解与适用》,中国铁道出版社2010年版,第107页。

[④] U. 马格努斯、M.马丁-卡萨尔斯主编:《侵权法的统一·共同过失》,叶名怡、陈鑫译,法律出版社2009年版,第387页。

[⑤] U. 马格努斯、M.马丁-卡萨尔斯主编:《侵权法的统一·共同过失》,叶名怡、陈鑫译,法律出版社2009年版,第287页。

无过失责任或中间责任时，斟酌被害人与有过失之程度或比重，应比加害人负过失责任之情形为轻，始合立法上加重加害人责任之本意。尤其加害人有过失时，似毋需斟酌被害人之过失而减轻加害人之责任。[①]

无过错责任的加害人的附加过错应否作为评估责任大小时的考量因素？笔者原则上持否定态度。无过错责任的价值根基不在于危险活动的可谴责性，相反，危险事业为当前文明社会所肯定甚或鼓励。当危险现实化，无过错责任制度主要关注、强调的是损失的合理分配。无过错责任的具体构成不是以加害人"无过错"为基础的，亦非以其存在过错而加重，而是无论加害人有无过错，均需相应担责。所以，原则上，加害人过错存在与否，不会影响其责任的承担。这基本契合于民法损害赔偿之同质救济理念及自己责任价值原则。而在过失相抵，其实质应主要在于原因力相抵，所以，加害人是否有附加过错，均肯定了过失相抵的适用。自逻辑而言，加害人是否附加过错与其致害原因力大小的权衡应无直接关联。

当然，如果系属加害人存在更为严重的主观心态，如加害人故意或重大过失，包括中国在内的不少国家明确排除或限制了过失相抵的适用。[②] 如我国《人身损害赔偿解释》第 2 条第 1 款规定：侵权人因故意或者重大过失致人损害，受害人只有一般过失的，不减轻赔偿义务人的赔偿责任。通行的观点主张以公平或诚信原则等价值理念来对此注解，即加害人的故意或重大过失昭示了加害人强烈的可谴责性，此种情形主张受害方的过失相抵，有违公平价值与诚实信用原则，或构成故意方的权利滥用。[③]

（四）小结

过失相抵在各国侵权法中均属于重要内容，具有很高的实践价值。无过错侵权责任则是侵权法的重要组成部分，随着风险社会中工业技术的发展，有扩张规定之势。基于过失相抵适用应主要作过错比较的传统认知，无过错责任因加害人可能无过错，且对其秉持的特殊政策价值可能因过失相抵适用而被损害的怀疑，因此，无过错责任领域能否适用过失相抵规则遂成为各国争论之问题。该争论在我国更因侵权法相关规定不够明确、详细而加剧。

过失相抵的实质更应理解为原因力相抵，但在无过错责任中的适用原则上

---

① 曾隆兴：《详解损害赔偿法》，中国政法大学出版社 2004 年版，第 439 页。

② 如德国、希腊、意大利、西班牙、南非、瑞士、美国等均承认，原则上，被告人的故意排除共同过失的存在。参见 U. 马格努斯、M. 马丁-卡萨尔斯主编：《侵权法的统一·共同过失》，叶名怡、陈鑫译，法律出版社 2009 年版，第 383 页。

③ U. 马格努斯、M. 马丁-卡萨尔斯主编：《侵权法的统一·共同过失》，叶名怡、陈鑫译，法律出版社 2009 年版，第 154 页、第 295 页。

仍应以受害人存在过错为前提。这更符合过错、因果关系在侵权责任构成中的角色功能，也契合于自己责任原则。因此，肯定无过错责任领域可普遍适用过失相抵规则，不存在逻辑障碍，也无损于无过错责任所偏向关注的受害人救济价值。

二、互殴与过失相抵

互殴是日常生活中经常发生的现象。在一方向对方主张损害赔偿的纠纷解决过程中，应否适用过失相抵以减轻加害人的赔偿责任，司法实践并不很一致，学者的观点也颇有分歧。[①] 该问题如何作答，或将对司法实务产生不小的影响，因此，确有必要结合过失相抵的适用条件，详加分析阐述。

（一）法律规定与适用现状

1. 我国当前的相关规定

关于过失相抵，《侵权责任法》第26条规定："被侵权人对损害的发生也有过错的，可以减轻侵权人的责任。"《民法典》第1173条对此略作调整，规定为："被侵权人对同一损害的发生或者扩大有过错的，可以减轻侵权人的责任。"台湾地区"民法典"第217条第1款规定："损害之发生或扩大，被害人与有过失者，法院得减轻赔偿金额，或免除之。"

无论大陆或台湾地区的现行法，均未直接明确规定互殴情形得否适用过失相抵。因此，对于该问题的妥当解答，宜基于现行法的规定，并结合过失相抵的适用条件解释应对。通常认为，过失相抵适用的要件有：（1）受害人存在与有过失；（2）受害人的与有过失行为是导致其损害发生或扩大的共同原因。

2. 当前的司法裁判现状

（1）我国大陆的相关司法裁判

为分析了解当前司法实务中互殴是否适用过失相抵，笔者通过"中国裁判文书网"检索了数十个案例，经查阅分析，可以发现：互殴，如果仅仅导致单方受害，较多支持适用过失相抵；[②] 互殴，如果导致双方受害，在一方请求另一方损害赔偿的诉讼中，是否适用过失相抵的裁判观点则要混乱得多，有明确适用过

---

① 具体不同观点，可以参照詹森林：《互殴与与有过失》，载《民事法理与判决研究》，中国政法大学出版社2002年版；陈聪富：《过失相抵之法理基础及其适用范围》，载《中德私法研究》（第4卷），北京大学出版社2008年版；朱庆育：《互殴、责任能力和与有过失之判断》，载《中德私法研究》（第4卷），北京大学出版社2008年版；王泽鉴：《损害赔偿》，北京大学出版社2017年版，第314~316页。

② 如"张胜达、张顶云、张顶瑶与被上诉人王家会健康权纠纷案"，贵州省黔西南布依族苗族自治州中级人民法院（2015）兴民终字第219号民事判决书；"赵书军、鲍建意生命权、健康权、身体权纠纷案"，河南省开封市中级人民法院（2017）豫02民终1530号民事判决书。

失相抵的裁判，[①] 也有明确不适用过失相抵的裁判，[②] 还有裁判在该问题上一二审观点不一致的，[③] 此外，有裁判表明互殴不适用过失相抵，但仍然基于其他理由适当减轻加害人责任。[④]

总体而言，在互殴引发的侵权诉讼中，相对较多的裁判不支持适用过失相抵。反对适用的理由颇为接近，其典型者为如此表述，"原则上，双方互殴系互为侵权行为，损害结果即非同一，也不存在原因力的竞合关系，不符合过失相抵的两项客观要件，即损害结果的同一性与原因力的竞合，故不适用过失相抵"[⑤]。

（2）台湾地区的裁判

关于互殴是否适用过失相抵，台湾地区"最高法院"最初在数个裁判中[⑥]坚持认为，互殴系属双方互为侵权行为，与双方行为为损害之共同原因者有别，且互殴系互相"故意"伤害对方，非属"过失"，故无台湾地区"民法"第217条过失相抵之适用。[⑦] 但如此判决遭到不少质疑批判。[⑧] 其后，台湾地区"最高法院"裁判立场似乎有所转变，认为被害人以言辞及动作挑衅或先行伤人之行为，致生加害人损害被害人，得适用过失相抵，使被害人负担部分损失。[⑨]

---

① 如"上诉人黄汉平、韦美英与被上诉人农敏宽健康权纠纷案"，广西壮族自治区百色市中级人民法院（2014）百中民一终字第83号民事判决书；"李秀清、丁登平健康权纠纷案"，四川省资阳市中级人民法院(2017)川20民终153号民事判决书。

② 如"金某某与阮甲、顾某某等生命权、健康权、身体权纠纷案"，浙江省绍兴市中级人民法院（2012）浙绍民终字第102号民事判决书；"邵金生与刘新银、刘明敏等生命权、健康权、身体权纠纷案"，河南省新乡市中级人民法院（2015）新中民一终字第325号民事判决书；"孙先勇与孙承福等健康权纠纷案"，山东省济南市中级人民法院（2015）济民四终字第350号民事判决书。

③ 如"祝肇民与何春妮、何春香生命权、健康权、身体权纠纷案"，广西壮族自治区崇左市中级人民法院（2016）桂14民终64号民事判决书。

④ 如"曹东亚与叶勇、张丽珍等生命权、健康权、身体权纠纷案"，浙江省嘉兴市中级人民法院（2014）浙嘉民终字第152号民事判决书；"柯昌华与厦门公交集团同安公共交通有限公司生命权、健康权、身体权纠纷案"，福建省厦门市中级人民法院（2015）厦民终字第1734号民事判决书。

⑤ "曹东亚与叶勇、张丽珍等生命权、健康权、身体权纠纷案"，浙江省嘉兴市中级人民法院（2014）浙嘉民终字第152号民事判决书。

⑥ 参见台湾地区"最高法院"1979年台上字第967号民事判决、1981年台上字第2905号民事判决以及1982年台上字第1179号民事判决。

⑦ 另可参照詹森林：《互殴与与有过失》，载《民事法理与判决研究》，中国政法大学出版社2002年版，第278页。

⑧ 詹森林：《互殴与与有过失》，载《民事法理与判决研究》，中国政法大学出版社2002年版；陈聪富：《过失相抵之法理基础及其适用范围》，载《中德私法研究》（第4卷），北京大学出版社2008年版，第17页；王泽鉴：《损害赔偿》，北京大学出版社2017年版，第316页。

⑨ 如台湾地区"最高法院"1997年台上字第431号民事判决认为，"经查本件事故之发生，肇因于上诉人在吴××摆设之鹅肉摊饮酒，陈××与隔桌之蔡××起争执，蔡××自身上取出水果刀一支朝陈××胸部等处刺去，致引发上诉人之追杀，为原审所是认。则蔡××之行为于事故之发生或扩大，是否与有过失？尚非无斟酌之余地"。

3. 小结

通过上述裁判的梳理可知,互殴是否适用过失相抵,各个法院的裁判并不一致,同一法院前后裁判亦可能有别,足见有关该问题实务态度的分歧与混乱。查诸反对适用之判决,主要理由不外乎如下几点:(1)互殴乃双方互为侵权行为,应各自向对方负责;(2)受害人互殴中为殴打行为,并非造成其所受损害之原因行为;(3)互殴系互相"故意"伤害对方,非属过失,故不适用过失相抵。如此理由是否可资立论,尤待更细致的检讨反思。

(二)互殴不应排除过失相抵的适用

互殴是否适用过失相抵,需要对前述反对适用的理由逐一分析检讨,以期得出妥当的结论。

1. 互殴乃相互侵权行为,应各就对方所受损害负责,互不得主张过失相抵

无论大陆或台湾地区,均有以此为由反对适用过失相抵的法院判决,此前文已述。然若以传统侵权损害赔偿为视角,无损害不足以构成侵权,则自互殴结果而言,当互殴未导致损害或仅导致一方损害,均不构成相互侵权,故互殴不必然为相互侵权行为。

即使互殴为相互侵权,应各就对方所受损害负责,但相互侵权的构成,不足以成为一方请求对方损害赔偿纠纷解决中反对过失相抵适用的实质理由。事实上,此涉及"损害结果同一性"与否的辩驳。互殴,若互为侵权行为,系属两个侵权行为,损害后果自然并非同一,须"各就对方所受损害负赔偿之责"。但是互殴应否适用过失相抵,所针对的问题并不是,该两个侵权行为产生的两个损害赔偿责任之间能否相抵,而是就一方对另一方的损害赔偿诉求,该一方是否对其自身损害的发生或扩大与有过失,所以,不应简单地以"损害结果同一性"不具备为由,即当然认为互殴之双方互不得主张过失相抵。

2. 受害人互殴中为殴打行为,并非造成其所受损害之原因行为

(1)受害人参与互殴的行为对于其自身损害与有原因

过失相抵,最核心的要件为受害人与有过失行为乃其自身损害发生或扩大的共同原因。在实务中,反对互殴情形适用过失相抵的裁判,其主要理由在于受害人的殴打行为不属于其所受损害之原因,即"不存在原因力的竞合关系"。

事实上,在互殴中,一方的殴打行为系造成另一方损害的原因,其涉及另一方可否依此请求该一方损害赔偿的问题。但此与该一方请求另一方损害赔偿时,另一方得否主张该一方与有过失而相抵,系属两个不同的问题。对于后者,须考量者乃该一方在互殴中主动殴打或还击行为,或者是在先的言辞或行为挑衅,对于其自身损害的发生或扩大是否具有原因力。笔者以为,互殴是属暴力

行为的互动,存在相互激化甚至升级的可能。往往是,一方的挑衅或殴打还击,是激怒对方而殴打该一方或使对方加强其攻击力殴打的原因。自此而言,难谓该一方的行为并非其自身损害发生或扩大之共同原因。

此外,在一些特殊情形,受害人互殴时的还击行为甚至可能构成其自己所受损害的主要原因,如当事人一方于互殴之混乱情形中因欲还击而失足跌倒,以致头部受创。[①] 如此情形,受害人自身行为对于其所受损害与有原因,至为明显,则他方被诉求损害赔偿时,应可主张受害人之与有过失而减免责任。

(2)受害人参与互殴的行为对于其自身损害与有过失

加害人主张过失相抵,除了受害人行为对于损害与有原因外,还需受害人之行为与有过失。《侵权责任法》第26条即如是规定。但前文已述,过失相抵之实质宜解为"以原因力比较确定加害人责任的承担",而受害人在社会互动中无过失的合理行为通常并不足以导致损害,过失相抵的适用原则上以受害人与有过失为前提。

在司法实务中,互殴是否适用过失相抵,反对者多聚焦认为受害人行为并非其所受损害之原因,较少关注受害人之行为是否与有过失。在互殴中,受害人对于另一方亦可能造成损害,此损害乃受害人故意造成的,此殊为明显。但此系受害人造成互殴另一方损害的故意,并非等同于其造成自身损害的与有过失,须当明辨。

在互殴中,受害人殴击只要不具有正当性,其即应理性意识到其参与互殴可能因此使自身人身或财产权益受损,其"显然违反防止发生或扩大自己损害之义务"[②]。受害人参与互殴,"意味着其对自身可能在互殴行动中遭受损害持放任心理,这应当是一种'明知和放任'的故意"[③]。如"李秀清、丁登平健康权纠纷二审民事判决书"认为,原告的伤虽为被告所为,但原告明知与被告互殴可能造成其身体伤害而为之,原告应当预见而没有预见,主观上有过错。所以,笔者认同,对于自身所受损害,受害人参与互殴的行为与有过失。

3. 互殴行为之故意不适用过失相抵

台湾地区"最高法院"反对互殴适用过失相抵的理由还包括:互殴系相互故意伤害对方,非属过失,故不生与有过失问题。[④] 该反对理由在我国大陆法院

---

① 詹森林:《互殴与与有过失》,载《民事法理与判决研究》,中国政法大学出版社2002年版,第281页。

② 陈聪富:《过失相抵之法理基础及其适用范围》,载《中德私法研究》(第4卷),北京大学出版社2008年版,第17页。

③ 方强:《结伙互殴致损侵权责任分担研究》,西南财经大学2010年硕士学位论文。

④ 台湾地区"最高法院"1982年台上字第1179号民事判决。

裁判中几无提及，或因《侵权责任法》第 26 条及《民法通则》第 131 条有关过失相抵之一般规定，措辞均为"过错"，而非"过失"，而大陆学理与实践通常认为"过错"包含故意与过失。

需要注意的是，《侵权责任法》第 27 条规定："损害是因受害人故意造成的，行为人不承担责任。"最高人民法院于 2003 年颁布的《关于审理人身损害赔偿案件适用法律若干问题的解释》第 2 条第 1 款规定："受害人对同一损害的发生或者扩大有故意、过失的，依照民法通则第一百三十一条的规定，可以减轻或者免除赔偿义务人的赔偿责任。但侵权人因故意或者重大过失致人损害，受害人只有一般过失的，不减轻赔偿义务人的赔偿责任。"依照这些规定，加害人或受害人一方的故意，可能排除过失相抵的适用。这是否意味着，在互殴中同样因故意发生损害或受害，亦应有过失相抵适用之排除。

对于上述法律规定情形中过失相抵适用的限制，通行的观点主张以公平或诚信原则等价值理念来对此注解，即加害人或受害人的故意昭示了加害人强烈的可谴责性或排除了受害人的可救济性，此种情形主张对方的过失担责，均有违公平价值与诚实信用原则，或构成故意方的权利滥用。[①] 无论解释的法理依据如何，适用限制应维系于一方故意与另一方一般过失之间的不对等。过失相抵不应一般性地排除故意情形的适用。受害人之与有过失，应包括受害人之与有故意在内。[②] 此要点已为《关于审理人身损害赔偿案件适用法律若干问题的解释》第 2 条第 1 款第 1 句话所明确。在互殴情形，对于一方的受害的发生或扩大，加害人与受害人均与有故意。如此均属故意之情形，一般认为，不排除过失相抵的适用。[③]

4. 互殴若产生两个损害赔偿之债，依相互抵销处理即可

除了前述司法裁判不支持互殴适用过失相抵的理由外，还有反对适用的学理观点认为，在互殴过程中，双方行为皆不具有正当性，个人应对自己行为之全部后果承担责任。如此可发生债之抵销，亦能起到减免赔偿给付义务之功效，此时是否有必要引入过失相抵制度，值得怀疑。[④] 简而言之，该观点认为，互殴若产生两个损害赔偿之债，依相互抵销处理即可，无须适用过失相抵。

---

① U. 马格努斯、M. 马丁-卡萨尔斯主编：《侵权法的统一·共同过失》，叶名怡、陈鑫译，法律出版社 2009 年版，第 154 页、第 295 页。

② 曾世雄：《损害赔偿法原理》，中国政法大学出版社 2001 年版，第 264 页；史尚宽：《债法总论》，中国政法大学出版社 2000 年版，第 305 页。

③ 董春华：《论比较过错制度在故意侵权中的适用》，载《现代法学》2017 年第 5 期。

④ 朱庆育：《互殴、责任能力和与有过失之判断》，载《中德私法研究》（第 4 卷），北京大学出版社 2008 年版，第 61、62 页。

此反对理由涉及互殴而双方均提出赔偿请求时，事先是否适用过失相抵，而后才视情抵销，结果是否不同。很显然，对于任一赔偿请求，无论过失相抵适用的基准主要采过错程度、原因力，或兼而有之，甚至还考虑其他因素，均可能得出加害人与受害人不同比例的损失分担结果，则过失相抵的适用将先行对损害赔偿数额产生不小的影响。如此，事先适用过失相抵而后抵销，与未经适用过失相抵径行抵销，结果显然可能不同。例如，甲乙互殴，甲的损失为 10 万元，乙的损失为 8 万元，可以确定，甲对于自己的损失的与有责任为 40%，乙对于自己的损失的与有责任为 10%。在如此简单的设例中，双方诉求的解决过程，是否先适用过失相抵确定各方得请求的数额，而后才相互抵销，结果明显不同。

（三）互殴与过失相抵的适用

1. 互殴与正当防卫

在现实生活中，互殴的成因、过程复杂多样。在互殴中，一方对另一方造成损害，是否必然构成侵权行为，事实上首先还涉及该一方的行为是否系属正当防卫的判断。正当防卫是反击现实不法侵害行为，以保护自己或他人权利的行为。《民法典》第 181 条规定："因正当防卫造成损害的，不承担民事责任。正当防卫超过必要的限度，造成不应有的损害的，正当防卫人应当承担适当的民事责任。"正当防卫，须以现实不法侵害行为存在为前提。"准此而言，在互殴之情形，倘一方当事人系因他方先为不法之殴击，为排除该不法之侵害而加以还击，且其还击行为未逾必要之程度时，则该一方当事人之还击行为即属正当防卫而得阻却违法"。[①] 该一方当事人对另一方造成损害因此不构成侵权行为，无须承担赔偿责任，则在此损害受害关系中，自然不存在受害之另一方得主张过失相抵之问题。相反，互殴中任何一方若不限于防卫他方不法之侵害，而有侵害他方的意思，或者是防卫中超出必要限度而为还击殴打，则互殴之双方均不得主张正当防卫。如在"张胜达、张顶云、张顶瑶与被上诉人王家会健康权纠纷案"二审判决书中，裁判意见认为，本案纠纷是被上诉人王家会与上诉人张胜达为了争抢顾客引起的，在王家会与张胜达发生抓扯后，上诉人张顶云、张顶瑶并未顾及双方系亲属关系，本应冷静地进行劝解，反而参与到与王家会的抓扯中，造成矛盾的扩大及被上诉人王家会受伤，本案上诉人在主观上具有伤害他人的故意，不构成正当防卫。

2. 互殴中过失相抵适用的考量因素

过失相抵的适用，原则上应以受害人的与有过失为前提。但无论加害人或

---

① 詹森林：《互殴与与有过失》，载《民事法理与判决研究》，中国政法大学出版社 2002 年版，第 279 页。

受害人的过错如何,过错程度与实际造成的损害大小并不当然对应,[①] 过错本身因此不应决定损失分担的大小。所以,过失相抵,其实质应在于,通过评判确认加害人过错行为与受害人过错行为对于损害的原因力,在此基础上使加害人对其致害比例或部分担责。如曾世雄先生所言,决定责任大小的,乃损害原因力之强弱,而非过失程度之轻重;过失程度如何,仅为判断原因力强弱之参考。[②]

过失相抵的适用主要应考量双方行为的与有原因力,此乃自己责任原理之要义,至少在逻辑上应如此坚持。但在实践中,原因力与过错程度的判断可能同样模糊,不易量化判断。例如,一方挑衅激怒对方而被打或者先出手殴打招致对方更凶狠的殴击,如何判断其中该一方挑衅或先殴打行为对于自身损害的原因力,着实不易。此外,我国过失相抵法律条文对于"过错"措辞的强调、过错程度通常与损害大小成正比此不尽可靠的感知,以及应使过错程度参与损害赔偿额决定的主张[③] 等因素,也都可能多少影响法官在适用过失相抵决定受害人应分担损失的裁量中,并不单纯采纳原因力的标准,而更可能接受"因果关系和可责性的缓和物",作为分配损害赔偿百分比时的主要考量因素。[④] 我国法院的司法裁判,包括台湾地区支持在互殴侵权纠纷中适用过失相抵的判决,基本上均兼采原因力与过错程度作为决定双方当事人应分担损失数额的基准。[⑤]

总结而言,过失相抵,理论上应以原因力为适用的主要基准,但在实践中,难以回避过失相抵适用所需的自由裁量。自由裁量的展开,无论将过错程度作为判断原因力强弱之参考,或使其以独立因素参与损失分担的决定,均无法根本否定过错程度在过失相抵适用中的角色功能。在双方过错与行为作用更显复杂纠缠的互殴的过失相抵中,适用考量因素的兼顾可能尤为现实普遍。

3. 过失相抵与损害的扩大

《民法典》第 1173 条作为过失相抵的一般规定,已涵括对于受害人就损害发生或扩大与有过失的规范。比较法上有探讨的疑难问题为,受害人就损害的

---

① 丹·B. 多布斯:《侵权法》(上册),马静等译,中国政法大学出版社2014年版,第363页;张新宝、明俊:《侵权法上的原因力理论研究》,载《中国法学》2005年第2期。

② 曾世雄:《损害赔偿法原理》,中国政法大学出版社2001年版,第269页。

③ 叶金强:《论过错程度对侵权构成及效果之影响》,载《法商研究》2009年第3期。

④ 克雷斯蒂安·冯·巴尔:《欧洲比较侵权行为法》(下卷),焦美华译,张新宝审校,法律出版社2001年版,第652页。

⑤ "张胜达、张顶云、张顶瑶与被上诉人王家会健康权纠纷案",贵州省黔西南布依族苗族自治州中级人民法院(2015)兴民终字第219号民事判决书;"上诉人黄汉平、韦美英与被上诉人农敏宽健康权纠纷案",广西壮族自治区百色市中级人民法院(2014)百中民一终字第83号民事判决书;"李秀清、丁登平健康权纠纷案",四川省资阳市中级人民法院(2017)川20民终153号民事判决书;台湾地区"最高法院"1976年台上字第2433号民事判决。

扩大仅有一般过失或轻微过失时，加害人是否因其致害的殴打行为系出于故意，即因而不得主张受害人的与有过失，而须就扩大之损害负全部赔偿责任。即如《关于审理人身损害赔偿案件适用法律若干问题的解释》第 2 条第 1 款所规定的，侵权人因故意或者重大过失致人损害，受害人只有一般过失的，不减轻赔偿义务人的赔偿责任。笔者认同，司法解释的该项规定对于损害扩大之情形，应无适用余地，受害人仍应承担与有过失之不利。"盖避免损害之扩大系在被害人所得支配之范畴内，而加害人对之原则上已无从加以控制，此与加害人可本于主观之意思，故意引发损害之发生者，自应为不同之处理"。[①]

（四）结论

互殴是否适用过失相抵，我国当前司法裁判仍然颇为混乱。事实上，互殴无论构成一方侵权或双方侵权，对于一方的受害，受害人参与互殴的与有过失行为对于其自身损害的发生或扩大，仍可能为共同原因，所以，可有过失相抵之适用。此中，与有过失原则上包括与有故意在内。

互殴构成双方侵权时，即使双方均对对方提出损害赔偿之诉求，在确定任何一方可得主张的损害赔偿额时，视情先适用过失相抵，而后再与对方之债相互抵消，与未经适用过失相抵径行相互抵消，结果可能有明显的不同。

综上所述，互殴之情形，仍可能符合过失相抵之要件，而有适用之可能；且过失相抵之适用，对于当事人的诉求会带来实际影响，故有适用之必要。

三、精神损害赔偿的量定与过失相抵

（一）国内外的立法与实践

对于严重的人身权益侵害，受害人得主张精神损害赔偿，即精神抚慰金。受害人对于其损害的发生或扩大与有过失的，确定精神损害赔偿额时是否适用过失相抵，国内外立法与实践仍存在一定的分歧。

1. 国内的立法与实践

关于精神损害赔偿数额的量定，是否适用过失相抵，我国《侵权责任法》及其后的《民法典》并没有明确的规定。《精神损害赔偿解释》第 11 条规定："受害人对损害事实和损害后果的发生有过错的，可以根据其过错程度减轻或者免除侵权人的精神损害赔偿责任。"该条款以司法解释的形式肯定了过失相抵对于精神损害赔偿项目的可适用性。但在司法实务上，仍有一定的分歧。在法院

---

① 詹森林：《互殴与与有过失》，载《民事法理与判决研究》，中国政法大学出版社 2002 年版，第 284 页。

审判中,有的判决明确肯定精神损害赔偿适用过失相抵;[①] 有的判决没有适用过失相抵,而是综合考量受害人过错等情节酌情确定精神损害赔偿额;[②] 还有的判决则否定了过失相抵的适用。[③]

在我国台湾地区,斟酌抚慰金时是否适用过失相抵,同样有一定的分歧。如台湾"高等法院"1968年第2次法律座谈会民事类第4号提案及1975年民事类第5号提案决议,均主张受害人与有过失者,于定抚慰金金额时即予斟酌。而1969年台上字第2105号判决则主张:"原审既认定甲应负百分之十肇事责任,则减轻其赔偿责任,自应以其认定之比例而为计算,又此项减轻标准,应适用于所有赔偿项目,即慰藉金亦应按比例减轻。"[④]2011年台湾"最高法院"台上字第821号判决同样肯定了精神抚慰金的量定适用过失相抵。[⑤] 总体而言,台湾地区裁判肯定受害人与有过失在抚慰金确定中应予考量,但是否以过失相抵的方式体现则有分歧。

2. 国外的相关立法与实践

明确就精神损害赔偿是否适用过失相抵问题作出规定的国外立法例并不多见。《埃塞俄比亚民法典》第2098条[⑥] 将"受害人的过错"规定在物质损害部分,就此一般解释为其仅适用于物质损害,但不适用于精神损害。相反,奥地利则有立法规定,不系安全带或不带防撞头盔构成受害人共同过错,但只会导致"精神损害赔偿的减少,而不导致治疗费用和误工损失赔偿的减少"[⑦]。

---

① 例如"谭牛福、谭学勤诉谭意堂侵权责任纠纷案",广东省韶关市中级人民法院(2017)粤02民终1908号民事判决书;"蒋士生、韩翠英等与卢兆吉、蒙城县顺通汽车运输服务有限责任公司等机动车交通事故责任纠纷案",浙江省嘉兴市中级人民法院(2008)嘉民一终字第421号民事判决书;"潘甲与宁波市江东区城市管理局人身损害赔偿纠纷案",浙江省高级人民法院(2008)浙民再抗字第4号民事判决书。

② 例如"鲁兵、王俊等与贵州省公路工程集团有限公司、贵州省公路工程集团有限公司第六分公司生命权、健康权、身体权纠纷案",贵州省贵阳市中级人民法院(2016)黔01民终1999号民事判决书;"史文莲与惠州市深科园物业管理有限公司生命权、健康权、身体权纠纷案",广东省惠州市中级人民法院(2015)惠中法民一终字第1102号民事判决书。

③ 例如,在"李振奎、王学英等与中国太平洋财产保险股份有限公司济宁中心支公司、贾建欣等机动车交通事故责任纠纷案"中,判决书指出:根据《最高人民法院关于审理人身损害赔偿案件适用法律若干问题的解释》第31条的规定,精神损害不适用过失相抵原则。参见山东省菏泽市中级人民法院(2016)鲁17民终1981号民事判决书。

④ 以上决议即判决内容,转引自曾隆兴:《详解损害赔偿法》,中国政法大学出版社2004年版,第437页。

⑤ 具体内容可参照王泽鉴:《损害赔偿》,北京大学出版社2017年版,第334页。

⑥ 《埃塞俄比亚民法典》第2098条规定:"(1)如果损害部分地由于受害人的过错所致,则受害人仅有权请求部分赔偿。(2)在确定待赔偿的损害的范围时,应考虑案件的所有情况,特别是所犯过失对引起损害的作用大小以及这些过失各自的严重程度。"

⑦ 克雷斯蒂安·冯·巴尔:《欧洲比较侵权行为法》(下卷),焦美华译,张新宝审校,法律出版社2001年版,第658页。

司法实务上,在日本,裁判对于精神损害赔偿是否适用过失相抵似有分歧。例如,有判决认为,侵权行为受害人请求抚慰金,不包括在过失相抵数额范围内。[①] 而在其他一些案子中,则肯定精神抚慰金适用过失相抵,如在名古屋高裁昭和五十年(1975年)9月17日判决中,根据案件具体情节,基于公平原则考量,认定"本案事故损害中的治疗费、护理费等不应列入过失相抵对象,只在计算其丧失的利益和精神抚慰金时斟酌 A 之过失"。[②]

(二)受害人与有过失与精神损害赔偿的量定

精神损害赔偿的目的是对受害人的精神痛苦进行抚慰,也常常是对加害人过错的谴责,所以,当受害人对于损害的发生或扩大与有过失时,受害人亦有其可自责之处,可谓加害人的可谴责性相对降低,因此,考量受害人之与有过失以减免精神损害赔偿额,自在情理之中。即如曾隆兴先生所言,抚慰金之赔偿,可斟酌双方身份资力与加害程度,及其他各种情形核定相当之数额,则法院于核定抚慰金时,斟酌受害人过失程度,予以减少,自非法所不许。[③]

关键问题在于,量定精神损害赔偿额时应如何斟酌考量受害人之与有过失,是否以过失相抵的方式减免加害人的损害赔偿额?对此,王泽鉴先生总结指出,被害人与有过失时,如何量定精神损害赔偿数额,理论上方法有二:(1)先认定抚慰金数额,再依与有过失的轻重减少赔偿金额或免除之。(2)将被害人与有过失作为量定抚慰金的一项因素,与损害原因力的轻重及加害人的故意过失,综合衡量认定抚慰金的数额。[④] 就此,笔者认为,依照《精神损害赔偿解释》第10条的规定,精神损害的赔偿数额应综合考量加害人的过错程度、侵害的具体情节、侵害后果、加害人的获利情况与经济能力,以及受诉法院所在地平均生活水平等因素确定,是故,在考量时直接纳入受害人与有过失,斟酌权衡得出精神损害赔偿数额,可能更为直接。只是,因受害人过错只是权衡时众多考量因素之一,所以,其应有的权重可能没能被真实适当地体现。而且,精神损害赔偿酌情考量的因素及思考过程除非得以于判决理由呈现陈述,否则,易于使加害人认为精神损害赔偿数额没有因受害人的与有过失被相抵减少。所以,笔者更倾向于采纳过失相抵方式减免赔偿额。当然,法院既有自由裁量权限,则无论采取斟酌说或过失相抵说均无不可。且理论上依两种方式所确定之赔偿金额,

① 日本最高裁判所昭和五十二年(1977年)10月20日判决,载《判例时报》第871号,转引自田山辉明:《日本侵权行为法》,顾祝轩、丁相顺译,北京大学出版社2011年版,第113页。

② 该判决载于《判例时报》第800号,第59页,转引自李薇:《日本机动车事故损害赔偿法律制度研究》,法律出版社1997年版,第227~228页。

③ 曾隆兴:《详解损害赔偿法》,中国政法大学出版社2004年版,第437页。

④ 王泽鉴:《损害赔偿》,北京大学出版社2017年版,第334页。

应无不同。①

第二节　适用范围的扩张

一、第三人过失与过失相抵

依据自己责任原则,受害人应仅对其与有过失负责,而受损害赔偿额之减免,但不对他人之过错负责。盖"他人之故意过失,在被害人言,不过为一种事变,对之实无何责任可言"②。然此原则若贯彻始终,不顾该他人与受害人是否存在某种亲密关系或特定法律关系,则难免存在有失公平之处。故"于若干特殊情形,宜权衡当事人之利益状态,使被害人就第三人之与有过失亦为负责"③。然于如何之特殊情形,始令受害人承担第三人之与有过失?其范围如何,理据何在?如此问题仍颇有争论,须待研究。

在日本法上,基于第三人与受害人之间在身份上、生活上的一体关系,在受害人过失之上发展出了受害人方过失的观念。例如,日本最高裁判所早在昭和四十二年(1967年)6月27日的一起判决中明确指出:"民法第722条第2款所规定的受害人之过失并非单纯指受害人本人之过失,应广义解释为包括受害人方面之过失在内","所谓受害人方面之过失,是指与受害人在身份上或生活关系上形成一体关系的人之过失,如作为受害人之监督者的父母或作为其受雇者的家庭保姆等"。④

在英美等普通法系国家,确定受害人方过失范围标准的主要是被称为"双向标准(both-way-test)"的规则。该规则的含义是:若受害人须对于第三人因过错而给他人造成的损害代负责任,则该第三人给受害人造成损害的过错即应视为受害人之与有过失。⑤基于此标准,雇用人须对受雇人在其职务范围内之过失代负责任,则受雇人给雇用人造成损害的与有过失须由雇用人承担,从而在雇用人与加害人之间适用过失相抵。相反,美国权威学说主张,一方配偶的过失不能归属于另一方,与有过失同样如此。⑥

---

① 曾隆兴:《详解损害赔偿法》,中国政法大学出版社2004年版,第438页。

② 王泽鉴:《第三人与有过失》,载《民法学说与判例研究》(第一册),中国政法大学出版社1998年版,第72页。

③ 王泽鉴:《第三人与有过失》,载《民法学说与判例研究》(第一册),中国政法大学出版社1998年版,第72页。

④ 李薇:《日本机动车事故损害赔偿法律制度研究》,法律出版社1997年版,第220页。

⑤ Page Keeton, Robert E. Keeton, *Torts: Cases and Materials*, West Pub Co., 1971, p.510.

⑥ 依美国《侵权法重述(第二次)》第487条的规定,丈夫或妻子的过失,不阻碍另一方就人身伤害而向他人请求赔偿。

在我国，侵权立法及司法解释对于受害人方扩张的问题并未明确规定。在实践中，受害人的法定代理人、配偶、近亲属、受雇人、使用人等主体的过失是否视为受害人的与有过失，从而适用过失相抵，在裁判实务或学说论述上，均有颇多分歧。如此，在我国法上，如何合理妥当地确定哪些与受害人有特定关系的第三人的过失应由受害人承担，则颇显重要，下文将逐一研究阐述。

（一）受害人之法定代理人的过失

被监护人受侵害，直接侵害源可能来自监护人或其他第三人。对于前者，《民法通则》第18条第3款（现为《民法典》第34条第3款）中明确规定，监护人侵害被监护人合法权益的，应当承担责任。这类案型在司法实践中相对少见，且分歧较小。而当被监护人受侵害系因第三人加害行为而引发，此时通常伴有监护人未充分履行监护职责的监护过失，被监护人所受损害如何救济，则成为各国法律生活中常见且颇有分歧的问题。其中，争论的焦点在于，监护人的过失是否应作为被监护人的过失而与第三人的过失相抵。下文将围绕此焦点问题详细研究，基于我国现行法及其实践，并比较分析域外法与理论而展开，首先分析总结我国当前有关被监护人受侵害时过失相抵的司法裁判，继而评估检讨其中存在的问题，在此基础上提出合理的裁判救济路径。

1. 我国当前相关立法与司法实践现状

通过"北大法宝司法案例检索系统"和"中国裁判文书网"，可以搜索到大量关于被监护人受监护人之外第三人侵害的案例，其中多数案例涉及认定监护人存在监护过错应承担部分责任，并进而将此监护人过失作为被监护人过失进行过失相抵，扣减被监护人可以从第三人处获得的损害赔偿额。联系对比《侵权责任法》颁布实施前后的我国司法裁判，可以发现，就被监护人受监护人之外第三人侵害的案子，对于被监护人损害救济的裁判路径，并没有明显的区别，只是适用过失相抵的规范依据之前是《民法通则》第131条①，之后是《侵权责任法》第26条。鉴于此类案例裁判路径与适用规范依据的相似性，为便于判例的法理分析，下面将择取简介3个具体裁判以为示例。

---

① 《民法通则》第131条规定：受害人对于损害的发生也有过错的，可以减轻侵害人的民事责任。对于《侵权责任法》颁布实施前被监护人受侵害时的法律救济，相似的裁判经验分析可以通过检索"北大法宝司法案例检索系统"来完成。典型的案例如"黄叶俭等诉禄福长等人身损害赔偿纠纷案"，河南省许昌县人民法院（2002）许县法民初字第8号民事判决书；"杨某诉中国工商银行宜宾市翠屏区支行人身损害赔偿纠纷案"，（1999）翠屏民初字第1258号，http://caseshare.cn/full/117533253.html（下载日期：2015年5月14日）；"梁某某1交通肇事案"，（2005）海中法刑终字第80号，http://caseshare.cn/full/117524533.html（下载日期：2015年5月14日）。同样的分析结论亦可以参照缪宇：《监护人过失与未成年人过失相抵》，载《暨南大学学报（哲学社会科学版）》2013年第3期；李永军：《被监护人受侵害时法律救济的理论与实证考察》，载《华东政法大学学报》2013年第3期。

判例一：孟×帅、孟×浩与山东康地恩生物科技有限公司产品责任纠纷案

本案的诉讼请求部分涉及未成年人孟×浩肺部感染真菌致病的损害赔偿。原告孟祥帅购买被告山东康地恩生物科技有限公司的健源酵素进行发酵床养鸭，并在被告的指导下制作发酵床，但因被告产品存在质量问题，发酵床养鸭过程中产生大量霉菌致使原告鸭苗死亡。其间，孟×浩走进鸭棚观看，次日即因发热送医治疗，后确诊系在鸭棚感染真菌所致。一审法院审理认为，原告孟×浩感染真菌致病，与其父亲孟×帅允许其进入鸭棚观看未尽到监护责任有关联，对此，孟×帅应承担50%的责任。终审法院认为，孟×浩本即患有肺部感染未痊愈，其监护人允许其进入鸭棚未尽到监护职责，应负主要责任，而非如初审判决仅负同等责任。①

判例二：付×桐与曾×生、原审被告固始县水利局生命权纠纷案

2011年4月23日下午，原告付×桐之子在河边与其他小孩玩耍，不慎落入曾×生抽铁砂留下的深坑溺水而亡。曾×生未将深坑填平，也未设明显标志，存在一定的过错，应承担侵权责任。但原告之子仅8岁，应在监护人监护下活动，其跑到野外水边玩耍，脱离监护，监护人负有重大责任，应承担50%的责任。固始县水利局系行政主管部门，原告之子死亡与其无行为上的因果关系，无须承担赔偿责任。故依据《侵权责任法》第26条及其他法律规定，被告曾×生仅需对原告之子的死亡承担50%的责任。②

判例三：精神病人丁某就诊期间死亡赔偿纠纷案

2001年2月，丁某因精神分裂症复发，其妻史某将其送至某精神病医院进行治疗。2001年3月5日14时许，丁某躁闹毁物，医护人员立即给予保护，后丁某挣脱保护带后在地上爬行，突然将头钻进厕所旁的下水道，医护人员发现后将丁某拉出并抢救，丁某于当日抢救无效死亡。史某及其婆母、子女向法院起诉该精神病院，请求赔偿各项费用及损失共计24万元。经鉴定，丁某死亡系属医疗意外，并非医疗事故。法院经审理认为，被告未对患者丁某尽到妥善管理义务，致使患者死亡，应承担相应的损害赔偿责任。同时，原告史某未遵医嘱履行对危重病人丁某的陪护之责，对于损害的发生也有过错，可以减轻被告的民事责任，据此判决被告赔偿原告25000元。③

就被监护人受监护人之外第三人侵害时的法律救济，基于对我国既往裁判的实证分析，尽管容有例外，仍可以总结出如下共性：被监护人总是没有过错或

---

① 参见山东省临沂市中级人民法院（2013）临民一终字第2283号民事判决书。

② 参见河南省信阳市中级人民法院（2014）信中法民终字第1835号民事判决书。

③ 山东省淄博市周村区人民法院（2001）周民初字第601号民事判决书，转引自董田军、梅立群、任颖：《精神病人就诊期间"自杀"法律责任探讨》，载《山东审判》2003年第3期。

被回避了是否有过错的判断；监护人往往被认定监护不力有过错而须负责；监护人的过错总是被作为被监护人的过错而进行过失相抵。

在被监护人受侵害时，我国司法裁判往往不去判断被监护人对于损害的发生是否存在过错，这在很大程度上是我国实证法规定适用的结果。[①] 根据《民法通则》第133条与《侵权责任法》第32条的规定，非完全行为能力人造成他人损害的，除非其拥有财产，否则，由监护人承担责任。据此，造成他人损害时，无论非完全行为能力人通常无须负责，还是有财产时的例外担责，均属于客观的归责判断，而非基于非完全行为能力人具体加害时识别能力有无的个案判断。相应的，在被监护人受侵害时，因相关与有过失判定规则的阙如，法院也就往往回避了被监护人作为受害人时的过错判断。所以，单纯从实证法适用的角度而言，法院在此问题上的通常做法无可厚非。

在被监护人受第三人侵害时，监护人往往被判定未充分履行监护职责而有过错。[②] 这与我国司法实践未具体区分被监护人年龄与识别能力，并相应地差别化个案中监护人监护职责有一定的关系，所以，被监护人被形式化地贴上自我照顾保护能力不足的标签，被监护人的受害往往简单地成为推定监护人监护不力的直接证据。监护人过错存在的如此裁判推论，有时难免会遭受"法院似乎很少去论证和说明监护人未尽到监护职责的具体标准与判断因素"[③] 的指摘，但自我国现行法规定、被监护人自我照护能力的不足以及过失客观化认定的趋向而言，其实质妥适性尚不至于引发较大的质疑。

关于被监护人受侵害时法律救济的司法裁判，当前学理批判主要指向于上述共性的第三点，即监护人的过错总是被作为被监护人的过错而进行过失相抵。无论《民法通则》第131条或《侵权责任法》第26条，均只是规定受害人或被侵权人对于损害发生也有过错的，可以减轻侵权人的责任。因此，被监护人受侵害时的监护人过错何以能作为被监护人的过错而与第三人过错进行相抵，则殊值怀疑。

---

① 当然，在我国的司法实践中也偶有出现就被监护人受侵害时是否有过错具体判断的裁判例，如"权家炳等与农云琳等人身损害赔偿纠纷再审案"，云南省高级人民法院（2009）云高民再终字第1号民事判决书；"罗国春等与三明市水利局等申请人身损害赔偿纠纷再审案"，福建省高级人民法院（2009）闽民申字第945号民事判决书；"张占虎等与宁夏回族自治区唐徕渠管理处等生命权纠纷案"，宁夏回族自治区银川市中级人民法院（2014）银民终字第136号民事判决书。

② 当然，例外仍然存在，如在"眭×坤诉孔×安等机动车交通事故责任纠纷案"中，小学生眭×坤在自己家附近的乡村公路上玩耍，孔×安驾驶的机动车压飞石子将眭定坤击伤，成都市龙泉驿区法院认定眭×坤的父母对于路边玩耍受伤的眭×坤不存在监护过错。参见该法院民事判决书（2014）龙泉民初字第2560号民事判决书。

③ 李永军：《被监护人受侵害时法律救济的理论与实证考察》，载《华东政法大学学报》2013年第3期。

2. 我国当前司法实践中被监护人过失相抵裁判的检讨

（1）法律裁判依据错位的怀疑

关于过失相抵，《民法通则》与《侵权责任法》明确规定的是受害人或被侵权人过错与加害人过错的相抵。尽管两部法律对于受侵害对象的称谓措辞略有不同，但二者所指实无差别，且意义明确。《民法典》的相关规定亦无根本差别。因此，当被监护人受到监护人之外第三人侵害时，若监护人存在监护不力的过错，从文义解释的角度，监护人的过错无论如何不应等同于被监护人作为受害人或被侵权人的过错。尽管最高人民法院曾在1991年《关于赵正与尹发惠人身损害赔偿案如何运用法律政策的函》中认为，监护人存在过失时应当视为未成年受害人的过失，适用过失相抵，但在成文法而非判例法的国度，即使不否认最高人民法院就某一具体案件复函的指导性意义以及被监护人受第三人侵害时法律关系的相似性，复函终非真正意义上的法律或司法解释，并无作为法源直接适用的效力。或许正因为如此，在其后被监护人受侵害的法律纠纷中，尚未发现直接援引该复函以支持过失相抵的裁判例。而该复函的价值精神若属合理可欲，法律规则的适时吸收，并借由规范适用体现，始称妥当。然当下，在法律明文并未支持的情况下，司法裁判径直将监护人过失作为被监护人过失进行过失相抵，是否在什么层面上经受得起正当性的检验，则不无怀疑。

在比较法上，关于监护人的监护过失是否视为被监护人的过失而适用过失相抵，包括美国、英国、法国、荷兰、比利时、瑞士、奥地利、希腊、丹麦等在内的大部分国家持否定态度[①]，只有西班牙、瑞典[②]、葡萄牙、波兰、日本、德国和我国台湾等少数国家或地区在一定程度上支持"视为同一"的规则或实践[③]。在这些至少部分持肯定论的国家或地区，尽管"视为同一"的实践经常受到批判，但其裁判通常都有明确的实证法支持，而在法无明文规范或认为存在价值失当时，才会在论理的基础上以类推适用、价值原则解释或以其他解释方法支持裁判上

[①] U. 马格努斯、M. 马丁-卡萨尔斯主编：《侵权法的统一·共同过失》，叶名怡、陈鑫译，法律出版社2009年版，第393~394页；European Center of Tort and Insurance Law, *Children in Tort Law:* Ⅱ *Children as Victims*, New York: SpringerWien, 2007, P. 266.

[②] 在瑞典，虽然"视为同一"规则受到法教义学所批判，但在财产损害的情形下，父母和监护人的过失仍被归责于受监护的儿童。U. 马格努斯、M. 马丁-卡萨尔斯主编：《侵权法的统一·共同过失》，叶名怡、陈鑫译，法律出版社2009年版，第394页。

[③] U. 马格努斯、M. 马丁-卡萨尔斯主编：《侵权法的统一·共同过失》，叶名怡、陈鑫译，法律出版社2009年版，第394~395页；European Center of Tort and Insurance Law, *Children in Tort Law:* Ⅱ *Children as Victims*, New York: SpringerWien, 2007, P. 267；于敏：《日本侵权行为法》，法律出版社2015年第3版，第610页；陈聪富：《过失相抵之法理基础及其适用范围》，载《中德私法研究》（第4卷），北京大学出版社2008年版，第27~30页。

的"视为同一"。前者典型如德国、西班牙、瑞典、葡萄牙等①,后者则可以以日本的司法裁判为适例②。

相比较而言,在被监护人受第三人侵害时,至少从文义解释而言,我国现行法并没有将监护人过失等同于被监护人过失的明确依据;相应的,是否欠缺此际对被监护人损害救济的妥适规范,则有待考察。此外,因为裁判论理明显的不足,我国司法实践中支撑"视为同一"裁判的正当性价值基础及相应的解释方法,均难以确知,因此,从初步感观而言,甚至会产生法律裁判依据错位的怀疑。

(2)其他国家或地区相关裁判法理的比较反思

①代理关系的类比适用

在德国法上,关于被监护人受第三人侵害时是否承受监护人的过失,主要依据《德国民法典》第254条第2款并结合第278条规范处理。《德国民法典》第254条是关于过失相抵规范的条款,其第2款规定:"如被害人的过失,系对于债务人所不知或不可得而知的重大损害危险不促其注意或怠于防止或减轻损害者,亦适用前款的规定。于此情形,准用第278条的规定。"而第278条规定的是:债务人对其法定代理人及为履行债务而使用之人的过失,应与自己过失负同一范围的责任。基于这些规定,"要将法定代理人或履行辅助人的过错作为受害人自己的与有过失,必须以受害人为'债务人'且法定代理人和履行辅助人的过错发生在'履行债务'中"③。而且,当损害已经发生,对被监护人有监管义务的人未能减轻或最小化该损害时,"视为同一"规则也会发生效力。④因此,可以说,就被监护人是否承受监护人过失而适用过失相抵,德国法基本上是类比被代理人替代责任的法理来处理的。⑤

但事实上,法定代理与意定代理的价值与作用机理终究有别,法定代理本即为保护被监护人利益而"依法"特设,而被监护人通常无从选择代理人,且法理一般认为,于侵权场合,不承认代理关系的适用。因此,在被监护人受到监护

① 参见《西班牙民法典》第1103条、《瑞典损害赔偿法》第6章第1条与《葡萄牙民法典》第571条。关于德国法在该问题上的具体规定,后文将有适当说明展开。

② 关于日本相关司法裁判释理的评述,后文将有所涉及。

③ 德国诸多学者对相关法条适用分析的结论,转引自缪宇:《监护人过失与未成年人过失相抵》,载《暨南大学学报》(哲学社会科学版)2013年第3期。

④ U.马格努斯、M.马丁-卡萨尔斯主编:《侵权法的统一·共同过失》,叶名怡、陈鑫译,法律出版社2009年版,第395页。

⑤ 我国台湾地区司法实务同样基于代理法理认同"视为同一",如台湾地区"最高法院"1984年台上字第2201号民事判例认为:台湾地区"民法"第224条所谓代理人,应包括法定代理人在内,该条可类推适用于同法第217条被害人与有过失之规定,亦即在适用台湾地区"民法"第217条之场合,损害赔偿权利人之代理人或使用人之过失,可视同损害赔偿权利人之过失,适用过失相抵之法则。转引自陈聪富:《过失相抵之法理基础及其适用范围》,载《中德私法研究》(第4卷),北京大学出版社2008年版,第28~29页。

人之外的第三人侵害时，德国司法依上述规定的条件支持"视为同一"的裁判仍然受到一些学者的严厉批评。这种批评意见认为，当受害人一方为未成年人时，《德国民法典》第278条应当被彻底忽略。[1]所以，笔者以为，在我国支持"视为同一"裁判的实证法规范缺失的背景下，不宜贸然援引被代理人替代责任法理的类比适用来正当化当前的司法裁判。

②督促监护人尽职

我国台湾地区的司法实务支持"视为同一"的裁判。学理上有肯定说者认为，法定代理人与有过失，系监督未成年人有所疏忽，难辞其咎，若仍使加害人负完全损害赔偿责任，显失公平；于此情形，法定代理人之过失由被监护人承担，具有督促监护人妥善保护受害人之功用。[2]问题是，包括我国台湾地区在内，各国（或地区）立法或裁判无不承认，在被监护人受第三人侵害时，若监护人存在监护之过失，则第三人加害行为与监护过失即属损害发生之共同原因，因此，即使不采纳"视为同一"的规则或实践，亦不等同于解消监护过失的原因责任而使加害人完全负责，所以，以加害人承担完全责任之不公且无助于监护职责之承担为由，力促"视为同一"规则之采纳，并不具有充分的说服力。

③避免转而求偿的不便以及求偿不能的风险

日本司法实务部分认同"视为同一"的裁判，与我国台湾地区相同的支持法理认为，直接由加害人之损害赔偿中扣除法定代理人之过失部分，可以避免转向法定代理人求偿之不便，及避免向该法定代理人求偿不能之风险。[3]该支持理据以被监护人与监护人具有经济上一体性且被监护人作为受害人可以向监护人和加害人主张连带责任为条件。后一条件依日本与台湾地区实证法均可满足，所以，为避免支付关系的复杂化，如何认定经济上的一体性则有鉴别认定的必要，就此，日本判例的立场是，视为同一适用于与受害人具有身份上及生活关系上能够视为构成一体的关系者的过失。[4]在此二条件俱备的基础上，尚有进一步价值论辩之所需，即无法向监护人求偿之危险，是否应由被监护人承担。[5]就此，学理的意见难免分歧，如台湾地区学界否定"视为同一"的观点认为，"基于法律上保护未成年人

① U.马格努斯、M.马丁-卡萨尔斯主编：《侵权法的统一·共同过失》，叶名怡、陈鑫译，法律出版社2009年版，第121页。

② 郑玉波：《论与有过失与损益相抵之法理》，载《民商法问题研究（二）》，三民书局1991年版，第16页注[3]，转引自陈聪富：《过失相抵之法理基础及其适用范围》，载《中德私法研究》（第4卷），北京大学出版社2008年版，第28页。

③ 潮见佳男：《不法行为法》，东京信山社2002年版，第319~320页，转引自陈聪富：《过失相抵之法理基础及其适用范围》，载《中德私法研究》（第4卷），北京大学出版社2008年版，第28页。

④ 于敏：《日本侵权行为法》，法律出版社2015年第3版，第610页。

⑤ 陈聪富：《过失相抵之法理基础及其适用范围》，载《中德私法研究》（第4卷），北京大学出版社2008年版，第29页。

之意旨,加害人承担此项危险,比未成年人承担此项危险,更为合理"①。

相比较而言,上述支持法理在我国当前司法情境中则很少有现实说服力。尽管在《侵权责任法》颁布实施前,关于监护不力的过错监护人与加害人应如何向被监护人承担责任的问题,对司法裁判"视为同一"实践持批判态度的我国学者的观点颇有分歧②,但依据《侵权责任法》及之后《民法典》的相关条款,监护人与加害人在实际情境中基本上不存在需对受害人承担连带责任的可能③,所以,也就不存在避免转而求偿之不便与不能危险承担之问题。而且,我国司法裁判并不去判别具体个案中监护人与被监护人间是否存在经济上的一体性,也基本不就被监护人尤其是未成年人应否受特别保护作适当的价值论证。所以,难以采纳上述理据支持我国司法裁判"视为同一"的实践。

④"家庭一体关系"理论

在波兰,尽管是否支持"视为同一"裁判存有争议,但其最高法院仍判定,基于"家庭一体关系"的理论,父母对其孩子遭受的损害具有促成作用,就损害赔偿额的计算而言,受害人须承受父母的过失。④而日本早期学说也认为,在子女受害而承担父母之过失时,系基于家族团体统帅者的利益,过失相抵因此具有正当性。⑤但很显然,如此立论与当代民法的独立人格理念相悖,违背民法的自己责任原则。在个人主义价值居主导地位的今天,即使在家庭内部,各国民法均设有家庭成员权利义务关系的适切规范,恰如我国《民法通则》第18条第3款所规定的,"监护人不履行监护职责或者侵害被监护人的合法权益的,应当承担责任;给被监护人造成财产损失的,应当赔偿损失"。所以,抛离与上述连带责任适用的结合带来的实践问题,简单以家族一体理论支持被监护人过失相抵问题上的人格混同,似乎更不具备正当性。

---

① 王泽鉴:《第三人与有过失与损害赔偿之减免》,载《民法学说与判例研究》(第一册),中国政法大学出版社1998年版;谢哲胜:《侵权行为被害人之法定代理人与有过失》,载《月旦法学杂志》第54期。

② 当监护人监护过失与加害人过失共同造成被监护人损害时,监护人与加害人实际上属于共同侵权行为人,他们应当承担连带赔偿责任。参见程啸:《论侵权行为法上的过失相抵制度》,载《清华法学》第6辑。通常,加害人与监护人没有共同过错,也没有意思联络,所以,加害人与监护人之间构成了无意思联络的共同侵权,两者不承担连带责任,仅依各自的过错程度和原因力对自己的行为后果负责,承担按份责任。参见叶桂峰、肖嗥明:《论侵权行为受害人的过失相抵能力》,载《环球法律评论》2007年第2期。在监护人违反"防止未成年人损害发生的义务"时,加害人行为与监护人过失行为属于直接结合导致同一损害发生的无意思联络共同侵权行为,因而两者须承担连带责任。参见冉克平:《论未成年人受侵害的过失相抵》,载《法律科学》2010年第4期。

③ 关于该问题,容于后文详述。

④ U. 马格努斯、M. 马丁-卡萨尔斯主编:《侵权法的统一·共同过失》,叶名怡、陈鑫译,法律出版社2009年版,第220页。

⑤ 潮见佳男:《不法行为法》,东京信山社2002年版,第317页,转引自陈聪富:《过失相抵之法理基础及其适用范围》,载《中德私法研究》(第4卷),北京大学出版社2008年版,第27-28页。

（3）我国当前支持"视为同一"司法裁判的"自身"理由检讨

①当事人间利益衡平的考量

总体而言，在我国当前实证法并未明确支持"视为同一"裁判的情境下，司法裁判本身和学界并未给出具体且足够具有说服力的支持理据。当前可查获的肯定论理由是，司法实践之所以支持"视为同一"的裁判，很大程度上是因为法官认为此时如果由加害人完全承担责任，有失公平，相较而言，与其牺牲加害人利益，不如以监督义务人过失为由，牺牲未成年受害人利益，如此也可督促监护人妥善保护未成年人。[①] 除了前文批判检讨"督促监护人尽职"理据时所言明的"加害人承担完全责任"假设的不现实性外，该立论关于利益衡平的考量也稍嫌含糊，其并未明示比较不同规范路径的现实合理性以及规范后各当事人不同的利益格局，因此，如此理据并不具有足够的现实说服力。

②我国监护人与被监护人之间关系的特别考量

关于监护人与被监护人之间法律关系的规范反思，学界较多集中于《民法通则》第133条及其后继受该条主要内容的《侵权责任法》第32条。[②] 基于该两条规定，我国司法实践中，法院基本不对被监护人是否具有过失相抵能力进行判断；而是以行为能力替代责任能力，认为被监护人一律没有责任能力。从而，造成他人损害时，被监护人基本上被回避了是否具有过失的判断，或者说，基本不被认为具有过失。与此相对应，在被监护人受第三人侵害时，通常亦不认为被监护人存在与有过失。而关于过失相抵，我国主流观点认其乃在受害人与有过失引发损害时加害人赔偿责任的扣减，故认为未成年受害人自己行为导致损失产生或扩大的，不适用过失相抵，其内在逻辑即应在于，此时未成年受害人本身并无过失。以此为法律适用背景，结合我国有学者所主张的"监护的无偿性帮助性"[③] 以及"监护人总是代人受过"[④] 的认知，可能会有人认为，既然在被

---

① 叶桂峰、肖嗥明：《论侵权行为受害人的过失相抵能力》，载《环球法律评论》2007年第2期；程啸：《侵权责任法》，法律出版社2011年版，第593-594页。

② 《侵权责任法》第32条规定："无民事行为能力人、限制民事行为能力人造成他人损害的，由监护人承担侵权责任。监护人尽到监护责任的，可以减轻其侵权责任。有财产的无民事行为能力人、限制民事行为能力人造成他人损害的，从本人财产中支付赔偿费用。不足部分，由监护人赔偿。"该条规定与《民法通则》第133条的规定基本相同，主要区别是在第2款最后删除了后者原有的"但单位担任监护人的除外"。《侵权责任法》第32条近乎不变地被编入成为《民法典》第1188条。

③ 薛军：《走出监护人"补充责任"的误区——论〈侵权责任法〉第32条第2款的理解与适用》，载《华东政法大学学报》2010年第3期。

④ 薛军：《走出监护人"补充责任"的误区——论〈侵权责任法〉第32条第2款的理解与适用》，载《华东政法大学学报》2010年第3期。早前的著述亦有持此论者，如金平主编：《民法通则教程》，重庆出版社1987年版，第434~435页；王利明、郭明瑞、方流芳：《民法新论》（上），中国政法大学出版社1986年版，第535页。

监护人施害时总是由监护人承担责任，反过来，当被监护人受害时，亦应由被监护人无条件承受监护人过失的后果，始称公平。

上述推论并非纯粹无端揣测。在对我国《民法通则》第133条与《侵权责任法》第32条"与世不同"规定的批判声音的对抗中，不时有学者尝试从我国监护关系特有的文化属性出发来进行正当化。[①] 因此，以现行法规定为基础，试着去探寻是否存在足以支持当前"视为同一"裁判的正当性理据，或也不失为一种务实的路径。

从法律文化比较的视角来看，各国监护制度均主要基于亲子关系而构设。监护职责乃社会代际传承中具有单向性的法律强加，在此意义上，如果一定要强调监护的所谓无偿性与帮助性，其应属世所共有。而监护人"代人受过"的认知，在很大程度上，应与我国法律未具体区分个案中被监护人过错存否的制度构造相关。但即使依实质区分判准被监护人具有认知侵权的责任能力，也只有同时在监护人不具有监护过失的情境下，才真正成立监护人的"代人受过"；而且，这种性质也在一定程度上因为被监护人有财产时须承担客观施害责任而弱化。相比较而言，在被监护人受害且监护人被认定存在监护过失的情形，无论被监护人实质上是否具有与有过失，"视为同一"的裁判实践却一律要求被监护人承受监护人的过失。因此，即使为论证"视为同一"实践的正当性，试着去探求被监护人施害与受害情境中，监护人与被监护人相互为对方"代承责任"的对应性，也很难称其相互间存在对等性。而且，这种勾连比较，在很大程度上使得具有代际伦理属性的监护人被监护人间的关系蜕变为纯粹利益计算的规则交换，极大地扭曲了责任的伦理内涵。所以，从批判的立场讲，如果我们认为《民法通则》第133条与《侵权责任法》第32条的规定不具有充分合理性，这种不合理性不应与司法裁判中"视为同一"实践的不合理性相互背书注脚。

（4）小结

关于被监护人受监护人之外的第三人侵害时，被监护人是否承受监护人的监护过失而适用过失相抵，在我国现行法没有明确规定支持肯定论的背景下，司法裁判惯常的"视为同一"实践是否具有足够充分的正当性理由，因此就成为我们必须审视的问题。但由于裁判论理与学理探讨的不足，难以确切了解如此司法实践的支撑性理由，所以，尝试着去比较反思域外法相似制度实践的理据，并试图从我国监护人责任制度特有规则与价值出发去构造反思"本土化"的解释。总体而言，无论意定代理关系的类比适用、督促监护人尽职、家庭一体关系

---

① 例如，陈帮锋：《论监护人责任——〈侵权责任法〉第32条的破解》，载《中外法学》2011年第1期；薛军：《走出监护人"补充责任"的误区——论〈侵权责任法〉第32条第2款的理解与适用》，载《华东政法大学学报》2010年第3期。

理论或我国特有监护制度的引申，均难以充分正当化支持"视为同一"的规则或裁判。相较而言，在监护人与被监护人具有经济上一体性以及监护人与加害人须对受害被监护人承担连带责任的基础上，避免转而求偿之不便与求偿不能之风险的正当性说明更值得关注，尽管在求偿不能之风险应由谁承担的问题上，仍留存价值论证与选择此一更根本性的问题。只是，下文的分析将表明，依我国现行法的规定，加害人与监护人基本上不存在需对被监护人承担连带责任的情形，因此，从前提性上直接就化解了后一正当化路径在我国的现实性。

3. 被监护人受侵害时的裁判规范适用

（1）裁判规范适用分析

在被监护人受第三人侵害，且监护人存在监护过错的情况下，各国法基本均确认此时构成多数人侵权，只是前述少数国家或基于法律特别规定，或在论理基础上通过扩张解释或其他法律适用解释方法，支持被监护人承受监护人的过失以适用过失相抵，从而解消了多数人之债的法律适用后果。而依我国现行法，此情形同样构成多数人侵权，具体的裁判规范适用分析如下。

①监护人的不作为构成过失

A. 过失的认定

尽管不作为能否构成过失侵权在理论上曾有过争议，但如今其已不再是争论议题，多数国家确立的安全保障义务主体承担的侵权责任即属其典型。按照当前通行的过失客观认定的"实为"与"当为"比较模式，只要监护人本应尽到法定监护职责，但未履行或未充分履行该职责导致被监护人受侵害，监护人即存在监护不力的过失。当然，法定监护职责只是法律的一般化表述，在具体情境中监护人监护的具体当为的判断，事实上受到诸多因素的影响，尤其是被监护人不同年龄阅历所表现出的事理认知能力的差异，但由于我国现行法并未确立被监护人过失与与有过失具体化认定的规则与技术，所以，监护人的监护职责很容易被泛化或简单地理解为保障被监护人不受侵害的结果义务，再加上过失客观化所引发的过失认定的容易化趋势，使得在我国的司法裁判中，一旦被监护人受第三人侵害，很少会确认监护人没有监护过失。

B. 因果关系

无论基于英美法系事实因果关系与法律因果关系的二分，还是大陆法系条件关系与相当因果关系的二分，监护人过失与被监护人受害之间的因果关系要件均可能得到满足。首先，要不是监护人的监护疏忽，被监护人通常不会受到第三人的侵害，除非特定情境显示，即使监护人不是监护疏忽有过失，也不能阻止第三人对被监护人的侵害发生（此可能发生于第三人故意侵害的情形），方可排除监护人过失与被监护人受害之间存在条件关系或事实因果关系。而在二者间事实条件关系构成后，监护人应该能够合理预见到，其监护疏忽将使得欠缺自我照顾保护能力的被监护人可能受到包括他人在内的各种潜在风险因素的侵害，即这种受害风险因监护人的失职而大大增加，所以，相当因果关系或法律因果关系也就能够得到满足。

C. 监护人过失侵权与第三人侵权能否构成共同侵权

这个问题的分析涉及监护人过失与第三人过失并存以及监护人过失与第三人故意并存的两种情形，分析的结果将影响到监护人与第三人是否依法须对被监护人承担共同侵权的连带责任。

关于多数人侵权，《侵权责任法》主要以第8条至第12条（这些条款基本未作修改编入而成为《民法典》第1168条至第1172条）进行规范，其中规范共同侵权的第8条（现为《民法典》第1168条）规定："二人以上共同实施侵权行为，造成他人损害的，应当承担连带责任。"此中"共同实施侵权行为"何解，学界颇有分歧。有观点认为"共同实施"应理解为"共同故意"，即数个加害人仅在具有意思联络而实施侵权行为时方构成共同侵权行为。[①]但从多数人侵权规范体系的逻辑自洽性而言，与第11条、第12条（现为《民法典》第1171条、第1172条）分别侵权相对应的共同侵权，显然不应仅包括具有意思联络的共同故意，否则将使得没有意思联络的共同实施行为致害无所规范。因此，另有较流行的观点，延续最高人民法院《人身损害赔偿解释》第3条规定的内涵，将"共同实施"扩张理解为包含共同故意、共同过失以及故意行为与过失行为相结合三种情形。[②]对此，笔者认同，与分别实施相对应的共同实施，应特别强调数人间的"一致行动"，正是这种共同行动的意思将数人的行为整合为一体，才足以正当化作为其法律后果的连带责任承担。[③]所以，在共同故意之外，除非数人间的故意侵害与过失侵害体现于共同或一致行动中，否则，简单基于行为人间故意与过失在行为致害联系中的共存，不宜当然视为第8条所意指的情形之一。至于数人基于共同行为制造了统一的风险，且均未能阻止本能避免的风险现实化，无论是否将其解为"共同过失"[④]，也需要特别强调行为基于一致行动意思的共同实施。

根据对共同侵权的上述理解，在被监护人受第三人侵害，且监护人存在监

---

① 程啸：《论〈侵权责任法〉第八条中"共同实施"的含义》，载《清华法学》2010年第2期。

② 王胜明：《〈中华人民共和国侵权责任法〉条文理解与立法背景》，人民法院出版社2010年版，第47页。

③ 叶金强：《共同侵权的类型要素及法律效果》，载《中国法学》2010年第1期。

④ 关于共同过失的意涵与构成，国内学界的研究虽不多见，却也颇有分歧，参见张腾：《共同过失的再认识》，载《研究生法学》2011年第3期；包俊：《论〈侵权责任法〉上的共同过失》，载《江海学刊》2013年第3期。

护不力的过失时，无论加害人系故意侵害或过失侵害，均难以解释为加害人的致害作为与监护人监护疏忽的不作为可能基于共同行为而完成，因此，当监护人对于被监护人受害只是存在监护失职的过失时，其与加害人侵害行为并不会构成共同侵权。

D. 裁判规范适用

综上所述，当被监护人受第三人侵害且监护人存在监护过失时，监护人的过失行为与第三人的加害行为构成《侵权责任法》及其后《民法典》旨在规范的分别侵权行为，即被监护人因为自身保护能力的不足，使得脱离监护人监护形成的风险与第三人的加害行为相结合，导致了损害风险的现实化。问题是，当前《民法典》以第 1171 条、第 1172 条[①]规范分别侵权行为，对应的法律后果分别是数个侵权人之间的连带责任与按份责任，那么，上述情形应依哪一条规范适用裁判？该问题涉及对第 1171 条与第 1172 条之间关系的理解。对此，笔者认同，基于对分别侵权行为规范的逻辑体系解释，第 1171 条规范的是数个侵权人的行为分别"均足以造成全部损害"的情形，与之相对，第 1172 条规范的应是数个侵权人的行为"非全部足以单独造成全部损害"，而非"都不足以单独造成全部损害"。[②] 所以，被监护人受第三人侵害且监护人存在过失的情形，应属于第 1172 条规范的范畴，监护人与加害人依该条规范应对被监护人承担按份责任。

②当监护人的不作为构成故意

A. 监护人不作为可能构成故意

尽管被监护人受第三人侵害时，监护人的过错通常表现为监护失职的过失，但在特定情境中，监护人的不作为也可能构成故意，典型如遗弃情形。所以，仍有必要就此种情形略作探究。

B. 监护人不作为构成故意时与加害人的责任承担

当第三人加害构成过失侵权时，其与监护人故意行为的共存不构成《民法典》第 1168 条规定的共同侵权，理由同于上述关于监护人过失与加害人故意并存时的论述，在此不再赘述。

当第三人加害构成故意侵权，但与监护人没有意思联络时，不构成共同故意；此时监护人的不作为侵害与加害人的作为侵害并非"共同实施"，且二者单独并非均足以造成全部损害，所以，仍应适用第 1172 条的规定进行裁判。

当第三人加害构成故意侵权，且与监护人有意思联络时，构成共同故意侵

---

① 《民法典》第 1171 条规定："二人以上分别实施侵权行为造成同一损害，每个人的侵权行为都足以造成全部损害的，行为人承担连带责任。"第 1172 条规定："二人以上分别实施侵权行为造成同一损害，能够确定责任大小的，各自承担相应的责任；难以确定责任大小的，平均承担责任。"

② 梁慧星：《共同危险行为与原因竞合》，载《法学论坛》2010 年第 2 期。

权,此时应适用第 1168 条的规定,使监护人与加害人对被监护人承担连带责任。但因为加害人与监护人的共同故意,若被监护人单独请求加害人承担全部损害责任,加害人担责后转而求偿不便与不能的风险,因其故意侵权的恶性,无须为其特别考虑。

（2）与当前司法裁判结果的差异

在被监护人受第三人侵害且监护人存在监护过错时,若依上述规范裁判,除了加害人与监护人对于被监护人受害构成共同故意外,其他情形将依照《民法典》第 1172 条的规定使加害人与监护人对被监护人承担按份责任。如此适用的结果与我国当前通行的"视为同一"过失相抵裁判相比较,加害人同样仅对受害人承担部分责任。但规范适用与裁判后果上仍存在一些值得关注的差别。

①责任分担的依据

关于过失相抵的责任承担数额的判断标准,无论在我国或比较法上[①],均存在分歧,但从《道路交通安全法》第 76 条的规定[②]以及我国相关司法裁判[③],可以推知我国的立法态度及理论实务的主流观点仍以过错程度的比较为主。而《民法典》第 1172 条规定:"二人以上分别实施侵权行为造成同一损害,能够确定责任大小的,各自承担相应的责任;难以确定责任大小的,平均承担赔偿责任。"相比较而言,其关于责任分担的依据,究应以过错程度或原因力大小的比较为主,则更显模糊,难免引发更多争论。就此,笔者认为,过错只是过错侵权责任承担的基础,过错的程度并不等同于损害的大小,损害大小主要经由过错行为对于损害后果的原因力来体现。在单独侵权中,如此的责任构成原理不难理解;多数人侵权的情形,其责任分担原理不应有实质的差别,故应以原因力的比较为主。[④]只是在一些特殊情形中,如加害人故意侵害被监护人而监护人仅存在监护过失,即使此时肯定监护过失与被监护人损害之间存在因果关系,在具体责任分担上,也可以类比最高人

---

① 我国学界观点的分歧,可以参照张新宝、明俊:《侵权法上的原因力理论研究》,载《中国法学》2005 年第 2 期;杨立新、梁清:《原因力的因果关系理论基础及其具体应用》,载《法学家》2006 年第 6 期。比较法上的不同观点,可以参照 U. 马格努斯、M. 马丁-卡萨尔斯主编:《侵权法的统一·共同过失》,叶名怡、陈鑫译,法律出版社 2009 年版,第 395 页~第 398 页。

② 《道路交通安全法》第 76 条规定:"机动车之间发生交通事故,双方都有过错的,按照各自过错的比例分担责任;机动车与非机动车驾驶人、行人之间发生交通事故,有证据证明非机动车驾驶人、行人有过错的,根据过错程度适当减轻机动车一方的赔偿责任。"

③ 例如在前述孟 × 帅、孟 × 浩与山东康地恩生物科技有限公司产品责任纠纷案中,终审法院认为,孟 × 浩感染真菌,主要原因是受害人方面过错,一审按同等责任划分确定过错比例错误,应予纠正。参见山东省临沂市中级人民法院 (2013) 临民一终字第 2283 号民事判决书。在陈某某与陈勇军违反安全保障义务责任纠纷案中,法院认为,原告的监护人过错程度较大,应承担70%的事故责任;被告过错程度较小,应承担30%的事故责任。参见重庆市北碚区人民法院 (2014) 碚法民初字第01194 号民事判决书。

④ 我国学界亦有持相同观点的学者,如张新宝、明俊:《侵权法上的原因力理论研究》,载《中国法学》2005 年第 2 期;杨立新、陶盈:《论分别侵权行为》,载《晋阳学刊》2014 年第 1 期。

民法院《人身损害赔偿解释》第 2 条第 1 款[①] 所确立的过失相抵适用法理，使故意侵害的加害人承担全部责任，或在具体的责任分担裁判上特别考量当事人之间的过错程度。事实上，过失相抵裁判针对的同样是多数原因致害的情形，除非法律有特别规定，加害人与受害人之间责任承担或分担的依据仍应以原因力为主。但过失相抵在司法实务中的主流做法若仍以过错程度的比较为主判定加害人的责任，则其与《民法典》第 1172 条责任分担的准据，可能存在适用上的差别。

②监护人责任的保留

在肯定被监护人受侵害时可以依"视为同一"规则裁判的少数国家或地区，其法理一般认同，依同一规则认定的过失相抵，性质上系属共同侵权人之间最终负担数额的事前清算程序。[②] 但就我国司法裁判与法理而言，虽然本文中笔者为表述方便借用"视为同一"的措辞，但是因为我国实际裁判法理的缺失，仍然难以确切了解，我国司法实务是将监护人过错及其责任直接归之于被监护人，还是同样属于清算过程中为方便而采纳的事前程序。该问题涉及监护人责任的确属。虽然，使有过错的监护人对受害的被监护人承担责任，似乎在伦理上不好接受，实践中应该也不多见，但是考虑到社会生活中监护人与被监护人之间实际关系多样化的可能，仅举一例如夫妻离婚后未成年子女在父母轮流监护过程中的受害，依照《民法典》第 1172 条规范加害人与监护人对于被监护人的责任分担，至少在结果上为被监护人明确保留了追责的可能。

③"视为同一"裁判使得被监护人可能面临两次诉讼

联系上一点的论述，即使肯定监护人对于被监护人仍然存在责任，但"视为同一"裁判仍然使得被监护人可能面临两次诉讼，即如荷兰最高法院 1985 年的一个判决所确认的，将父亲的过失归责至其子，可能会导致不理想的负效应——该儿童将被迫在两个独立的诉讼中向两个侵权人索赔，而且还要承担两个被告人破产的风险。[③] 这并非纯粹理论的想象。此外，该问题也会被我国有些司法裁判中过失相抵适用的法官职权主义立场[④] 所强化，其结果是，当被监护

① 《人身损害赔偿解释》第 2 条第 1 款规定："侵权人因故意或者重大过失致人损害，受害人只有一般过失的，不减轻赔偿义务人的赔偿责任。"

② 陈聪富：《过失相抵之法理基础及其适用范围》，载《中德私法研究》（第 4 卷），北京大学出版社 2008 年版，第 28 页。

③ U. 马格努斯、M. 马丁-卡萨尔斯主编：《侵权法的统一·共同过失》，叶名怡、陈鑫译，法律出版社 2009 年版，第 393~394 页。

④ 关于我国司法实务中，过失相抵的适用究应采法官职权主义还是当事人主义，现行法并没有很明确的规定，学理上也有一定的争论。参见杨立新：《〈侵权责任法〉悬而未决的十五个问题的司法对策》，载《中国审判》2010 年第 7 期。从我国部分司法裁判来看，即使当事人未提出抗辩，法官仍然会适用过失相抵进行裁判，如"孙根宝等与靡兵等人身损害赔偿纠纷一审民事判决书"，江苏省滨海县人民法院（2014）滨开民初字第 0237 号民事判决书。对于该问题，后文将有专门的批判研究。

人起诉加害人承担全部责任时，无论加害人是否提出监护人监护过失与过失相抵的抗辩，依"视为同一"的规则或做法，被监护人的赔偿都将被扣减，因此，被监护人如果有意获得全部赔偿，将需要另行提起诉讼。相比较而言，依《民法典》第 1172 条的规范，只要被监护人有意全部赔偿且同时起诉加害人与监护人，即可避免面临两次诉讼的麻烦。

④当前"视为同一"司法裁判可能使被监护人救济不足

被监护人受侵害时，依照我国当前司法通行的"视为同一"裁判，被监护人在寻求救济时总是依过失相抵被认定具有过失或须承受过失，即使结合社会实际，以务实的视角来看，救济也可能不足。这种裁判的结果是使得在我国法律领域，被监护人从《侵权责任法》第 32 条（现为《民法典》第 1188 条）可推论的肯定不具有过失与与有过失此不合理的极端，走向被监护人受害寻求救济过程中基本上总是有过失或须承受过失此一更不合理的极端。

4. 小结

在监护人存在监护疏忽而被监护人受第三人侵害时，多数国家均认同此时多数人侵权的构成，此时监护人与加害人须对被监护人承担连带责任，且为保护被监护人尤其是未成年人，反对由被监护人承受监护人的过失而适用过失相抵。[①]

在少数国家和地区，"视为同一"规则得到遵循，并未支持对受害被监护人连带责任的承担。而为正当化该规则或实践提供的理由，无论是"督促监护人尽职"、"意定代理关系的类比适用"或"家庭一体关系"理论，均欠缺足够的说服力。而在监护人与被监护人存在经济上一体性以及监护人与加害人须对被监护人承担连带责任的基础上，以避免转而求偿之不便与不能之风险为理由去支持"视为同一"的裁判，在其隐含的"避免求偿不能之风险应由谁承担"此价值论争问题上，日本和我国台湾地区认可在此情形下，不应当由加害人承担此风险。

事实上，是否使受害被监护人承受监护人的过失并适用过失相抵，涉及的是未成年人保护、父母监护职责承担与加害人责任承担等权利义务之间的权衡与抉择。就立法或裁判的比较与借鉴而言，多数国家或地区均认同加害人与监护人对被监护人连带责任的构成，因而在是否支持"视为同一"规则或裁判上，规范的方向大致有三：（1）完全肯定"视为同一"的适用。如此的实践难免面临前文批判反思中存在的诸多问题，也不利于对被监护人尤其是未成年人的充分

---

① U. 马格努斯、M. 马丁-卡萨尔斯主编：《侵权法的统一·共同过失》，叶名怡、陈鑫译，法律出版社 2009 年版，第 390 页~第 395 页。

保护。（2）完全否定"视为同一"的适用。这是比较法上的主流趋势，是对人格混同的反对与法律本义的坚持。但在被监护人不具有经济上独立性而与监护人存在经济上一体性时，连带责任的适用对于被监护人的充分保护也就意义不大，除了在监护人本无力承担责任之情形，连带责任的适用事实上使加害人而非被监护人承担了求偿不能的危险。（3）在完全肯定与否定之间，还存在一些折中的规定或实践，例如日本司法裁判中仅在被监护人不具有辨识能力时，被监护人才需要在与监护人具有经济上一体性的基础上，承受监护人的监护过失；[①] 而瑞典则区分了人身损害和财产损害，且仅在财产损害的情形下，监护人的过失才被归责于被监护人，[②] 基于如此规定，体现了人身安全利益及其救济保护的优先性。

在我国，从现行法推论不出加害人与监护人的连带责任，即使有经济上一体性的考量，也没有为了避免求偿不便和不能去采纳"视为同一"规则的正当性基础。相反，我国《民法典》第1172条可为该情形中被监护人损害的救济提供明确的裁判依据，而从《民法典》第1172条的适用与当前司法裁判的对比来看，即使现实生活中被监护人很少对监护人请求赔偿，但二者在规范适用与法律后果上仍存在一定的差别。然而，司法实务中不"依法裁判"，是为了延续此前裁判的一致性，还是基于法律扩张适用的技术抑或是其他价值判断，不得而知。很显然，其给出的论证理由明显不足。

（二）连带责任框架下受害人之配偶、近亲属、使用人的过失

自上文有关"监护人过失是否应视为被监护人过失进而过失相抵"所作的较细致法理及比较研究，可推及如下几点：（1）受害人是否承担与其相关的特定第三人的过失，就不同类型的第三人而言，容有不同的思考方向与理由，但有共性的一点是，若加害人与第三人对受害人承担的是按份责任，是否将第三人过失归入受害人方的问题即不复存在；相反，只有当加害人与第三人须对受害人承担连带责任，对前述问题的回答才会现实地关系到应由共同加害人中哪一方承受求偿不便和不能风险的考量。很显然，如此风险承担的考量是思考受害人方范围问题的共性且重要的基础。（2）共同加害人是否对受害人承担连带责任，涉及某一法域有关多数人侵权的制度设计。《民法典》第1168条至第1172条是我国当前规范多数人侵权的规则体系，其中第1169条、第1170条分别规定的唆助型多数人侵权与共同危险行为基本不会涉及本议题，而加害人与第三人如果构成第1168条规范中包含的共同故意侵权，自无使受害人承担第三人过错的正当性，所

---

① 程啸：《论侵权行为法上的过失相抵制度》，载《清华法学》第6辑。

② U.马格努斯、M.马丁-卡萨尔斯主编：《侵权法的统一·共同过失》，叶名怡、陈鑫译，法律出版社2009年版，第394页。

以，加害人与第三人须对受害人承担连带责任的主要情形，限于二者构成共同过失侵权或满足第 1171 条规定的数个侵权人行为分别"均足以造成全部损害"的规范要件。但事实上，此两种情形在现实生活中均属不多见。（3）无论如何，至少在我国当前多数人侵权的规则体系下，加害人与第三人仍可能对受害人承担连带责任。在多数侵权人须对受害人承担连带责任的情境下，在受害人向加害人主张侵权责任时，探讨受害人是否须承担与其相关第三人的过失，此时可能需要更多不同的考量来回应是否由加害人承担对第三人求偿不便与不能的风险。因此，下文区分不同类型第三人应否归入受害人方的探索，以连带责任构成为前提。

1. 配偶、近亲属的过失

配偶一方的过失与加害人的过失结合造成另一方配偶的损害，另一方配偶向加害人主张损害赔偿时，加害人能否以配偶一方的过失由另一方承担为由主张过失相抵？结合"双向标准"规则，依据美国《侵权法重述（第二次）》第 487 条的规定，一方配偶的过失、与有过失不得归属于另一方配偶。但笔者更认同日本最高裁判所基于"钱包一体"所作判决的理念。在一个交通肇事案中，乘坐丈夫驾驶的机动车的妻子因丈夫的过失及对方驾驶员的过失在车祸中受伤，妻子遂向对方驾驶员及机动车主提出损害赔偿诉讼，日本最高裁判所在判决中认定了过失相抵。[①] 在该判决中，妻子与丈夫被视为在身份上、生活关系上存在一体关系，主要就是"钱包一体"，所以，判决妻子承担丈夫的过失，可以"切断求偿的循环往复"。[②] 当然，既然是基于"钱包一体"，在夫妻间的婚姻关系已经发生破绽，[③] 或者是夫妻间存在分别财产制等特别情况，应构成受害人承担另一方配偶过失的例外。

基于上述同样的考量，受害人的配偶、被监护人之外的其他近亲属的过失，在受害人向加害人主张损害赔偿时，亦应作为受害人的过失进行过失相抵，前提是受害人与其他近亲属之间存在"一体性"的关系，如此可实现损害赔偿的公平，避免求偿的循环往复。

2. 使用人的过失

（1）受雇人的过失

在此，受雇人的过失是指受害人（雇主）的受雇人之过失。当受害人本身

---

① 　最高裁判所昭和五十一年（1976 年）3 月 25 日判决，载《最高裁判所民事判例集》第 30 卷第 2 号，第 160 页，转引自圆谷峻：《判例形成的日本新侵权行为法》，赵莉译，法律出版社 2008 年版，第 221~222 页。

② 　田山辉明：《日本侵权行为法》，顾祝轩、丁相顺译，北京大学出版社 2011 年版，第 117 页。

③ 　于敏：《日本侵权行为法》，法律出版社 2015 年第 3 版，第 611 页。

不存在与有过失，只是受雇人在雇佣活动中的过失与加害人的过失共同造成受害人损害，受害人向加害人请求损害赔偿时，是否将受雇人之过失当作受害人之过失，从而进行过失相抵？对此，我国现行法未有明文规定，是否宜将受雇人的过失解释归入受害人方的过失，有待深入的比较研究。

①国外法律实务考察

就上述问题的规制，除一些细微差别外，欧洲各国的基本原则是一致的，即基于受雇人的共同过错减少受害人雇主的赔偿请求权是合理和正确的。该原则不仅体现在国际统一法中，也存在于以成文法方式规定的国内法以及判例法中。[①]日本的判例实务基本上也认同将受雇人之过失作为受害人（雇主）方面的过失适用过失相抵。[②]在美国，《侵权法重述（第二次）》第486条明确规定："雇主向有过失的被告请求赔偿，因其受雇人在雇佣职务范围之内的过失而受阻碍。"由此可见，对于受雇人的过失，多数国家立法或实务基本一致，均肯定由作为受害人的雇主承担受雇人的过失。

受害人（雇主）对于受雇人过失的承担，在一些国家法律或裁判中存在限制。如瑞典法确认此承担不适用于人身伤害领域，只适用于财产损失。[③]而据观察，欧洲诸多法院的裁判也有同样的限制。冯·巴尔教授对此限制如此肯定：雇主责任的价值基础是雇主必须为受雇人的过失对第三人承担责任，因为后者在他的"营地"为他的财产利益服务。因此，以受雇人的过失对抗雇主以适用过失相抵，只有在财产损失的范围内才是合理的。倘若涉及的是雇主的人身利益，就不宜将雇主与受雇人等同或视为一体。只要涉及个人的身体和健康，任何加害人就都在同一个"敌方阵营"里。[④]

②受害人（雇主）承担受雇人过失的理据

受害人何以需承担受雇人的过失，王泽鉴先生的解释为：受害人将自己的法益，委付他人照顾处理，则对该人之过失，应与自己之过失同视；再者，受害人利用他人而扩大其活动，其责任范围亦应随之扩大。其使用人之过失倘不予斟酌，则加害人于事实上不能向该使用人求偿时，势必承担其过失，其不合情

---

① 具体立法及判例资料可参照克雷斯蒂安·冯·巴尔：《欧洲比较侵权行为法》（下卷），焦美华译，张新宝审校，法律出版社2001年版，第672~673页。另可参见U.马格努斯、M.马丁-卡萨尔斯主编：《侵权法的统一·共同过失》，叶名怡、陈鑫译，法律出版社2009年版，第398页。

② 李薇：《日本机动车事故损害赔偿法律制度研究》，法律出版社1997年版，第222~223页。

③ U.马格努斯、M.马丁-卡萨尔斯主编：《侵权法的统一·共同过失》，叶名怡、陈鑫译，法律出版社2009年版，第288~289页。

④ 克雷斯蒂安·冯·巴尔：《欧洲比较侵权行为法》（下卷），焦美华译，张新宝审校，法律出版社2001年版，第673页。

理,甚为显然。① 日本法上,多将对受雇人之过失适用过失相抵的理论根据解释为是对《日本民法典》第715条有关"雇佣人责任"规定的类推适用。也有学说解释认为:当加害人的过失与受雇人的过失相结合造成雇主损害时,受雇人作为共同侵权人应当分担的数额必须由雇主承担,因此可以预先通过过失相抵的方式将此等损害赔偿从加害人的赔偿责任中加以扣减。② 受雇人应当分担的赔偿数额何以须由雇主承担,英美法上主要是通过前述"双向标准"规则来解释判断的。

③我国当前司法实务的应然选择

根据《民法典》第1191条、第1192条的规定,无论雇主是用人单位或个人,受雇人因执行工作任务或提供劳务造成他人损害的,由雇主对受害人承担责任。就此而言,雇主承担的是严格的替代责任。雇主为自身利益计,委托他人处理事务,形同借助他人扩张自己的活动范围,故受雇人在雇佣活动中,因过失造成他人损害或与第三人之过失结合造成雇主损害,由雇主承担受雇人的过失,应属情理之中。但是,有学者借鉴上述国外法的规定与学说,主张将受雇人过失视作雇主的与有过失进行过失相抵,应限于财产损害,而不及于人身损害。因为,受雇人在雇佣活动中是为雇主的财产利益而非人身利益服务的,因此,从过失相抵的角度来看,只有雇主遭受其财产损害时,用受雇人的过失来对抗雇主才是正当的。③ 对此,笔者不很认同。雇主借助受雇人扩张自己的活动,形同自身手脚之延伸,只要系属雇佣职责范围内之活动,受雇人过失结合加害人行为造成雇主损害,无论财产损害或人身伤害,雇主均应承担受雇人的过失。因为,在为雇主利益从事雇佣活动中,受雇人过失损害的指向是无法预期和控制的,如同不可预料之意外损害,但受雇人存在的过失终究是为追求雇主利益过程中的过失。此时以财产损害为限使雇主承担受雇人的过失,似有将财产利益追求狭隘关联对应于造成财产损失之嫌。

(2)其他使用人的过失

可成为受害人使用人的,除了较典型的受雇人之外,还可能是免费搭载受害人的机车骑士,以及与受害人存在运输合同、承揽合同等法律关系的使用人。这些使用人也可能与受害人存在亲朋关系。如比较法实务探讨比较多的例子是

---

① 王泽鉴:《第三人与有过失》,载《民法学说与判例研究》(第一册),中国政法大学出版社1998年版,第78~79页。
② 于敏:《日本侵权行为法》,法律出版社2015年第3版,第612页。
③ 程啸:《论侵权行为法上的过失相抵制度》,载《清华法学》第6辑。

"机车骑士与其搭载者间之与有过失承担"①。对于与受害人之间不存在雇佣关系的其他使用人，与加害人之过失相结合造成受害人损害时，其过失是否应由受害人承担？笔者以为，英美法上的"双向标准"规则值得借鉴，即当一名当事人不会作为一名被告而为第三人的过失负责时，第三人的过失不可以归属于作为原告的当事人。美国《侵权法重述（第二次）》第490条规定：车内的旅客或免费搭乘的乘客因第三人的过失所导致伤害而请求该第三人赔偿时，不因其运送人或主人的（与有）过失而受阻碍。所以，笔者认为，除非其他使用人与受害人存在"钱包一体"的关系，或其他足以肯定将二者合归受害人方的特别关系，否则，其他使用人的过失不应判归受害人承担。②

（三）直接受害人的过失

1. 问题之所在

不法侵害致他人死亡，而死者就死亡的发生与有过失，间接受害人请求损害赔偿时，应否承担直接受害人（死者）的与有过失？对于此问题，应作如下区分：其一，间接受害人是直接受害人的继承人，以直接受害人的名义提出请求，此时，依直接受害人的与有过失适用过失相抵应属当然之理。其二，间接受害人基于自身权益受损，以自己的名义提出请求，于此情形，间接受害人的损害赔偿请求权应否依直接受害人之过失作过失相抵，则更需研讨。

在侵权行为，直接受害人就其权利所受侵害得请求损害赔偿，间接受害人原则上并不享有此项权利。此限制，旨在使赔偿范围不至于过大，难以预估，以免加重侵害人之负担，自立法论言，应属合理。③然我国现行法亦设有特例，如

---

① 詹森林：《机车骑士与其搭载者间之与有过失承担》，载《民事法理与判决研究》，中国政法大学出版社2002年版。关于受害人之使用人的过失与过失相抵，台湾地区"民法"在第217条原两项条文有关过失相抵规定的基础上，于1999年"民法"债编修正时特增设第217条第3项："前两项之规定，于被害人之代理人或使用人与有过失者，准用之。"修正理由强调此项修正系联系"民法"第224条，肯定其于过失相抵情形的类推适用。第224条规定的是："债务人之代理人或使用人，关于债之履行有故意或过失时，债务人应与自己之故意或过失负同一责任。但当事人另有订定者，不在此限。"台湾地区"民法"前述规定及修订结果大致对应于《德国民法典》第254条与第278条的内容。自此，台湾司法实务与学术研究中，关于以哪些要素认定作为规范对象的受害人之使用人，以及第217条所规定之"准用"究为法律要件准用抑或法律效果准用等问题，产生了较大的争论。详可参见王泽鉴：《损害赔偿》，北京大学出版社2017年版，第321~329页。相比较而言，我国大陆并未有如同台湾地区"民法"前述条款的规定，故司法实务亦未出现上述争论问题。

② 关于好意同乘，《民法典》第1217条规定："非营运机动车发生交通事故造成无偿搭乘人损害，属于该机动车一方责任的，应当减轻其赔偿责任，但是机动车使用人有故意或者重大过失的除外。"但该规定并未涉及，当无偿搭乘人有权请求第三人损害赔偿时，其是否需承担机动车使用人的过失。

③ 梅仲协：《民法要义》，中国政法大学出版社2004年版，第18页。

直接受害人之近亲属依法定条件可主张丧葬费、抚养费、抚慰金等请求权。[①] 此种请求权均属间接受害人固有之权利，其请求应否因直接受害人之与有过失而受调整，略有分歧。

2. 比较法概况

对于上述问题，有观点认为，间接受害人提起诉讼的理由是独立于死者而存在的，故不应受死者与有过失的影响。[②] 但整体而言，各国立法或判例基本肯定间接受害人应承担直接受害人的与有过失。美国《侵权法重述（第二次）》第494条规定：原告对于第三人的健康或生命负有法律上的保护利益，因该第三人遭受伤害或死亡而提起赔偿诉讼时，倘该第三人的过失本来就会阻碍他自己提起赔偿诉讼的，则原告的赔偿请求也因而受阻碍。欧洲大多数国家侵权法认同：间接受害人根据本人的权利提出赔偿主张时，其请求权会因直接受害人的与有过失而减少。[③] 例如，在西班牙STS21.3.2000RJ，2023一案中，遗孀代表她自己和女儿对因其丈夫死亡产生的损害请求赔偿。其丈夫在所任职的公司操纵传送带时发生了事故。西班牙最高法院认为，公司因没有采取必要措施以避免有缺陷的传送带伤害受害人，因而应对事故承担侵权责任，但死者与有过失，因而其遗孀及其女儿的损害赔偿金应予减少。[④]

3. 法理基础

自理论而言，间接受害人之请求权是基于受害人死亡而产生的固有权利，不应受直接受害人过失的影响。但自情理及公平视角，仍应认可将直接受害人之过失归为间接受害人承担，从而减轻或免除加害人的赔偿责任。对此，王泽鉴先生表示认同，"盖间接被害人之请求权，自理论言，虽系为固有之权利，但其权利既系基于侵害行为整个要件而发生，实不能不负担直接被害人之过失"[⑤]。在英国、以色列、荷兰、瑞士等诸多肯定上述承担的国家，也主要基于"损害赔偿请求

---

① 学说与实务还探讨涉及如此问题：加害人对于目睹或闻悉损害事实而受害之人若应赔偿，若主被害人（如死于车祸的孩子）对损害的发生与有过失，此被害人（目睹车祸的母亲）于请求自己的损害赔偿时，应否承担主被害人的与有过失，而可适用过失相抵。参见王泽鉴：《损害赔偿》，北京大学出版社2017年版，第331页。

② 朱卫国：《过失相抵论》，载梁慧星主编：《民商法论丛》（第4卷），法律出版社1996年版，第424页。

③ 克雷斯蒂安·冯·巴尔：《欧洲比较侵权行为法》（下卷），焦美华译，张新宝审校，法律出版社2001年版，第670页；U.马格努斯、M.马丁-卡萨尔斯主编：《侵权法的统一·共同过失》，叶名怡、陈鑫译，法律出版社2009年版，第398~399页。

④ U.马格努斯、M.马丁-卡萨尔斯主编：《侵权法的统一·共同过失》，叶名怡、陈鑫译，法律出版社2009年版，第266页。

⑤ 王泽鉴：《第三人与有过失》，载《民法学说与判例研究》（第一册），中国政法大学出版社1998年版，第82页。

权派生于对死者的不法行为"作为法理基础,所以,间接受害人即使行使的是自己固有的权利,其请求权亦不能不受死者过失的影响。[①] 对此,笔者亦表认同,我国司法实务涉及该问题时,应肯定间接受害人承受直接受害人的与有过失。

（四）小结

综上所述,笔者认为,是否将与受害人相关联的第三人的过失视为受害人的与有过失,从而适用过失相抵,与我国当前的多数人侵权规则体系紧密相关。在相关联第三人与加害人对受害人构成数人侵权,且依法对受害人承担按份责任的情境下,因加害人承担的只是自己应负的份额责任,在此并无探讨是否将第三人的过失归入受害人方过失的余地。相反,只有当第三人与加害人须对受害人承担连带责任时,因为受害人与第三人间特定的关系,受害人通常选择向加害人请求承担连带责任,其后,加害人将不得不对第三人请求内部份额承担,所以,此时,受害人是否承担相关联第三人的过失,即与应否由加害人承担向第三人追偿不便与不能的风险相联系。如此,在第三人与加害人须对受害人承担连带责任的情形,才发生是否由受害人或加害人承担向第三人求偿不便与不能风险的价值论辩。

在上述连带责任构成满足的条件下,基于自己责任原则,任何人仍仅对自己的与有过失负责,所以,受害人原则上不承担与其相关联第三人的过失。但是,基于不同的正当化理由,至少可以确认如下的例外:（1）当第三人是受害人的配偶或其他近亲属,且与受害人之间存在经济上的一体性时,为了避免求偿的循环往复,受害人应承担第三人的过失;（2）当第三人是受害人的受雇人,因受害人相当于借助受雇人扩张自己的活动范围,形同受害人人格的延伸,所以,受害人应承担受雇人的过失;（3）当受害人为间接受害人,第三人为直接受害人,即使间接受害人主张的权利并非继承自直接受害人,而是自己固有的请求权,但此请求权终究派生于加害人对直接受害人（死者）的不法行为,故直接受害人对于自身死亡若与有过失,间接受害人应承担此过失。

二、过失相抵的类推适用

（一）受害人特殊体质与过失相抵

1. 问题之所在

所谓特殊体质,是指某人具有的不同于常人的体质,如先天具有的心脏病、

---

① U. 马格努斯、M. 马丁-卡萨尔斯主编:《侵权法的统一·共同过失》,叶名怡、陈鑫译,法律出版社2009年版,第91页、第162页、第201页、第308页。

过敏症、颈椎过长，或者后天形成的各种癌症、骨质疏松等。[①] 按照日本法学理与实务的探究，特殊体质广泛包括心理性因素、生理性因素（尤指各类疾病）及身体特征。[②] 当加害人的行为与受害人之特殊体质相竞合，使得损害得以发生或造成了比通常损害更为严重的损害时，加害人能否以受害人存在特殊体质为由主张减免责任。例如，在"向某诉四川省德阳市第一汽车运输公司等道路交通事故损害赔偿案"中，受害人被出租车撞伤，致左膝积血，无法伸屈。鉴定意见指出：向某因车祸受伤并不严重，其本已患有的血友病是关节积血的主因，车祸仅仅为诱发因素。[③] 很显然，在本案中，令加害人赔偿受害人全部损失似失之过苛，但使加害人仅赔偿部分损失对受害人又似有不公。该问题如何解决，因此在理论与实务上存在较大的争论，比较法上也颇有分歧。

2014 年 1 月 26 日最高人民法院发布了第 24 号指导案例——"荣宝英诉王阳、永诚财产保险股份有限公司江阴支公司机动车交通事故责任纠纷案"。在该案中，被告王阳驾车撞伤原告荣宝英。司法鉴定结论认为：荣宝英左桡骨远端骨折的伤残等级评定为十级，左下肢损伤的伤残等级评定为九级；就原告的伤残，损伤参与度为 75%，原告骨质疏松体质因素占 25%。一审法院据此判决被告承担 75% 的赔偿责任，原告因其个人体质应自行承担 25% 的损害。二审法院改判认为，受害人之特殊体质对损害的发生虽有影响，但其并非受害人对于损害发生的过错，亦与损害之间不存在法律上的因果关系，故不适用过失相抵规则，加害人应赔偿全部损失。简而言之，该案之裁判要点认为："受害人没有过错，其体质状况对损害后果的影响不属于可以减轻侵权人责任的法定情形。"据最高人民法院案例指导办公室对该案的相关说明，可知该指导案例判决的理据乃借鉴普通法上的"蛋壳脑袋"规则。[④]

第 24 号指导案例发布之后，各地法院在相似案件中并未完全遵循其裁判思路。例如，在"王培培等与张耀军生命权、健康权、身体权纠纷案"中，受害人与侵权人扭打，之后不久因心脏病发作死亡，法院首先依过失相抵规则认定侵权人应承担 60% 的赔偿责任，在此基础上，又依原因力比例最终判定侵权人承

① 程啸：《受害人特殊体质与损害赔偿责任的减轻——最高人民法院第 24 号指导案例评析》，载《法学研究》2018 年第 1 期。特殊体质泛指易罹患疾病或身体障碍之素质、旧疾、宿疾、因年龄造成之身体器官或机能的变化。参见陈洸武：《被害人之特殊体质与与有过失》，载《台湾法学杂志》2015 年第 280 期。

② 陈洸武：《被害人之特殊体质与与有过失》，载《台湾法学杂志》2015 年第 280 期；田山辉明：《日本侵权行为法》，顾祝轩、丁相顺译，北京大学出版社 2011 年版，第 117~118 页。

③ 参见四川省高级人民法院 (2010) 川民提字第 161 号民事判决书。

④ 石磊：《〈荣宝英诉王阳、永诚财产保险股份有限公司江阴支公司机动车交通事故责任纠纷案〉的理解与参照——个人体质特殊不属于减轻侵权人责任的情形》，载《人民司法·案例》2015 年第 12 期。

担 30% 的赔偿责任。[①] 又如，在"钦州市钦北区大寺镇中心卫生院、黄秀清医疗损害责任纠纷案"中，受害人在被告处滴注头孢曲松钠过程中死亡。鉴定意见认为，受害人迟发型过敏的特殊体质是其死亡的主要原因，被告存在违背临床抗菌药物应用基本原则以及未尽对诊疗行为的危险性加以谨慎注意的医疗过失，参与度为 10%。二审法院据此判决被告承担 10% 的赔偿责任。[②] 事实上，无论第 24 号指导性案例发布前后，在我国医疗损害赔偿诉讼中，当受害人疾病与医疗过失相竞合使得损害发生或扩大时，法院普遍依据医疗过错的参与度确定医方的责任比例，即使受害患者基于其自身疾病承担剩余部分的损害。所以说，论及受害人特殊体质对于损害赔偿的影响，我国法律实务始终没有完全认同过"蛋壳脑袋"规则。实则，受害人特殊体质类型多样，特殊性程度不一，不同类型的特殊体质对发生人身损害所起的作用可能不同，"一刀切"的裁判思路显然无法满足多元复杂的实践需求。[③] 如此，受害人特殊体质是否及如何影响损害赔偿责任的承担，简单依赖"蛋壳脑袋"规则何以不足，如何合理解释特殊体质影响赔偿责任的法律构造等问题，均有待阐述。

2."蛋壳脑袋"规则之流行

（1）"蛋壳脑袋"规则之流行现状

关于受害人特殊体质是否及如何影响赔偿责任的承担，英美法上盛行以"蛋壳脑袋"规则处理应对，即加害人应就扩大或不可预见的损害负责，不得以受害人特殊体质致损害发生或扩大为由减免责任。[④] 早在 1901 年，英国 Dulieu v. White & Sons 一案即为其著例。在该案中，原告怀孕，但因被告的加害行为而早产且染上重病。该案判决指出：因过失而侵害他人身体者，不能主张，假如受害人头盖骨不是异常单薄，或其心脏并非特别脆弱，其受害程度可能更低，并以此为由对抗受害人的赔偿请求。[⑤] 1959 年，在 Love v. Port of London Authority 案中，被告使得原告患上重度神经症，鉴定意见指出，原告病症 70% 可归因于

---

① 参见上海市虹口区人民法院（2015）虹民一（民）初字第 5923 号民事判决书。

② 参见广西壮族自治区钦州市中级人民法院（2017）桂 07 民终第 277 号民事判决书。

③ 徐银波：《侵害特殊体质者的赔偿责任承担——从最高人民法院指导案例 24 号谈起》，载《法学》2017 年第 6 期。

④ "蛋壳脑袋"规则（eggshell skull rule）称谓来源自一个想象的案件：原告有异常薄的头盖骨，被告在没有理由知道原告此特殊体质的情况下，过失伤害了原告的脑袋。此拍击对于正常人而言可能只是不舒服，但却造成原告头盖骨破裂和很严重的伤害。人们倾向于认为，原告有权就所有损害获得赔偿，即使头盖骨破裂是不可预见的。参见丹·B. 多布斯：《侵权法》（上册），马静、李昊、李妍、刘成杰译，中国政法大学出版社 2014 年版，第 405 页。有学者认为，作为可预见理论之例外，"蛋壳脑袋"规则并非普遍认为的 20 世纪早期之法学发明，而是英国古老法学传统存活至今的"遗物"。参见孙鹏：《"蛋壳脑袋"规则之反思与解构》，载《中国法学》2017 年第 1 期。

⑤ See Dulieu v. White & Sons[1901]2 K. B. 669, 679.

其心脏问题,王座法院将前述案件判决意旨另述为"加害人应接受受害人现状"(a tort feasor takes his victim as he finds him),判决被告赔偿原告因神经症而丧失的全部收入。[①]1970 年,在 Malcom and Another v. Broadhurst 一案中,王座法院将"蛋壳脑袋"规则之法理扩张适用,排除了受害人特别的心理性因素对侵权责任的影响。[②]

在该问题上,美国法与英国法保持一致,其判例确立的一般原则是:若被告的行为对一般人构成义务违反,因原告特别易受影响,致使损害程度异常严重,被告应对全部损害负责。[③]美国《侵权法重述(第二次)》将此原则成文化,其第461 条规定:"有过失的行为人应对他人所受的伤害承担责任,虽然行为人不知道也不应当知道的该他人的一种身体状况,使得该伤害比行为人作为一个正常人应当预见到的可能后果更为严重。"美国《侵权法重述(第三次)》进一步将"蛋壳脑袋"规则扩张适用于心理因素,其第 31 条规定:"因受害人在先的身体或精神状况或其他特征,使得侵权损害比可合理预期的更为严重或不属于同一类型,侵权人仍需对全部损害承担责任。"

在大陆法系的德国,早期判例曾尝试区分原因与诱因,并将侵权行为认定为损害扩大之诱因,从而否定其与扩大损害之间的因果关系,或者依照侵权行为与受害人特殊体质对于损害的原因力大小,在侵权人与受害人之间分担损害。但其后,前述区分被否弃,最终形成了"任何对身体脆弱者实施不法行为的人,无权要求获得与侵害身体健康者相同的待遇"之原则。[④]深具启示性案例如下:甲驾车超速撞上某机车,伤及搭乘该机车的乙,乙因是血友病患者,需延长其治疗期间。甲主张乙明知自身为血友病患者,仍搭乘他人机车,其对损害的发生与有过失。德国 Koblenz 高等法院驳回甲之抗辩,强调此情形与有过失抗辩若成立,则意味着血友病患者不得使用通常之交通工具,将使其一般行为自由遭受不应有的限制。[⑤]在欧洲侵权法国别比较研究的设例里,原告去被告的餐馆吃饭,原告刚坐下就被被告的狗咬伤,与通常人相比,原告腹部的皮肤比较薄,其因此腹部严重受伤。比较研究的结论显示,至少就本案而言,包括奥地利、比利时、德国、英国、希腊、以色列、意大利、荷兰、波兰、南非、西班牙等国

---

① See Love v. Port of London Authority[1959]2 Lloyd's Rep. 541(Q.B).

② See Malcom and Another v. Broadhurst[1970]3 All. E. R. 508(Q. B. D).

③ H. L. A. 哈特·托尼·奥诺雷:《法律中的因果关系》,张绍谦等译,中国政法大学出版社2005 年版,第157 页。

④ 窪田充见:《過失相殺の法理》,东京有斐阁2004 年版,第20 页,转引自孙鹏:《受害人特殊体质对侵权责任之影响》,载《法学》2012 年第 12 期。

⑤ OLG Koblenz, VersR 1987, 72, Nr. 145; Looschlders, Schuldrecht AT, S. 408. 转引自王泽鉴:《损害赔偿》,北京大学出版社2017 年版,第313 页。

在内的多数国家均认同：被告应赔偿原告全部损害；易受伤体质本身不被视为与有过失。[①] 在更一般层面，比利时法采纳的观点是，受害人容易患病的特殊体质不会切断违法行为与损害之间的因果关系。基本原则是侵权行为人必须赔偿受害人在现有条件下因损害遭受的全部损失，"违法者必须对受害人的遭遇感同身受"[②]。瑞士联邦法院宣布："任何人非法侵害了一个身体虚弱的人，不能像他伤害了一个健康的受害人一样处理。"[③] 西班牙最高法院民庭的裁决认为，在被告损害行为之前存在的受害人的虚弱体质不会使得被告的行为与原告的损害之间的因果关系链条发生中断，因此，被告必须就全部损害承担责任。[④] 可以感受得到，包括奥地利、法国、意大利、南非等国的司法实务，总体上会更认同类似于"蛋壳脑袋"的处理规则。[⑤]

（2）"蛋壳脑袋"规则之支撑理由

当加害行为与受害人特殊体质竞合使得所生损害异常或扩大时，加害人何以需对全部损害负责，各国学理与实务论说不一，举其要者，应有如下几点。

①受害人承担全部损害具有道德正当性

受害人特殊体质非属其过错，相反，受害人对其特殊体质可能无能为力，而加害人却存在可归责之事由，故使加害人对其不能预见的损害承担责任，相较于使完全无辜的受害人承担自身损害，加害人就不那么无辜了。即如Prosser教授所论，"如果损失与被告的行为不成比例，那么其与原告的无过错不成比例的程度毫不逊色。如果让被告承担其所不能预见的损失是不公平的，那么让原告承担其同样不能预见的损失，且该损失并非缘于其过失，而是缘于被告的过错，其不公平性也毫不逊色"[⑥]。

②凸显对人格权益的更高保护

此种观点主张，相较于财产权益，生命权、身体权、健康权等人格权益更应受保护，以更好保障人格尊严。如我国台湾地区孙森焱"大法官"认为："若被害人患有疾病，不堪加害人一击，虽属事实，惟人格权应受尊重，在社会生活中，每个人可信赖人身法益无受不法侵犯之虞，故被害人无随时预促他人注意其身患疾

① U. 马格努斯、M. 马丁-卡萨尔斯主编：《侵权法的统一·共同过失》，叶名怡、陈鑫译，法律出版社2009年版，第408页。

② ［荷］J. 施皮尔主编：《侵权法的统一·因果关系》，易继明等译，法律出版社2009年版，第37页。

③ ［荷］J. 施皮尔主编：《侵权法的统一·因果关系》，易继明等译，法律出版社2009年版，第159~160页。

④ U. 马格努斯、M. 马丁-卡萨尔斯主编：《侵权法的统一·共同过失》，叶名怡、陈鑫译，法律出版社2009年版，第276页。

⑤ ［荷］J. 施皮尔主编：《侵权法的统一·因果关系》，易继明等译，法律出版社2009年版，第22页、第78页、第117页、第138页。

⑥ William L. Prosser, Proximate Cause in California, 38 *Cal. L. Rev.* 1950, p. 397.

病,警告勿加不法侵害之必要。因而不能以被害人未预为告知而谓与有过失。"[1]

③特殊体质非属损害之法律原因

受害人特殊体质或属损害发生或扩大之必要条件,但有学者指认其仅为纯粹的客观状态或侵权行为发生时的环境因素,恰如演员现场演出之前的"舞台道具"。[2]特殊体质并不会单独主动引发损害,而是侵权行为强制其卷入损害形成之序列,其后特殊体质才表现出对损害发生或扩大具有作用。故不宜将特殊体质与侵权行为作为同一层次的原因进行评价归责;相反,是侵权行为的强制使得特殊体质成为损害"原因"的一部分,侵权行为是损害的唯一原因。[3]既然特殊体质在损害形成中的作用处于侵权行为原因力之延长线上,那么由可归责之加害人承担全部责任即凸显其道德上之正当性。[4]

④防范受害人因特殊体质而行为自由受限

支持"蛋壳脑袋"规则的一种普遍理由是,受害人若因其特殊体质而承受损害风险,减免加害人责任,相当于要求受害人对于自身之安全承担超过一般人的特别注意义务,如此则限制受害人参与社会正常生活之行为自由,难谓公平,亦与人人平等之思想不合。[5]"盖身体上具有缺陷或异常疾病之被害人应如同一般健康正常人受到法律相同之保障,不可因为被害人具有血友病或精神异常,而剥夺其与他人正常交往之权利"[6]。

3. 对"蛋壳脑袋"规则的质疑与反思

（1）理论上的质疑反思

尽管"蛋壳脑袋"规则在英美等一些国家司法实务中颇为流行,但其过于简单的处理方式并不能完全应对现实的复杂多样,以至于对其规则合理性的质疑一直不绝于耳。事实上,特殊体质是否作为受害人"促成风险"的因素而被考量,从而减免加害人的赔偿责任,这个问题始终存有高度争议。

首先,从价值层面考量,自由也好,公平也罢,都是相对的,人格权益的保护也是有限度的。所以,要求加害人对具有特殊体质受害人所遭受的所有不

---

[1] 孙森焱:《民法债编总论》(上册),法律出版社2006年修订版,第376页。

[2] H. L. A. 哈特、托尼·奥诺尔:《法律中的因果关系》,张绍谦等译,中国政法大学出版社2005年版,第156页、第163页。

[3] 孙鹏:《"蛋壳脑袋"规则之反思与解构》,载《中国法学》2017年第1期。

[4] 孙鹏:《"蛋壳脑袋"规则之反思与解构》,载《中国法学》2017年第1期。

[5] 窪田充见:《過失相殺の法理》,东京有斐阁2004年版,第20页,转引自陈聪富:《过失相抵之法理基础及其适用范围》,载《中德私法研究》第4卷,第30页。

[6] 陈聪富:《因果关系与损害赔偿》,北京大学出版社2006年版,第57页。此外,还有学者尝试以法经济分析方法阐述"蛋壳脑袋"规则的合理性,具体可参照孙鹏:《"蛋壳脑袋"规则之反思与解构》,载《中国法学》2017年第1期。

可预见损害负责,自其论调的绝对性而言,本身的妥当性即值得怀疑。如学者Viscount Simonds 所言,"若只要一项行为具有过失,行为人就对由此产生的所有损害承担责任,无论过失多么微小或可以宽恕,也不论损害多么严重或无法预见,这显然不符合当代的公平或道德观念"[①]。至少,当侵害行为之轻微与受害人损害之严重极不均衡时,不应使加害人对"异常损害"负责。

其次,对于自身的特殊体质,受害人是否无须负担自我保护的注意,不无争论。在前述餐馆狗伤人设例的比较研究的结论里,比利时、英国、以色列、意大利、波兰、西班牙、美国等很多国家的报告强调:依据"蛋壳脑袋"规则,被告应当如同获悉了原告那样去对待原告,但该规则只适用于原告已经采取了一个合理谨慎的人可能会采取的、所有的自我保护措施。[②] 当受害人明知自己不同寻常的脆弱性,却没有充分保护自己,其是否因此与有过失,则有待反思。Gary T. Schwartz 指出,美国法律对该问题并没有发展出一套成熟的解决之道;其个人的评估是:如果这种脆弱性足够严重,足够明显,那么大多数法院将会认为可适用比较过失规则。[③]

最后,自因果关系视角分析,无论将受害人特殊体质视为先在的环境因素,[④] 或如前述认为特殊体质纯属被强制卷入原因事件,均会招致形式化区分或过于武断总结之嫌。事实上,从纯粹逻辑和"因果关系"的视角出发,人们必须承认,特殊体质系属于受害人的风险范围内,而非责任人风险范围内的因素。[⑤] Schulze 从危险领域角度出发,认为特殊体质系属受害人一般生活上之危险,损害为受害人参与正常社会生活所面临风险之结果,加害人应仅对可预见的那部分损害负责。[⑥] 当然,相反的观点可能会主张,加害人"没有权利"只遇到"正常的"受害人。所以,笔者认同,问题的妥当解决仍应回归因果关系相当性的判断。决定性的方面是,先在的特殊体质是否不依赖于致损事件而迟早都会产生

---

① 孙鹏:《"蛋壳脑袋"规则之反思与解构》,载《中国法学》2017 年第 1 期。

② U. 马格努斯、M. 马丁-卡萨尔斯主编:《侵权法的统一·共同过失》,叶名怡、陈鑫译,法律出版社 2009 年版,第 408 页。

③ U. 马格努斯、M. 马丁-卡萨尔斯主编:《侵权法的统一·共同过失》,叶名怡、陈鑫译,法律出版社 2009 年版,第 324 页。

④ 哈特与奥诺特别区分了介入事件与环境因素,强调介入事件在时间上应迟于或至少是同时与侵权行为发生,据此,有学者认为特殊体质属于环境因素,证成"侵权人应接受受害人现状"之合理性。See Harry Street, *The Law of Torts*(5th ed.), Butterworth & Co Publishers Ltd., 1972, p.146. 但哈特与奥诺尔也承认,如此形式化的区分会引发尖锐的批评。具体可参见 H. L. A. 哈特、托尼·奥诺尔:《法律中的因果关系》,张绍谦等译,中国政法大学出版社 2005 年版,第 163 页。

⑤ U. 马格努斯、M. 马丁-卡萨尔斯主编:《侵权法的统一·共同过失》,叶名怡、陈鑫译,法律出版社 2009 年版,第 314 页。

⑥ 孙鹏:《"蛋壳脑袋"规则之反思与解构》,载《中国法学》2017 年第 1 期。

其（应有的）后果。①

（2）实务上的抗拒

①日本

自 1960 年代后期开始，日本实务上渐次产生基于受害人特殊体质与加害行为竞合致损害发生或扩大时，是否应影响损害赔偿额计算之问题的案例。②总体上，日本法院实务基本上不会直接援引"蛋壳脑袋"规则理念作出绝对化的否定裁决，相反，自昭和四十年（1965 年）起，开始有下级审案例承认特殊体质通常可以作为损害赔偿额减低的理由。③

受害人特殊体质何以影响损害赔偿额，日本法院实务与学说提出多样的法律构成论，包括相对因果关系说、比例因果关系说、确率心证论、寄予度减责论、类推适用过失相抵说、一般条款援用说等。④早期，日本法院系以采纳比例因果关系说为主，认为在加害行为与受害人特殊体质竞合而发生损害时，加害行为对于损害之发生仅具有部分因果关系，应依据其原因力比例认定加害人之损害赔偿责任。但自 1975 年以降，类推适用过失相抵说逐渐在下级审裁判中风行，并经由最高裁判所 1988 年 4 月 21 日心因案件判决⑤等几个典型判例之沉淀，最终成为支配性的判例理论。⑥该学说主张，在受害人特殊体质影响损害之发生或扩大时，若令加害人赔偿全部损害，显失公平，而应类推适用过失相抵之规定，由法院自由裁量，调整损害赔偿之数额。⑦

关于受害人特殊体质类推适用过失相抵，日本法院通常划分三种不同类型：心理因素、生理因素及身体特征。所谓受害人心理因素，系指依通常情况，短期间可以治愈的伤病，因被害人之心理原因，而超乎寻常地延长治疗期间。昭和六十三（1988 年）年 4 月 21 日，前述日本最高裁判所心因案件判决最早就心理因素类推适用过失相抵。在该案中，因轻微追撞车祸而致颈椎挫伤的受害人，因受惊吓而延长治疗期间，主张遗留后遗症长达十几年的相应救济。判决

① U. 马格努斯、M. 马丁-卡萨尔斯主编：《侵权法的统一·共同过失》，叶名怡、陈鑫译，法律出版社 2009 年版，第 314 页。

② 陈洸武：《被害人之特殊体质与与有过失》，载《台湾法学杂志》2015 年第 280 期。

③ 圆谷骏：《判例形成的日本新侵权行为法》，赵莉译，法律出版社 2008 年版，第 225 页。

④ 具体可参照田山辉明：《日本侵权行为法》，顾祝轩、丁相顺译，北京大学出版社 2011 年版，第 117 页；孙鹏："蛋壳脑袋"规则之反思与解构》，载《中国法学》2017 年第 1 期。

⑤ 日本最高裁判所昭和六十三年（1988 年）4 月 21 日民事判例集，第 42 卷第 4 号，第 243 页。

⑥ 孙鹏：《"蛋壳脑袋"规则之反思与解构》，载《中国法学》2017 年第 1 期；圆谷骏：《判例形成的日本新侵权行为法》，赵莉译，法律出版社 2008 年版，第 224 页。

⑦ 陈聪富：《过失相抵之法理基础及其适用范围》，载《中德私法研究》第 4 卷，第 31-32 页。近来，在日本，计算损害赔偿额时，自身损伤因素不应该作为减额事由的自身损伤因素不考虑说，逐渐变得有力。参见圆谷骏：《判例形成的日本新侵权行为法》，赵莉译，法律出版社 2008 年版，第 224~225 页。

理由称，损害超过因该加害行为通常会发生的程度和范围，且受害人之心因性要因助长该损害扩大时，基于公平分配损害之损害赔偿法的理念，法院得类推适用过失相抵之规定，酌情确定加害人对于扩大损害的赔偿额。[①] 该判决肯定受害人心理因素可得成为损害赔偿的减额事由，具有重要意义，但该判决并未涉及受害人生理性因素得否为减额的判断因素。

关于生理性因素对于损害赔偿额的影响，日本最高裁判所平成四年（1992年）6月25日就一氧化碳中毒案件所作判决颇为典型。在该案中，受害人在事故前约1个月，曾因一氧化碳中毒接受治疗，后发生交通事故头部受伤，因与一氧化碳中毒竞合，致生死亡。最高裁判所认为："加害行为与受害人罹患之疾病竞合成为损害发生之原因时，参照该疾病之态样、程度等，如使加害人承担全部损害赔偿责任有失公平，法院得类推适用过失相抵之规定，斟酌受害人之疾病以确定损害赔偿数额。"最终，本案容许被告减轻50%的赔偿数额。[②] 本判决肯定受害人生理因素与心理因素相同，得为减额的斟酌事由。但本判决明示生理因素为"疾病"，则超出疾病范畴，对于受害人其他身体特征，是否仍得类推适用过失相抵，尤为未知。

对于受害人疾病外的身体特征，日本最高裁判所在平成八年（1996年）10月29日的"长勃案件"判决中，原则上否定了身体特征得作为减额的事由。在该案中，受害人脖子较普通人长，长期存在颈椎轻微不安定症状，因车祸产生比一般情形严重的损害。最高裁判所认为："受害人具有与平均体格或通常体质相异的身体特征，但如其未达疾病程度，则除非有特别情事，于决定损害赔偿额时，不应斟酌受害人此身体特征。盖人之体格或体质，并非人皆相同，除非在例如明显异于一般人平均值之极端肥胖者，有可能因跌倒而受重大伤害，故其在日常生活中，应比一般人更慎重地行动；未达该等程度之身体特征，则在每个人之个体差异范围内，当属可预见之正常情形。"据此，本案受害人之较长脖子，尽管有不同于平均体格或通常体质，但未该当于疾病，亦未达于极端差异之情形，则于算定损害赔偿额时，原则上不斟酌该身体特征以减额。[③] 此判决对于身体特征是否影响损害赔偿额的问题解决指示了方向，但"疾病"与"身体特征"之区别界限何在，亦引发疑难。

---

① 具体判决详文，可参见圆谷 骏：《判例形成的日本新侵权行为法》，赵莉译，法律出版社2008年版，第227~229页。

② 日本最高裁判所平成四年（1992年）6月25日民事判例集，第46卷第4号，第400页，转引自陈洸武：《被害人之特殊体质与与有过失》，载《台湾法学杂志》2015年第280期。

③ 日本最高裁判所平成八年（1996年）10月29日民事判例集，第50卷第9号，第2474页，转引自陈洸武：《被害人之特殊体质与与有过失》，载《台湾法学杂志》2015年第280期。

整体而言，在排斥"蛋壳脑袋"规则的适用上，日本司法实务较为一贯且突出。按上述类型区分，因受害人心理因素导致延长治疗，通常得类推适用过失相抵的规定，减轻赔偿责任；若受害人生理因素中的疾病与侵权行为共同造成损害后果发生或扩大，应参照疾病的样态与程度，类推适用过失相抵的规定；而若属受害人特殊的身体特征，除非有特别情事，否则不减轻赔偿责任。对于上述实务之见解，日本学说赞成或经修正赞成者有之，但反对者仍不在少数。[1]

②欧美国家

尽管"蛋壳脑袋"规则在欧美国家司法实务中较受倚重，但仍有法院以不同理由和方式对该规则的适用予以限制。例如，瑞士法院曾有判例认为，受害人之特殊体质，为损害之与有原因，依据过失相抵之规定，应减轻加害人之赔偿责任。[2]苏格兰法院曾以可能性理论，限制因受害人特殊体质导致损害之赔偿请求权。例如，被告因过错导致火灾，原告逃离而免于受害，但在原告参与灭火时，因无法预期之心脏问题，导致心脏血栓症而死亡。法院依据可能性理论，排除了加害人对于死亡的责任。[3]而法国法院甚至尝试将受害人特殊体质解释为不可抗力，以此减轻加害人之赔偿责任。[4]在捷克，实务的见解是：只有在被告知道原告存在特殊体质时，原告才能获得全额赔偿；如果被告不知道该特殊体质，他只要承担部分责任即可。[5]

③中国

我国司法实务极少采纳"蛋壳脑袋"规则进行审判。在我国台湾地区，一些涉及受害人特殊体质的判例仍坚持采纳台湾通行的相当因果关系理论，以分析检讨责任的承担。例如，台湾地区1971年台上字第2073号判决，涉及被告撞伤十二指肠疾病患者致其十二指肠破裂，而在1995年台上字第2170号判决中，被告撞伤有精神病前兆者致其精神分裂，在此二判决中，台湾地区"最高法院"均以侵害行为与最终损害之间不存在相当因果关系为由，判决侵害人不承担赔偿责任。[6]而在台湾地区1991年台上字第173号民事判决中，受害人与加害人外出游玩途中，在车内禁闭门窗求欢，后因缺氧且处理不当，引起患有心脏扩

① 陈洸武：《被害人之特殊体质与与有过失》，载《台湾法学杂志》2015年第280期。
② A.M. Honore, Causation and Remoteness of Damage, *International Encyclopedia of Comparative Law, XI Torts*, J.C.B. Mohr Tubingen Martinus Nijhoff Publishers, 1983, 133-134.
③ A.M. Honore, Causation and Remoteness of Damage, *International Encyclopedia of Comparative Law, XI Torts*, J.C.B. Mohr Tubingen Martinus Nijhoff Publishers, 1983, 134.
④ A.M. Honore, Causation and Remoteness of Damage, *International Encyclopedia of Comparative Law, XI Torts*, J.C.B. Mohr Tubingen Martinus Nijhoff Publishers, 1983, 130.
⑤ U.马格努斯、M.马丁-卡萨尔斯主编：《侵权法的统一·共同过失》，叶名怡、陈鑫译，法律出版社2009年版，第76页。
⑥ 陈聪富：《因果关系与损害赔偿》，北京大学出版社2006年版，第17~19页。

大症的受害人急性心肺循环衰竭而死亡。台湾地区"最高法院"认为,受害人未曾预促不知其病症的加害人注意,系与有过失,应有过失相抵规定之适用。[①]

在我国大陆的医疗损害赔偿司法实践中,法院普遍会比较患者自身疾病与医疗过失行为对于损害的原因力,并依据医疗过失行为的原因力比例确定赔偿责任。而在其他类型加害行为与受害人特殊体质竞合致害之场合,受害人特殊体质能否减轻赔偿责任,法院的判决意旨仍有不一。有的法院秉承第24号指导案例之精神,认为受害人特殊体质既非过错,亦不属法律原因,不得适用《侵权责任法》第26条过失相抵的规定;受害人不应就其特殊体质而自负责任。[②]另有法院认为,若损失参与度的司法鉴定意见确认特殊体质对于损害具有原因力,可据此减轻赔偿责任。[③]再有法院认为,原则上,特殊体质不影响损害赔偿责任的承担,但损害若超出可预期范围,且侵权人不存在故意或重大过失,可综合考量侵权人的过错程度、侵害的方式和手段、侵害后果等因素,适当减轻赔偿责任。[④]由此可见,即使第24号指导案例发布后,我国法院仍然没有无条件地追随"蛋壳脑袋"规则的处理方式。

4. 特殊体质影响侵权责任承担的法律构成论

(1)我国当前的学说观点

受害人特殊体质是否及如何影响侵权责任的承担,近来在我国颇受关注。从学者研究结论看,普遍抱持对"蛋壳脑袋"规则的适度批判,但呈现出的观点颇为多样,以下先作简要引介。

有观点认为,原则上,加害人须对特殊体质受害人所受全部损害承担责任,但受害人若明知自身特殊体质却未采取适当保护措施,是为受害人之与有过

---

① 陈聪富:《过失相抵之法理基础及其适用范围》,载《中德私法研究》第4卷,第33页。

② 例如,"方伟俊、方慧琴等与刘娟、中国人民财产保险股份有限公司衢州市分公司机动车交通事故责任纠纷案",浙江省衢州市柯城区人民法院(2015)衢柯交民初字第290号民事判决书;"许万能与中国人民财产保险股份有限公司常州市分公司、钱湘东机动车交通事故责任纠纷案",江苏省常州市中级人民法院(2015)常民终字第1714号民事判决书;"王国平与中国大地财产保险股份有限公司常州中心支公司、江苏大众投资实业有限公司机动车交通事故责任纠纷案",江苏省常州市中级人民法院(2016)苏04民终字813号民事判决书;"蔡来娣、杨少佳机动车交通事故责任纠纷案",广东省韶关市中级人民法院(2018)粤02民终字第236号民事判决书。

③ 例如,"张伟伟诉葛万军等机动车交通事故责任纠纷案",北京市第二中级人民法院(2016)京02民终第6675号民事判决书;"王江等与高怀友等机动车交通事故责任纠纷案",上海市第二中级人民法院(2015)沪二中民一(民)终字第55号民事判决书。

④ 例如,"朱九珠、胡良友等与中国人民财产保险股份有限公司建德支公司、建德市新安江长运有限公司机动车交通事故责任纠纷案",浙江省杭州市中级人民法院(2015)浙杭民终字第1012号民事判决书;"楼水珍、楼宇光等与中国人寿财产保险股份有限公司诸暨市支公司、金章根道路交通事故人身损害赔偿纠纷案",绍兴市中级人民法院(2014)浙绍民终字第396号民事判决书。

失,可减轻赔偿责任。[①] 此为原则 + 例外的观点。更多学者主张类型化或分层次的综合考量,如孙鹏教授认为,论及受害人特殊体质对侵权责任的影响,应立足于损害的公平分配、受害人的行为自由、损害预防的效率等价值,区分加害人故意、双方当事人是否知悉特殊体质以及侵权行为之特性,为灵活的类型化判断。具体而言,当为故意侵权,加害人不得援引特殊体质减轻责任;若加害人非属故意侵权,但知悉受害人的特殊体质,其应负全部赔偿责任;若仅受害人知悉自身特殊体质,受害人应负较高的注意义务,加害人仅负一般注意义务,则疏于履行其注意义务的受害人应按照其特殊体质对于损害之原因力大小,承担相应的损害;若双方均不知有特殊体质,使加害人对全部损失负责具有伦理正当性。[②] 另有观点主张,应当区分人身损害赔偿责任的成立认定、责任范围划分、损失数额计算、损失分担等四个层次的问题,具体分析判断受害人特殊体质可能产生的影响,进而得出是否减免加害人责任的结论。[③] 还有学者认为,受害人特殊体质、加害行为与损害之间存在三种类型的因果关系:加害行为与特殊体质相结合,侵害了受害人生命权;因受害人特殊体质,使得加害行为后果更为严重;特殊体质本可单独导致损害,加害行为使得损害提前实现。在此类型划分基础上,应具体分析特殊体质对于损害赔偿责任可能产生的影响。[④]

总体而言,我国学者就受害人特殊体质对于侵权责任影响的研究,反对"蛋壳脑袋"规则"一刀切"的应对方式,更倾向于类型化的综合考量处理,在受害人是否因特殊体质违反注意义务而与有过失,以及特殊体质是否构成法律原因等侵权责任核心构成要素上,去作具体化分析判断,并适当顾及受害人行为自由、人格权益保障等价值因素。但在法律构成论上,不如前述日本实务与学说所努力的,尝试去构建明确一贯的具体分析框架。

(2)受害人特殊体质与过失相抵

①法律因果关系解释的质疑

关于受害人特殊体质对于损害赔偿责任的影响,比较法上多以因果关系视角解析。当"侵权行为与受害人特殊体质竞合导致损害时,由于二者均为损害的事实上原因,故一种朴素的认识为受害人特殊体质是否对侵权责任发生影响,取决于其是否构成损害的法律上原因,或其是否改变侵权行为与损害之间

---

① 周小峰:《特殊体质受害人损害赔偿问题研究》,载《人民司法·应用》2012 年第 13 期。

② 孙鹏:《受害人特殊体质对侵权责任之影响》,载《法学》2012 年第 12 期。

③ 徐银波:《侵害特殊体质者的赔偿责任承担——从最高人民法院指导案例 24 号谈起》,载《法学》2017 年第 6 期。

④ 程啸:《受害人特殊体质与损害赔偿责任的减轻——最高人民法院第 24 号指导案例评析》,载《法学研究》2018 年第 1 期。

的因果序列"①。所以,国外法多有以相当因果关系说、合理预见说、法规目的说等法律因果关系理论进行分析应对的努力。但在我国,有学者对此表示质疑,认为"以因果关系理论诠释受害人特殊体质,不仅得出的结论并不透明,而且遮蔽了对受害人特殊体质的价值判断过程",所以,主张从法律上因果关系回归价值判断。②但事实上,作为各国私法上限制责任范围普遍采纳的手段,几近共识性的认知是,法律因果关系本质上并非因果关系的判断,而是法律政策考量与价值实现的工具。尽管其通常诉诸相当性、合理预见或法规目的等修辞方法,但不能否认法律原因的判断能够包容且确实体现了对不同价值的权衡选择,即如美国法官安德鲁斯所表达的,法律上因果关系的判断并非逻辑推论,而是基于便利、公共政策以及粗略正义感情等因素的实际策略应用。③所以,指责法律因果关系的标准或公式遮蔽实体价值判断的内容,在技术上不能充分胜任,④无非表达在类型化个案中更具体且名正言顺考量价值的诉求,但可能会使技术性标准试图适度管控的法官恣意、情感、偏好等自我意识表露无遗,反而戕害法律实现的管控诉求。所以,笔者以为,在侵权责任构成分析框架内,为确定加害人对于与受害人特殊体质相关联而发生或扩大的损害是否负责,在确认加害人对其行为具有可归责性之余,责任范围的探求仍不得不诉诸法律因果关系的分析判断。

②我国医疗侵权中原因力实践的解释尝试

在我国,医疗损害赔偿诉讼中,患者自身疾病作为前述界定的特殊体质中一种重要的生理因素,在其与医疗过失行为相竞合造成损害后果时,我国司法裁判较为一致地依照医疗过失行为的致害原因力,使加害人仅承担与原因力比例相应的赔偿责任,而非对患者所受全部损害负责。如此重要且普遍的司法实践足以体现对于"蛋壳脑袋"规则理念的偏离,但同时也带来了诸多待解的困惑,包括医疗损害赔偿纠纷解决中原因力实践的法理正当性的探求,此类实践何以与第24号指导性案例的处理明显相异,以及原因力实践蕴含的法理能否推及于心理因素与身体特征等。

对于医疗损害赔偿诉讼中的原因力实践,有学者将其解释为类似于假设因

---

① 孙鹏:《受害人特殊体质对侵权责任之影响》,载《法学》2012年第12期。讨论受害人特殊体质能否减轻加害人的赔偿责任时,首要问题是分析特殊体质对于加害行为与损害后果之间的因果关系是否产生影响以及产生何种影响。程啸:《受害人特殊体质与损害赔偿责任的减轻——最高人民法院第24号指导案例评析》,载《法学研究》2018年第1期。

② 孙鹏:《受害人特殊体质对侵权责任之影响》,载《法学》2012年第12期。

③ See Palsgraf v. Long Island R. R. Co., 162 N. E. 99(N. Y. 1928).

④ 孙鹏:《受害人特殊体质对侵权责任之影响》,载《法学》2012年第12期。

果关系对损失数额计算的影响。^①所谓假设因果关系，是指损害因某加害行为而发生，但即使该加害行为不存在，损害的全部或部分也将因另外与加害人无关的原因而发生。具体在涉及受害人特殊体质的侵权情境，特指即使不发生侵权行为，受害人特殊体质亦会引起相同的损害。特殊体质与损害间存在假设因果关系的，比较法上多认同其将影响损害赔偿之范围。^②例如，在英国 Jason v. British Trader's Insurance Company Ltd [1969] 案中，受害人患有动脉硬化症，交通事故发生一周后患脑血栓。鉴定意见认为，即使不发生事故，受害人 3 年后亦会患脑血栓，法院因此判决侵权人承担 60% 的责任。^③而据美国《侵权法重述（第二次）》第 458 条的规定，若无侵权行为发生，受害人亦会面临同样的损害，此时涉及的是可救济损失的数额计算问题。同样确认，特殊体质将影响损害赔偿额的计算。但是，需要注意的是，在我国医疗损害赔偿纠纷中，患者自身疾病不必然是引而不发的潜在原因，相反，其常常是积极助力，与医疗过失行为共同造成损害的发生。所以，假设因果关系对于我国医疗损害赔偿纠纷解决中的原因力实践并不具有全面的解释力。

事实上，在司法实践中，为确定医疗行为的责任承担，多经由申请实施医疗过错及过错原因力的鉴定，一般不做患者疾病原因力的鉴定。在确认医疗过失行为相应的责任份额后，剩余损失仍归患者自行承担。然患者疾病并非民事过错，何以须分担相应的损失，如何释法说理以使患者信服？^④在比较法上，如德国法律坚持，受害人的与有过失，应减轻侵权人的责任；但属于原告的非侵权原因致害，不减轻侵权人责任。^⑤而在我国，最高人民法院第 24 号指导案例之裁判要点即指示受害人体质状况不属于可以减轻侵权人责任的法定情形。当然，疾病与体质状况概念是否等同，抑或什么关系？该指导案例的裁判要点是否妥当，可否不经具体析分而一般化为规则？此中问题，引发较大争论，也有颇多质疑。

就过失相抵规则的适用而言，在社会通常互动关系中，如果当事人均按相互期待的合理注意标准行为，损害通常不会发生。在受害人方，其无过错的合理行为通常并不足以导致损害。所以，受害人分担损失原则上需以其行为具有

---

① 徐银波：《侵害特殊体质者的赔偿责任承担——从最高人民法院指导案例 24 号谈起》，载《法学》2017 年第 6 期。

② 具体论述可参见廖焕国：《假设因果关系与损害赔偿》，载《法学研究》2010 年第 1 期。

③ See [1969] 1 Lloyd's Rep. 281.

④ 笔者就本文主题询问过相关审判法官，法官指出，因为伤病在一般人身侵权中基本不予考虑，但在医疗纠纷中常常用以减轻医方责任，使得对患方释法说理难度大，兼顾案件社会效果难。

⑤ See Ulrich Magnus, Causal Uncertainty and Proportional Liability in Germany, in Israel Gilead, Michael D. Green and Bernhard A. Koch eds., *Proportional Liability: Analytical and Comparative Perspectives*, De Gruyter, 2013. P.164.

过错为必要。^① 此在前文已有论述。受害人无过错，实质上相当于确认其行为与损害之间不具有相当性。而在医疗损害，患者疾病虽非侵权性因素，受害人亦不因其疾病而有过错，但在司法审判中，一般需要判断患者疾病是否通常足以引致损害，抑或患者经适当医疗通常可脱离危险，当损害通常是疾病本身所致或其自然转归，可确认疾病本身是损害的相当原因。^② 疾病通常会引致损害，意味着医疗过失行为对于损害可能只具有诱发、参与、促进或加重等作用，即单纯医疗过失行为通常不会引致损害或不会引致如事实般严重的损害，则相当于医疗过失行为仅可能造成一定程度或比例的损害。所以，在肯定多因致害构成的基础上，去鉴定医疗过失行为对于损害的原因力，事实上是在析分与医疗过失行为具有相当性的损害比例。结论虽可能表述为原因力比例或因果关系程度，但阐述的过程实质上应解释为分割了损害而非因果关系。此有如医疗机会丧失的救济，首先将医疗机会丧失从医疗损害中分离出来，确认其为单独的损害，量化机会丧失的比例，再判断医疗过失行为与机会丧失是否具有因果关系，以确定是否及如何救济的结论。医疗过失行为原因力的鉴定，同样旨在确认医疗过失行为造成的损害比例，则加害人仅对自己造成的损害比例或部分负责。这符合自己责任的基本原理。即如森岛昭夫教授所指出的，在侵权行为的诸多竞合事实中，当可以确定侵权行为与损害后果之间的因果关系，但是其他事实又对损害的发生具有显著影响时，由加害人承担全部责任从政策角度来看并不恰当，应该减轻加害人的赔偿责任。^③

综上所述，在医疗损害中，医方须有过错始负责，但仅对自己实际造成的损害比例负责；患方或无过错，却仍需自行承担自身疾病发展通常不可避免的部分或比例损害。这与过失相抵的一般适用终究有别。在过失相抵，若受害人无过失，通常不会引致损害后果，当然，"无过失"固然重要，却往往可以实质转化为"不具有相当性"的表达。^④ 相反，当患者疾病本身通常可导致相当的损害，在与医疗过失行为相结合引致现实损害时，自不可将相当的损害转嫁而由医方承担。

---

① 台湾地区司法实务也认为，被害人与有过失，须被害人之行为助成损害之发生或扩大，就结果之发生为共同原因之一，行为与结果有相当因果关系，始足当之。参见王泽鉴：《损害赔偿》，北京大学出版社 2017 年版，第 310 页。

② 有学者持相近观点认为，医疗损害责任纠纷中普遍存在的患者疾病减责，并非基于医疗侵权之特性，而乃与医疗侵权竞合之疾病本已相当严重，且且具有独立发生损害之能力，其主动参与了损害之形成，而非被医疗侵权强行卷入损害发生的因果序列。参见孙鹏：《"蛋壳脑袋"规则之反思与解构》，载《中国法学》2017 年第 1 期。

③ 夏芸：《医疗事故赔偿法：来自日本法的启示》，法律出版社 2007 年版，第 174~175 页。

④ 笔者认为，过失与因果关系的相当性具有杂糅关系。参见郑永宽：《论责任范围限定中的侵权过失与因果关系》，载《法律科学》2016 年第 2 期。

③受害人特殊体质影响损害赔偿的过失相抵论

过失相抵，原则上以受害人与有过失为前提，且须受害人与有过失行为与损害之间具有相当的因果关系。所以，过失相抵的适用以多因致害构成为基础，使侵权人仅依照自身过错之原因力比例负责。故，过失相抵究其实质为原因力的比较担责。[①] 所以，医疗侵权中的原因力实践与过失相抵之实质恰相契合，均属权益主体原则上应自担损害及侵权人仅对自身行为致害比例负责相结合的体现。只是，患者疾病尽管与损害之发生具有相当性，但自身终非过错，为维持过失相抵对受害人与有过失的原则要求，笔者认同，医疗侵权中的原因力实践可解释为过失相抵的类推适用。毕竟，过失相抵是我国当前对于侵权减责明确规定且相对成熟的法律构成论。

事实上，不独医疗侵权纠纷可通过原因力规则确定医疗过失行为与疾病此生理因素之间的损害分担，在心理因素、身体特征等特殊体质与加害行为结合造成损害之场合，以及在受害人疾病与医疗侵权之外的其他类型加害行为共同作用导致损害之情形，所需探讨的均为特殊体质与损害之间的相当性问题。当然，确认特殊体质与损害之间具有相当性，并不意味着特殊体质的存在即切断了加害人侵害行为与损害之间的因果链条。更为普遍的情形是，受害人特殊体质与加害行为共同成为须对损害负责的原因，其即使得加害人仅依据其致害行为的原因力大小承担相应责任成为可能。

对于心理因素，一般认为，需要综合侵权行为实施方式、造成直接损害的严重程度等因素判断其与受害人后续或扩大损害之间是否存在因果关系。如美国《侵权法重述（第二次）》第456条所规定的，侵权行为造成人身损害时，仅当该行为或损害导致恐惧、震惊或其他严重精神创伤时，侵权人才需要对受害人后续精神损害负责。究其实，仍将相当因果关系的判断作为问题解决的关键。总体而言，与受害人可能无法控制生理性或病理性因素不同，心理因素更多时候被认为应归咎于受害人自身控制问题。当受害人对于怠惰、不良情绪、缺乏反省或自杀足以自行控制而未加以控制时，应认其超越了加害行为之因果关系，则加害人无须对这部分损害负责。[②] 甚至于，如受害人对其心理特质尚可进行能动性支配，对注入其中的不良情绪、欲望、贪恋等能进行有效的节制、矫正和排除，受害人对此等心理特质的放纵很可能被认定为与有过失，[③] 则此时加害人可以直接援引过失相抵要求减免责任，而无须主张类推适用过失相抵。所以，

---

① 关于原因力的论述，前文已有展开，后文亦将有更详细的涉及。
② 陈聪富：《因果关系与损害赔偿》，北京大学出版社2006年版，第58页。
③ 坂井芳雄：《现代损害赔偿法讲座（7）》，日本评论社1979年版，第313页，转引自孙鹏：《受害人特殊体质对侵权责任之影响》，载《法学》2012年第12期。

"为避免受害人放纵精神疾病的形成，仅当侵权行为导致较严重的心理创伤时，方应认定其与受害人罹患精神疾病存在因果关系"①。例如，侵权人在会议上当众殴打持有异见的受害人，致其严重心理创伤，法院认定加害人须对受害人罹患抑郁症负责。② 相反，日本大阪地方裁判所 2002 年 9 月 30 日裁判的一个案件中，受害人仅患有轻微的 14 级后遗症，其后却患上抑郁症，法院判决侵权人无须对抑郁症负责。③

至于受害人的身体特征，笔者认同，在个人正常差范围内，受害人不应被特别看待，即使加害行为因此造成比通常情形严重的损害，亦不因此影响加害行为与损害之间的相当性。只有当受害人身体特征极端异常，则其在社会交往中应有特别的注意义务，未尽到此注意义务，使得加害行为对其造成的损害异常严重时，可确认受害人与有过失，且与异常严重损害的发生具有相当性，则加害人借此可主张适用过失相抵减轻责任。如此结论也可以推广及于身体特征之外的另一常见的特殊生理因素——疾病，即受害人知悉自身患有疾病，不应使其负担比通常受害人较高的自我保护义务，否则，可能不合理限制其正常参与社会生活的自由。但是，如果受害人所患疾病致使其"脆弱性足够严重，足够明显"，则受害人应负担更充分保护自己的注意，以防范社会交往中招致异常严重的损害。④

综上所述，笔者以为，考察受害人特殊体质是否对于损害赔偿责任有所影响，端视其是否满足过失相抵的构成要件，或当仅特殊体质与损害发生或扩大具有相当性时，亦可能通过过失相抵的类推适用来推导赔偿责任额的减低。⑤

---

① 徐银波：《侵害特殊体质者的赔偿责任承担——从最高人民法院指导案例24号谈起》，载《法学》2017年第6期。

② See Shimman v. Frank, 625 F. 2d 80.

③ 参见日本地方裁判所 2002 年 9 月 30 日判决，《交通事故民事裁判例集》第 35 卷第 5 号，第 1320 页，转引自徐银波：《侵害特殊体质者的赔偿责任承担——从最高人民法院指导案例24号谈起》，载《法学》2017年第6期。

④ 受害人是否因其特殊体质而负有更高程度的自我保护义务，比较法上存在不同的观点。肯定说认为，受害人知道自己易于遭受侵害的特殊体质，应当采取特殊的保护措施，以使自己免受损害，否则应认定受害人与有过失，可以减轻加害人的赔偿责任。因为，易受损害的风险属于受害人可预见并控制的范围，若加害人不知道受害人之特殊体质，使其承担自己无法控制的风险引起的损害，是不公平的。相反，否定说认为，具有特殊体质的受害人无须为避免损害而负有更高的注意义务，否则将违反人格平等，也会不合理地限制受害人的行为自由。具体可参见程啸：《受害人特殊体质与损害赔偿责任的减轻——最高人民法院第24号指导案例评析》，载《法学研究》2018年第1期。

⑤ 我国法院实务也有主张类推适用过失相抵的判例，例如，在"陈婷与柯小娟生命权、健康权、身体权纠纷案"中，被告持木棍殴打已怀孕37天的原告，致其流产。司法鉴定意见认为，原告黄体酮分泌明显偏低是导致流产的主要原因，外伤造成本次稽留流产是次要因素。法院据此判决认为，受害人具有特殊体质，基于法益所有人承担自己损害之原则，侵权人得类推适用过失相抵之规定，而减低赔偿金额，最终判决被告承担40%的赔偿责任。参见浙江省三门县人民法院（2012）台三民初字第556号民事判决书。

（二）内部求偿关系与过失相抵

1. 连带侵权责任人内部求偿关系与过失相抵

连带侵权责任人之间的求偿关系现已基本为各国立法或判例普遍确立。然就求偿之比例标准，除了法律有特别规定或当事人有特别约定外，学说与实务有主张平均说、负担能力说、类推适用过失相抵说等。平均说固然方便简单，但在各加害人过错程度、致害原因力等明显不同之场合，则显失公平。英美法上有学者主张负担能力说，指应由加害人中有较多资力者负担赔偿，且否定连带责任人之间的内部求偿关系。[1]负担能力说以加害人资力为着眼点，力求负担的相对公平，但其仅为理想之学说，基本未有实务采纳者。目前，包括瑞士、德国、英国、澳大利亚、加拿大等在内的诸多国家的立法或裁判，均认同类推适用过失相抵法理以确定分担比例。[2]

我国《民法典》第178条第2款规定："连带责任人的责任份额根据各自责任大小确定；难以确定责任大小的，平均承担责任。实际承担责任超过自己责任份额的连带责任人，有权向其他连带责任人追偿。"由此可见，该条款确认了连带侵权责任人之间的内部求偿关系；求偿比例依各自责任大小确定，无法确定大小的，始为平均分担。如何确定责任大小，难免有分歧，但在实践中，法官主要衡量加害人过错程度及其致害原因力等因素，如此确定求偿之比例实则与过失相抵的方法相合。

事实上，过失相抵之规定寓有任何人均应承担因其自己之过失所肇致之损害，而不得将该损害转嫁他人之基本思想。[3]故凡是请求他人赔偿，无论是否系属内部求偿，只要请求人对于损害的发生实质上具有过错，与有原因力，即应肯定过失相抵的适用。过失相抵不宜狭隘地被限定于加害人与受害人之间的责任主张与减免，作为依原因力分担责任或损失的一般规则，亦应认可广泛适用于连带侵权责任人之间的内部求偿关系。

2. 雇用人行使求偿权与过失相抵

雇用人行使对受雇人的求偿权虽同属内部求偿关系，但与通常连带侵权责任人之间的求偿关系仍略有不同。关于雇用人行使求偿权，我国台湾地区"民法典"第188条第1项规定："受雇人因执行职务，不法侵害他人之权利者，由

---

[1] 王泽鉴：《连带侵权债务人内部求偿关系与过失相抵原则之适用》，载《民法学说与判例研究》（第一册），中国政法大学出版社1998年版，第68-69页。

[2] 具体法律规定与判例，可参见王泽鉴：《连带侵权债务人内部求偿关系与过失相抵原则之适用》，载《民法学说与判例研究》（第一册），中国政法大学出版社1998年版，第66-68页。

[3] 詹森林：《雇用人行使求偿权时与有过失原则之类推适用》，载《民事法理与判决研究》，中国政法大学出版社2002年版，第313页。

雇用人与行为人连带负损害赔偿责任。"第3项规定："雇用人赔偿损害时，对于为侵权行为之受雇人，有求偿权。"《德国民法典》第840条就此有基本相同的规定。基于如此的规定，在雇佣关系中，雇用人单方享有求偿权，即受雇人须负终局之赔偿责任，理由是受雇人系直接肇致损害者。

在我国，关于雇佣关系的责任承担及其内部求偿的规定有较大的差别。《人身损害赔偿解释》第9条第1款规定："雇员在从事雇佣活动中致人损害的，雇主应当承担赔偿责任；雇员因故意或者重大过失致人损害的，应当与雇主承担连带赔偿责任。雇主承担连带赔偿责任的，可以向雇员追偿。"此为最早确立雇主求偿权的明确规定。但2009年颁布的《侵权责任法》对此未予规定。该法第34条第1款规定："用人单位的工作人员因执行工作任务造成他人损害的，由用人单位承担侵权责任。"第35条规定："个人之间形成劳务关系，提供劳务一方因劳务造成他人损害的，由接受劳务一方承担侵权责任。提供劳务一方因劳务自己受到损害的，根据双方各自的过错承担相应的责任。"《侵权责任法》关于雇用人求偿权规定的空白一定程度上造成了司法裁判的不统一，但更多裁判仍然援引《人身损害赔偿解释》第9条的规定支持雇用人对受雇人的求偿权。[①]其后，《民法典》对该问题的规范有所调整。根据《民法典》第1191条、第1192条的规定，用人单位、接受劳务一方对受害第三人承担侵权责任后，可以向有故意或者重大过失的工作人员、提供劳务一方追偿。笔者认为，在受雇人致害存在故意或重大过失的情形，肯定雇用人对受雇人的内部求偿权，可以督促受雇人忠实履行职务。但即使肯定雇用人的求偿权，我国当前对该问题的规制，并未完全确认雇用人与受雇人须对第三人承担连带责任，雇用人也仅在受雇人有故意或重大过失的情况下有求偿权。这些方面使得雇用人求偿权与连带侵权责任人之间的求偿权问题存在些许不同。

雇用人行使求偿权时，应否类推适用过失相抵的规定，斟酌雇用人在选择、指挥或监督受雇人过程中的过错及其致害原因力，以此减免受雇人的赔偿责任。对此，我国法理层面反思性的评述基本不存在，实务层面多有肯定的案

① 肯定求偿权的案例如："张某诉赵某追偿权纠纷案"，黑龙江省佳木斯市前进区人民法院（2014）佳前民初字第24号民事判决书；"刘某诉刘某某追偿权纠纷案"，河北省青龙满族自治县人民法院（2014）青民初字第734号民事判决书；"五莲县光辉运输有限公司诉娄善新追偿权纠纷案"，山东省五莲县人民法院（2013）莲民一初字第1446号民事判决书；"姜自诉朱希鹏追偿权纠纷案"，山东省费县人民法院（2013）费民初字第1961号民事判决书。不支持求偿权的案例如："沈阳帅星物业管理有限公司诉雷熙毅、白文岩追偿权纠纷案"，沈阳市和平区人民法院（2014）沈和民一初字第00239号民事判决书；"重庆市经济技术开发区新城贸易有限公司与苏伟杰追偿权纠纷案"，重庆市第五中级人民法院（2013）渝五中法民终字第04187号民事判决书。

例。[①] 在我国台湾地区，"最高法院"1982年台上字第749号判决涉及此争论问题。在该案中，受雇人系未成年人，受雇为小货车司机。某日受雇用人之命令，驾驶小货车载客营业，因疏于注意发生车祸，致他人死伤。雇用人赔偿受害人之损害后，转而向受雇人及其父亲求偿全部赔偿金额。受雇人及其父亲主张雇用人对于损害发生与有过失，应适用台湾"民法典"第217条的过失相抵规定。台湾地区"最高法院"采否定见解认为：按过失相抵原则，须受害人对于损害义务人请求损害赔偿时，因受害人之行为，与赔偿义务人之行为，为损害之共同原因，且须受害人于其行为亦有过失，始有其适用。在本件中，雇用人系依"民法"第188条第3项规定对受雇人行使求偿权，雇用人既非受害人，原审依过失相抵原则，减轻受雇人之赔偿金额，自属不合。[②] 很显然，台湾地区"最高法院"的该项判决过于拘泥法条文义，因而招致诸多批评。依公平原则，任何人均不得将因自己过失所生之损害转嫁于他人，此乃过失相抵制度的基本理念。所以，数人对于损害之发生或扩大与有原因力或责任时，就其内部关系而言，虽该数人并非损害事故之受害人，仍应依过失相抵之法理以定其内部之责任分担。[③] 在雇佣关系，"雇主指派的工作具有危险、指示不当或提供的设施（包括车辆）具有瑕疵而肇致损害时，依公平原则，应使雇用人承担其责任，而减少求偿金额或免除之"[④]。就此，笔者认同，过失相抵固系就加害人与受害人之关系而为规定，唯过失相抵基于多数主体与有原因力或与有责任确定各人损害负担的基本思想，于雇用人与受雇人之间的内部求偿关系亦应有其妥适性，故应予类推适用。[⑤]

第三节　适用范围的限制

受害人促成损害发生或扩大的过错在什么情形下不予考虑，从而排除过失相抵的适用，这更多的是基于公平价值的政策权衡问题，因此，各国的立法规

---

① 如在"广州市萝岗区洋城学校诉夏佳、夏国荣追偿权纠纷案"中，受雇人驾驶制动性能不合格的客车致人重伤，雇用人被认定安排受雇人驾驶制动性能不合格的车辆，存在过错，最终，法院判决雇用人追偿比例为50%。参见湖南省大通湖管理区人民法院（2013）大法民初字第114号民事判决书。在"刘某诉刘某某追偿权纠纷案"中，受雇人无证操作挖掘机挖树，树倒将他人死亡，法院认定雇用人明知受雇人无操作资质，存在一定的过错，因此支持雇用人60%的求偿比例。参见河北省青龙满族自治县人民法院（2014）青民初字第734号民事判决书。

② 王泽鉴：《损害赔偿》，北京大学出版社2017年版，第339~340页。

③ 詹森林：《雇用人行使求偿权时与有过失原则之类推适用》，载《民事法理与判决研究》，中国政法大学出版社2002年版，第313页。

④ 王泽鉴：《损害赔偿》，北京大学出版社2017年版，第340页。

⑤ 詹森林：《雇用人行使求偿权时与有过失原则之类推适用》，载《民事法理与判决研究》，中国政法大学出版社2002年版，第315页。

定或实务操作不尽一致。例如,瑞典将人身伤害中过失相抵抗辩限制在受害人故意或重大过失情形。瑞典《1972 年侵权法》第 6 章第 1 条规定:因人身伤害或死亡而产生的损害或损失之赔偿,在受害人自己故意或重大过失促成了该损害或损失的情况下,可被扣减。[①]在西班牙,如果受害人行为的协同作用力低于10%,法院将不会考虑受害人的与有过失。[②]

尽管判处过失相抵适用的情形在各国或有不同,但一个共通的问题是:侵权当事人中一方的故意与另一方的过失并存。学界通说与裁判的主流做法认定:在过失相抵适用中,故意与过失不能进行比较。[③]但其中仍不乏规则上的些许差异及质疑反思意见,故本节就此稍作展开。与之相对,侵权双方当事人均为过失或故意,不妨碍过失相抵的适用。[④]

一、加害人故意与过失相抵

(一)比较法概况

无论是大陆法系或是英美法系,在传统侵权法上,受害人与有过失从来都不是故意侵权之抗辩。欧洲和不列颠古代航运法典是过失诉讼中分配损失规则之源起。[⑤]16 世纪时,英国高等海商法院利用"损失分担"规则解决船舶碰撞问题,"开始实行平均分配,有时也根据各自过错分担损失,但一方为故意时,哪种分配都不适用"。[⑥]当前,在加害人对于损害故意而受害人仅具有过失的情况下,各国普遍承认,原则上,加害人的故意排除过失相抵的适用。例如,根据南非《1956 年损害赔偿分摊法》第 34 条第 1 款(1)(a)的规定,故意造成原告伤害的被告不得以原告存在与有过失为由请求减少损害赔偿。按照西班牙法院和法律学说的观点,侵权人的故意行为将使得受害人的与有过失无关紧要。[⑦]

---

① U. 马格努斯、M. 马丁 - 卡萨尔斯主编:《侵权法的统一·共同过失》,叶名怡、陈鑫译,法律出版社 2009 年版,第 281~282 页。

② U. 马格努斯、M. 马丁 - 卡萨尔斯主编:《侵权法的统一·共同过失》,叶名怡、陈鑫译,法律出版社 2009 年版,第 259 页。

③ Ellen M. Bublick, The End Game of Tort Reform: Comparative Apportionment and Intentional Torts, 78 *Notre Dame L. Rev.*, 2003. 周江洪:《绝对过失相抵抑或相对过失相抵?——数人侵权情形过失相抵方式之考察》,载《浙江社会科学》2014 年第 10 期。

④ 可以确认,如果被告故意造成原告产生损失,且原告也同样故意促成了损失的发生,那么过失相抵规则可以适用。参见 U. 马格努斯、M. 马丁 - 卡萨尔斯主编:《侵权法的统一·共同过失》,叶名怡、陈鑫译,法律出版社 2009 年版,第 385 页。

⑤ Ernest Turk, Comparative Negligence on the March, 28 *Chicago-Kent Law Review*, 1950. pp.222-223.

⑥ Jake Dear, Steven E. Zipperstein, Comparative Fault and Intentional Torts: Doctrinal Barriers and Policy Consideration, 24 *Santa Clara Law Review*, 1984. P.10.

⑦ U. 马格努斯、M. 马丁 - 卡萨尔斯主编:《侵权法的统一·共同过失》,叶名怡、陈鑫译,法律出版社 2009 年版,第 234、256、382、383 页。

在我国，2003 年《人身损害赔偿解释》第 2 条第 1 款规定："受害人对同一损害的发生或者扩大有故意、过失的，依照民法通则第一百三十一条的规定，可以减轻或者免除赔偿义务人的赔偿责任。但侵权人因故意或者重大过失致人损害，受害人只有一般过失的，不减轻赔偿义务人的赔偿责任。"该条款与其他国家的立法或实践一致，原则上排除加害人一方故意时过失相抵的适用，而且，重大过失与故意在法律效果上也被同视。①但《侵权责任法》与《民法典》对此均未明确加以规定，立法态度显得不很明朗。在司法实践中，涉及加害人一方故意侵权而受害人仅具有过失时，法院通常援引前述司法解释条款排除过失相抵的适用。例如，在"颜天树诉夏志勇生命权、健康权、身体权纠纷案"中，法院判决认为，即使原被告之间因为狗不断叫喊而发生争吵，被告也不应当采取犯罪的形式对原告加以侵害，故被告认为原告存在过失，应适用过失相抵原则减轻其赔偿责任的抗辩，不予采纳。②

（二）法理基础

1."性质不同"理论

"性质不同"理论是美国法上拒绝过失相抵制度适用于故意侵权最广泛被提出的依据。"性质不同"理论又称"苹果与橘子"理论，意指故意与过失不能比较，恰如苹果与橘子不能比较一样。有如美国犹他州最高法院法官 Daniel Stewart 在案件审理中所言，"将原告的过失与强奸者的故意侵权进行比较只会导致荒谬，它是对不同的苹果和橘子进行比较。不进行攻击或强奸的法律义务是绝对的"③。

我国在法律实务上，也有裁判以类似"性质不同"理论的解释来否定故意侵权中依受害人与有过失的减责。如在"黄某与梁某、梁某 1 生命权、健康权、身体权纠纷案"中，裁判指出：加害人故意侵权，其故意违反法律义务侵害他人权益的行为，与受害人疏于注意自身安全的行为，非属同质可比较的过失，自不应再对受害人过失予以斟酌。④

---

① 当事人一方存在重大过失时，是否与其故意时一样排除过失相抵规则的适用，各国立法或实践不尽相同。具体可参照李颖：《论侵权法上的比较过错制度》，中国政法大学 2008 年博士学位论文。

② 参见广西壮族自治区南宁市江南区人民法院（2013）江民一初字第 139 号民事判决书。

③ Field v. Boyer Co., 952 P. 2d 1078, 1088（Utah, 1998）. 对于"性质不同"理论作为过失相抵中故意与过失不得比较的理据，有学者提出质疑，认为过错的分类是以违反社会规则的程度为基础的，故意与过失仅具有程度上的差别，而非本质上的不同。参见董春华：《论比较过错制度在故意侵权中的适用》，载《现代法学》2017 年第 6 期。关于故意与过失之间关系的更多评述，可以参照郑永宽：《论过失客观归责的理据及其地位》，载梁慧星主编：《民商法论丛》（第 56 卷），法律出版社 2014 年版。

④ 参见广西壮族自治区南宁市江南区人民法院（2016）桂 0105 民初 4132 号民事判决书。

2. 因果关系要素缺失

过失相抵构成要素之一是加害人与受害人的过错系属损害发生或扩大的共同原因。有观点认为侵权人的故意是损害的唯一原因，加害人只是利用了受害人的过错来从事加害行为，就像把他当作手中的工具来使用，或者说，侵权人的故意是"排他的过错"，加害人的道德可责难性是造成损害的决定性的原因。[①]

在我国，上述"黄某与梁某、梁某1生命权、健康权、身体权纠纷案"中，裁判也尝试从因果关系中断角度解释，"在加害人所追求系属故意的情形时，加害人显然会利用受害人的过失来达到其所追求的目的，虽然客观上不能否认受害人过失与损害结果之间的因果关系，但应考虑这种因果关系已经纳入侵权人的计划或预期，因此，可以认为是一种观念上的受害人过失与损害结果之间的因果关系中断，从而排除过失相抵的适用"[②]。

3. 政策性考量

让具有故意的侵权人利用与有过失抗辩而减少赔偿是不公平的，且与公共政策相悖。[③]在该类案件中，加害人的不法行为使受害人的与有过失行为变得渺小，需要通过威慑、惩罚故意侵权人，以抑制故意不法的行为。若故意行为人受益于过失相抵制度，对将来故意侵权人会失去威慑作用。"我们相信将全部损害赔偿责任转移给故意侵权人支持了威慑政策，即威慑整个社会认定的实质上比过失更恶劣的行为"[④]。

4. 小结

加害人故意侵权，其主观恶意非常大，如果允许其主张受害人与有过失的抗辩，将使其自过失相抵中获益。所以，无论是从质的方面认为故意与过失明显不同，或认为两者程度上明显不成比例，即被告的故意不法行为大大超出了原告的不法过失，由此遮住了原告的过失，[⑤]又或者以法政策上公平、救济或威慑等价值为视角，均可以为否定故意侵权中与有过失的抗辩提供理据。一言以蔽之，受害人需要获得所有损害赔偿的优先性，超越了让有罪责的加害人赔偿

[①]　A.M. Honore, Causation and Remoteness of Damage, *International Encyclopedia of Comparative Law, XI Torts*, J.C.B. Mohr Tubingen Martinus Nijhoff Publishers, 1983, p.111；U. 马格努斯、M. 马丁-卡萨尔斯主编：《侵权法的统一·共同过失》，叶名怡、陈鑫译，法律出版社 2009 年版，第 150 页。

[②]　参见广西壮族自治区南宁市江南区人民法院（2016）桂 0105 民初 4132 号民事判决书。

[③]　U. 马格努斯、M. 马丁-卡萨尔斯主编：《侵权法的统一·共同过失》，叶名怡、陈鑫译，法律出版社 2009 年版，第 383 页。

[④]　See Fleming v. Threshermen's Mutual Ins. Co., 388 N. W. 2d 908, 911 (Wis. 1986).

[⑤]　G. Williams, *Joint Torts and Contributory Negligence*, Steven & Sons, 1950, p.198.

超出其过错份额导致的不公平。①

（三）例外的存在

加害人故意侵权排除受害人与有过失的抗辩，此为一般规则，但需要强调的是，故意的存在并非在任何情况下，都自动导致过失相抵适用的排除。②其中，各国较普遍承认的一种例外是受害人主动挑衅的情形。在这些情形中，可以认为，先前的挑衅行为对侵权人的故意侵权有直接影响，具有诱发作用。美国有学说在此认为：虽然在通常情况下，挑衅不能使侵权人的行为失去侵权的特性，但他可以成为导致降低损害赔偿的考量因素。③但如本书前述"互殴与过失相抵"部分所论，笔者认为，通常情况下，受害人的挑衅足以构成故意，至少是间接故意。"在典型的挑衅案件中，即使法院认为受害人的行为与有过失，受害人实际上是以肯定将导致伤害的方式而行为。因此，本质上，过错的比较是两个故意行为的比较：受害人故意行为的实质确定性和被告行为的实际期待"④。

在法律实务上，我国法院倾向于认可包括挑衅在内的诱发行为减轻故意侵权人的责任。如在"吴凤林与黄某某、陈宝燕健康权纠纷案"中，原告因与被告相互谩骂承担20%的与有过失责任；⑤在"胡俊与汤家茂生命权、健康权、身体权纠纷案"中，原告因其挑衅行为承担40%与有过失责任；⑥在"张海军与王孝清生命权、健康权、身体权纠纷案"中，原告因挑衅行为承担10%的与有过失责任。⑦

可以确认，受害人挑衅或其他较具作用的诱发原因构成故意侵权的减责因素。此外，有学者主张，主观故意不明显的故意侵权，包括认识错误、误伤、未成年人故意侵权等，应容许过失相抵的适用，排除适用应限于主观恶意明显的故意侵权。⑧此外，加害人的故意并不影响受害人的减损义务，⑨故受害人在故

---

① Ellen M. Bublick, The End Game of Tort Reform: Comparative Apportionment and Intentional Torts, 78 *Notre Dame L. Rev.* 2003. pp.437-438.

② U. 马格努斯、M. 马丁-卡萨尔斯主编：《侵权法的统一·共同过失》，叶名怡、陈鑫译，法律出版社2009年版，第383页。

③ U. 马格努斯、M. 马丁-卡萨尔斯主编：《侵权法的统一·共同过失》，叶名怡、陈鑫译，法律出版社2009年版，第384页。

④ B. Scott Andrews, Premises Liability—The Comparison of Fault between Negligent and Intentional Actors, 55 *Louisiana Law Review*, 1995. P.1162. 受害人之挑衅是属过失或故意，存有争议。参见董春华：《论比较过错制度在故意侵权中的适用》，载《现代法学》2017年第6期。

⑤ 参见贵州省黔南布依族苗族自治州中级人民法院（2014）黔南民终字第27号民事判决书。

⑥ 参见湖北省荆州市中级人民法院（2015）鄂荆州中民二终字第00546号民事判决书。

⑦ 参见山西省沁源县人民法院（2016）晋0431民初88号民事判决书。

⑧ 董春华：《论比较过错制度在故意侵权中的适用》，载《现代法学》2017年第6期。

⑨ U. 马格努斯、M. 马丁-卡萨尔斯主编：《侵权法的统一·共同过失》，叶名怡、陈鑫译，法律出版社2009年版，第116页。

意侵权致损后若违反减损义务使得损害扩大,将因其与有过失而受损害赔偿额的减少。

二、受害人故意与过失相抵

(一)比较法概况

在损害由受害人故意及加害人过失共同引致的场合,受害人自负其责,基本为各国立法或判例所统一。大多数法律制度确认:受害人的故意排除了过失侵权人的责任。[①] 例如,根据希腊《民法典》第 300 条的规定,侵权双方当事人中的一方是故意为之的话,那么该方当事人应承担全部的责任。在荷兰《民法典》第 6:101 条的适用范围内,大多数情况下,受害人的故意会使责任方完全免除损害赔偿的义务。例如,一个入室行窃者在走下地窖的楼梯时摔断了腿,主人未能替换一级缺失的楼梯,行窃者不能就其损失获得赔偿。[②]

在我国,《侵权责任法》第 27 条规定:"损害是因受害人故意造成的,行为人不承担责任。"《民法典》第 1174 条完全保留了该规定。关于该条款是否系属过失相抵制度的规定,颇有争议。对此前文已有评述。笔者认为,该条款规范的是受害人故意为损害发生唯一原因的情形,并非契合当前议题的规定,故,关于受害人故意使得过失加害人免责,《侵权责任法》未作明确规定。就此,笔者认为,我国立法与司法宜确认,原则上,受害人的故意应排除过失加害人的责任。

(二)法理基础

1. 诚实信用原则的要求

人们不应该从其自己的过错中获得利益。[③] 在受害人因自身故意行为造成损害的场合,若依然要求加害人补偿其部分损害,有违公平及诚实信用原则。[④] 瑞士学说认为,令其他人对我自己"造成的"损害负责,属于一种权利滥用。[⑤] 美国法将此归结为"不道德原告的原则",意指"由于其自己的严重不法或不道德行为而遭受侵权伤害的原告根本不能从对其负有注意义务的请求人那里获得

---

① U. 马格努斯、M. 马丁-卡萨尔斯主编:《侵权法的统一·共同过失》,叶名怡、陈鑫译,法律出版社 2009 年版,第 384 页。

② 丹·B. 多布斯:《侵权法》(上册),马静等译,中国政法大学出版社 2014 年版,第 458 页。

③ 丹·B. 多布斯:《侵权法》(上册),马静等译,中国政法大学出版社 2014 年版,第 456 页。

④ A.M. Honore, Causation and Remoteness of Damage, *International Encyclopedia of Comparative Law, XI Torts*, J.C.B. Mohr Tubingen Martinus Nijhoff Publishers, 1983, p.110.

⑤ U. 马格努斯、M. 马丁-卡萨尔斯主编:《侵权法的统一·共同过失》,叶名怡、陈鑫译,法律出版社 2009 年版,第 295 页。

赔偿"。①

2. 因果关系中断

因果关系视角的法理基础探究认为,加害人的过失由于受害人促成其自身损失的故意而被消除或抵消了。②故意是损害的唯一原因,加害人的过失行为仅仅是造成损害的一个条件,故意隔断了加害人过失与损害之间的因果链条。③瑞士法也认为,受害人的故意使得侵权人的行为与所发生的损害之间的因果关系链条中断。④

(三)例外的存在

受害人的故意并不总是必然排除过失侵权人一方的损害赔偿责任,容许有例外的存在。国外普遍确认的例外情形是因犯在被监禁期间自杀或患者在住院治疗期间自杀。警察或医疗机构被认定负有防止被监禁者或患者自杀的义务,因此,被监禁者或住院患者故意危及自身安全的行为不能排除警察或治疗机构的责任。相反,根据个案具体情节,损害赔偿额可以被减少,即有过失相抵的适用。⑤例如,在英国Rceves v. Metropolitan Police Commission案中,死者在警察局监禁期间上吊而死,警察局被判定负有责任,但死者家属的损害赔偿额被减少了50%。⑥

上述被监禁者或患者自杀不免除监禁者或医疗机构责任,涉及一国法制对相关主体保护义务的施加及规则保护目的的解释。此外,笔者认同,与加害人故意情形相似,若加害人过失对于受害人故意具有诱发作用,则在个案中视具体情节可能需要斟酌加害人的责任。⑦

---

① 丹·B.多布斯:《侵权法》(上册),马静等译,中国政法大学出版社2014年版,第457页。

② U.马格努斯、M.马丁-卡萨尔斯主编:《侵权法的统一·共同过失》,叶名怡、陈鑫译,法律出版社2009年版,第234页。

③ A.M. Honore, Causation and Remoteness of Damage, *International Encyclopedia of Comparative Law, XI Torts*, J.C.B. Mohr Tubingen Martinus Nijhoff Publishers, 1983, p.110.

④ U.马格努斯、M.马丁-卡萨尔斯主编:《侵权法的统一·共同过失》,叶名怡、陈鑫译,法律出版社2009年版,第301页。

⑤ U.马格努斯、M.马丁-卡萨尔斯主编:《侵权法的统一·共同过失》,叶名怡、陈鑫译,法律出版社2009年版,第384~385页。

⑥ U.马格努斯、M.马丁-卡萨尔斯主编:《侵权法的统一·共同过失》,叶名怡、陈鑫译,法律出版社2009年版,第84页。

⑦ 朱卫国:《过失相抵论》,载梁慧星主编:《民商法论丛》(第4卷),法律出版社1996年版,第421-422页。

第五章 过失相抵的适用

第一节 过失相抵适用的考量因素

过失相抵，旨在谋求加害人与受害人间之公平，故在立法政策与实际适用上，恐无法回避法官自由裁量权之行使。然自由裁量权的行使，容易导致适用过程与结果的模糊、不可预期。如比利时司法实务总结所显示的，并非所有涉及过失相抵的案子在加害人与受害人之间的责任分配都步调一致。"目前，是什么原因使得各共同责任人之间的责任不等，法官常常未能明确，因而，这些原因仍然是模糊的。当事人无法确定是哪些因素使得他们的过错比其他共同责任人的过错更为严重或更为轻微，或者是哪些因素使得他们的过错对于因果关系事实的成立更为重要或更为不重要"[①]。自由裁量，仍应受价值与方法的引导，使其大致可控。故确定过失相抵适用的标准与方法，在一定程度上可以避免法官审判中的恣意与武断，有助于准确快捷地解决纠纷，确保判决的相对统一，有效维护当事人的合法权益。

一、过失相抵适用准据的争论

关于过失相抵适用的准据，各国立法与实务颇有分歧，学说亦多争论。概观而言，侵权法中适用过失相抵确定责任分配的准据主要有两种，其一是依据因果关系进行分配，其二为依据过错可谴责性进行分配。依据因果关系分配，实即经由比较原因力定责。"因果关系分配是指以实质性因果要素对原告损害的贡献程度为基础的分配制度"。而"可谴责性分配是指以行为人的可谴责程度（构成原告损害的实质性因果要素）为基础的分配制度"[②]。

（一）比较过错程度

1. 比较法概况

在各国法中，依据过错程度适用过失相抵，应属普遍做法，但多以比较过错

---

① U. 马格努斯、M. 马丁-卡萨尔斯主编：《侵权法的统一·共同过失》，叶名怡、陈鑫译，法律出版社2009年版，第55页。

② 董春华：《论比较过错制度在故意侵权中的适用》，载《现代法学》2017年第6期。

为责任分配的主要依据，纯粹以比较当事人过错程度作为责任分担依据的立法例或实践，并不多见。美国各个州，无论系采纯粹比较过失抑或修正比较过失，当确认加害人可以扣减损害赔偿额时，基本上以原被告的过错比例确定双方责任的分担。[①] 所以，在纯粹的比较过失之下，若陪审团认定一名骑摩托车的原告在限速为 50 英里每小时的区域以每小时 60 英里超速行驶，其对于损害发生具有 90% 的过错，而因过失未及时刹车避免事故的司机具有 10% 的过错，则原告只能获赔 100000 美元损害额中的 10000 美元。[②]

在我国，若干单行法采取了依据过错程度确定责任的方式。例如，《海商法》第 169 条第 1 款规定："船舶发生碰撞，碰撞的船舶互有过失的，各船按照过失程度的比例负赔偿责任；过失程度相当或者过失程度的比例无法判定的，平均负赔偿责任。"此外，前文已有评述的《道路交通安全法》第 76 条亦作相似的规定。

2. 确定过错程度的方法

过错程度的确定，一般认为存在主观标准、客观标准与危险性标准三种。主观标准是指以当事人的主观心理状态去衡量其过错程度，如区分为故意、重大过失、一般过失等。但在过失客观化的当前，过错在很大程度上不再是主观心理状态，所以，将受害人的一般道德价值与加害人的道德价值相比较既是错误的，也是不可能的。[③] 因此，客观标准更多得到青睐，通过评判行为人与拟制的合理人之行为标准的偏离程度来确定过错程度，偏离得越远，其过错程度越大。例如在南非，法院用来分配损害的法则是理性人的过失测试标准，各方过失程度以其偏离理性人标准的幅度，用百分比的形式来表示。[④] 此外，还有人主张过错程度确定的危险性标准，即以行为人行为危险性的大小及行为人对危险的回避能力的优劣来决定其过错程度。[⑤]

[①] U. 马格努斯、M. 马丁-卡萨尔斯主编：《侵权法的统一·共同过失》，叶名怡、陈鑫译，法律出版社 2009 年版，第 319 页。

[②] Victor E. Schwartz with Evelyn F. Rowe, *Comparative Negligence*, Lexis-Nexis Matthew Bender, 4th ed., 2002. P.60.

[③] 丹·B. 多布斯：《侵权法》（上册），马静等译，中国政法大学出版社 2014 年版，第 457 页。在以色列，法院适用过失相抵时分配责任的最主要考察标准是双方当事人的道德可归责性，但是，故意与轻率之外，许多过失的作为、不作为，谈不上有道德瑕疵，只是对客观理性人标准的偏离，最终，法院不得不作出解释，道德可归责性标准也包含对客观标准的偏离。参见 U. 马格努斯、M. 马丁-卡萨尔斯主编：《侵权法的统一·共同过失》，叶名怡、陈鑫译，法律出版社 2009 年版，第 160 页。

[④] U. 马格努斯、M. 马丁-卡萨尔斯主编：《侵权法的统一·共同过失》，叶名怡、陈鑫译，法律出版社 2009 年版，第 237 页。

[⑤] 舟木：《过失相抵之斟酌过程》，转引自刘得宽：《民法诸问题与新展望》，中国政法大学出版社 2002 年版，第 239 页。

尽管学说与实务总结出不同的确定过错程度的标准，但面对复杂多样的具体个案，法官自由裁量仍然会相当大程度地存在。为了合理防范法官自由裁量的恣意任性，有些国家的学说或实务尝试在一些常见的损害类型中，将这些判断标准客观化、规范化，或者将各种衡量过错比重的因素量化。例如，1993年11月，日本律师联合会交通事故咨询中心在参考司法实务动态因素并综合此前"仓田基准"、"大阪基准"、"京都草案"等方案的基础上，推出了《交通事故损害额算定基准》。[①] 此类比例基准可以为法官确定过错程度提供统一的参考标准，避免法官在裁量时的重复计算，有利于裁判结果的相对统一。

在英国，鉴于过失相抵中的比例分配是属事实和程度的问题，所以，认其不一定适于形成"规则"，此当属正解。然长久以来，英国法律实践针对某些特殊情形发展出了一些"拇指规则"。例如，在受害人没有正确系上汽车安全带的场合，倘若系上安全带则根本不会发生任何损害，法院一般会减少25%的损害赔偿额；倘若受害人系上安全带，则受伤原本不那么严重，那么，法院会扣减15%的赔偿额。[②] 在这里，针对某些经常发生的损害，英国的判例尝试标准化对双方过错的衡量，以求过程的简单化及结果的一致性。

（二）比较原因力大小

通过比较原因力大小以确定加害人的责任承担比例，在不少国家得到了确认。《德国民法典》第254条第1款规定："损害的发生被害人与有过失者，损害赔偿的义务与赔偿的范围，视当时的情况特别是损害的原因主要在何方而决定之。"此条款强调了因果关系在损害分担中的特别地位，即使其并非唯一考量因素。在荷兰，加害人的赔偿义务将按照可归责于加害人与受害人之事件对损害发生之促成力的大小程度，在双方之间通过分摊损害的方式而减少。[③] 在西班牙，受害人的与有过失会令其可获得的损害赔偿额按照他在导致损害过程中的参与度来作相应的扣减。[④] 比利时最高法院1990年11月7日的一个判例明确采纳以比较原因力大小来决定责任分配。在该案中，受害人因遭受严重暴力而死亡，而该暴力某种程度上是由受害人挑起的。法院认为，加害人赔偿责任

---

① 关于日本法上述各种基准的介绍评述，详可参见李薇：《日本机动车事故损害赔偿法律制度研究》，法律出版社1997年版，第215~218页。

② U. 马格努斯、M. 马丁-卡萨尔斯主编：《侵权法的统一·共同过失》，叶名怡、陈鑫译，法律出版社2009年版，第89页。

③ U. 马格努斯、M. 马丁-卡萨尔斯主编：《侵权法的统一·共同过失》，叶名怡、陈鑫译，法律出版社2009年版，第180页。

④ U. 马格努斯、M. 马丁-卡萨尔斯主编：《侵权法的统一·共同过失》，叶名怡、陈鑫译，法律出版社2009年版，第246页。捷克的法律实务大致如此，在过失相抵中，损害分摊的基础是就加害人和受害人对造成损害所起作用的评估，具体可参见该书第56页。

的减少不取决于过错程度,而是取决于过错对损害发生的实际作用。[①]

上述资料表明,依据原因力大小来分配责任,至少在某些国家的立法或实务中很是流行。在学说上,甚至有某些法学者认为,依原因力来分摊责任是最公平的分担模式。[②]原因力模式可以准确呈现因果关系在行为与损害之间的责任联接意义,凸显责任自负的伦理价值。但原因力大小如何确定,始终是司法实务中棘手的难题。各国的司法实践表明,"并不存在权衡原因力大小的清晰规则,法院通常参考案件的具体情势,并评估出一个显然来自于这些案件事实的原因力大小百分比"。"原因力大小的权衡过程,很大程度上依赖于直觉,这导致在很多案件中,该过程的准确结果不易预测。这种情况不仅妨碍法庭迅速、高效地解决权利争执,而且还会鼓励诉讼"。[③]所以,在比较原因力的模式中,原因力大小的确定当属现实之难题,此容于后文续作论述。

(三)综合考量过错与原因力

1. 比较法概况

事实上,尽管过失相抵的考量准据有原因力大小与过错程度之分,但各国立法与实务多兼采二者为综合裁量,少有纯粹以其中之一为据者。在欧洲,多数法例表明,侵权双方有过失时,认定分担比例的主要考虑因素是各自过失的程度和过失对损害发生的作用力比例。[④]根据《意大利民法典》第1277条第1款的规定,如果债权人(或受害人)对造成侵权损害有作用,其损害赔偿额将按照其过错的严重程度及造成的损害大小而相应减少。只是,过失相抵作为降低损害赔偿的一种方法,意大利司法实务更认同应取决于受害人对造成损害有作用的事实。因果关系原则对于过失相抵的适用更有说服力。[⑤]在比利时,法院在决定责任分配时,过错程度的标准通常和过错对于损害的影响程度混合在一

---

① U.马格努斯、M.马丁-卡萨尔斯主编:《侵权法的统一·共同过失》,叶名怡、陈鑫译,法律出版社2009年版,第56页。

② A.M. Honore, Causation and Remoteness of Damage, *International Encyclopedia of Comparative Law, XI Torts*, J.C.B. Mohr Tubingen Martinus Nijhoff Publishers, 1983, p.122.

③ 就共同过失而言,权衡受害人和责任人双方对于致害事件发生之作用力大小是一个高度借重直觉的过程。没有哪个法院能够以数学般的精确来准确解释为什么受害人应当承受那样一个特定比例的损失。大多数法院只是指出案件的事实,并说,受害人由于过失促成了自身的损失,受害人应该承担一定比例的损失。这不仅对法院迅速有效解决争端造成了妨碍,而且鼓励了出庭律师碰运气(即他们的客户的运气),并且把案件提交至法院。参见U.马格努斯、M.马丁-卡萨尔斯主编:《侵权法的统一·共同过失》,叶名怡、陈鑫译,法律出版社2009年版,第183页、第368页、第369页。

④ 克雷斯蒂安·冯·巴尔:《欧洲比较侵权行为法》(下卷),焦美华译,张新宝审校,法律出版社2001年版,第652页。

⑤ U.马格努斯、M.马丁-卡萨尔斯主编:《侵权法的统一·共同过失》,叶名怡、陈鑫译,法律出版社2009年版,第167页、第168页。

起。[①] 美国《统一比较过失法》第 2 项 b 款规定："在决定过错的比例时,陪审团既应当考虑有过错的各方当事人的行为性质,而且要考虑他们的行为与损害之间的因果联系。"我国台湾地区"最高法院"1965 年台上字第 2433 号判例明确指出："法院对于赔偿金额减至何程度,抑或为完全免除,虽有裁量之自由,但应斟酌双方原因力之强弱与过失之轻重以定之。"台湾法对于过失相抵的裁量基准系无明文,此裁判创设性地指明须综合考量原因力与过错。可以说,适用过失相抵决定责任分配时,一并考虑因果关系与过错应属当前的主流趋势。

2. 以过错或原因力为主的论争

适用过失相抵时,若需同时考量原因力与因果关系,对二者的考量是否有主次之分呢?对此,国内学者的观点分歧较大。有学者认为,在过失相抵情形,为确定加害人责任,应当以原因力大小为主,而以过错程度为辅,过错程度仅起到一定的调节作用。首先,如果损害主要是由加害人的行为所造成的,应较少减轻或不减轻加害人的责任;其次,如果损害主要由受害人的行为所造成的,应大比例减轻或免除加害人的责任;再次,在加害人存在故意或重大过失(尤其是恶意)之情形,不得免除其责任;最后,在受害人存在故意或重大过失之情形,得免除加害人之责任。[②] 另有学者认为,在过失相抵中,应以比较过错作为主要的决定因素,以原因力大小作为相对的调整因素。原因力的相对调整作用体现为:首先,当双方当事人的过错程度无法确定时,应以各自行为的原因力大小确定各自责任的比例;其次,当双方当事人的过错程度相等时,各自行为的原因力大小对赔偿责任起"微调"作用:双方原因力相等或相差不大的,双方仍承担同等责任,如果相差悬殊,则原因力大的一方承担更多的责任;最后,当加害人依其过错承担主要责任或次要责任,双方当事人的行为原因力也起到微调的作用,即原因力相等,依据过错比例确定赔偿责任,原因力不等,依据原因力大小调整赔偿责任。[③]

(四)小结

笔者在"过失相抵的法理基础"部分经论述认为,过失相抵在本质上应解释

---

① U. 马格努斯、M. 马丁-卡萨尔斯主编:《侵权法的统一·共同过失》,叶名怡、陈鑫译,法律出版社 2009 年版,第 56 页。

② 张新宝、明俊:《侵权法上的原因力理论研究》,载《中国法学》2005 年第 2 期;张新宝:《中国侵权行为法》,中国社会科学出版社 1998 年版,第 611 页;曾世雄:《损害赔偿法原理》,中国政法大学出版社 2001 年版,第 269 页。

③ 杨立新:《侵权法论》,人民法院出版社 2011 年第 4 版,第 691 页。另可参照史尚宽:《债法总论》,中国政法大学出版社 2000 年版,第 308~309 页。在实证法上,以色列的司法实务确认比较过错为主要标准,原因力在损害的比例分摊中只是第二位的因素。参见 U. 马格努斯、M. 马丁-卡萨尔斯主编:《侵权法的统一·共同过失》,叶名怡、陈鑫译,法律出版社 2009 年版,第 160~161 页。

为经由原因力比较确定赔偿责任的制度,此契合于私法自己责任原则。但无法否认的是,在分配损害时,各国法院的主要考量因素仍然是"因果关系和可责性的缓和物"。只是,过错应该是相对的调整因素,或如曾世雄先生所认为的,过错应主要作为"判断原因力强弱之参考",以此来影响损害的分担。

在过失相抵中,除了原因力与过错作为主要调整因素外,实践中的其他因素,诸如年龄、职业以及案件整个事实情况都可能影响到法院的裁决。然而,确切的原因"模糊不清"这种情形并不罕见。人们认为,损害额的扣减必须受到情理与正义的支配;它无须成为数学计算的对象。[①] 法院似乎更喜欢用一种灵活的方式去估定共同过失所引发的损害赔偿扣减额,以至于所谓"综观案情"里会出现社会政策之考虑的公平性问题,进而考察有无保险保护、双方经济状况因素。尽管此种观点或做法遭受诸多学者批评,但仍有辩护意见认为,经济上的富有当然不是过错,但财富却给拥有者提供了比一般人更多的自我保护可能性。[②]

总结而言,笔者以为,过失相抵应以原因力比较作为主要决定因素,但在实践中,法官为追求公平所作的自由裁量,难免会受更多相关因素的影响。

二、过失相抵的适用应以原因力比较为主

在侵权法实践中,特定损害结果可能是由单个或复数原因造成的。在后者,"原因"不仅具有复数性,而且具有种类上的复杂性,可能包括单个或数个加害人的过错或者无过错行为、受害人的过错行为、受害人的特殊体质,甚至是某些自然因素等。原因力规则,即旨在解决多因致害中某特定因素的责任承担或损失分担问题,在我国当前的司法实践中,如何准确适用原因力规则仍是亟待解决的难题。在多因致害的侵权审判实践中,就因果关系要件的构成,法院一般弱化因果关系的论证分析,较为直接简单地援引原因力规则分析,以特定因素对损害结果的原因力对应应承担的责任比例,甚至于将原因力当作部分因果关系概念,取代因果关系要件而适用。这实际上是对原因力属性的曲解,是对原因力与因果要件之间适用关系的不当简化或扭曲,难以普遍确保审判结论的具体妥当性。就此,下文将特别以多因致害的医疗侵权纠纷为典型,试图澄清回应原因力规则适用中可能存在的分歧与误解,较细致完整地阐述分析原因力规则的具体适用机理,如此,对于原因力理论的完善与规则的适用,或有裨益。

---

① U. 马格努斯、M. 马丁-卡萨尔斯主编:《侵权法的统一·共同过失》,叶名怡、陈鑫译,法律出版社2009年版,第220页、第396页。

② 克雷斯蒂安·冯·巴尔:《欧洲比较侵权行为法》(下卷),焦美华译,张新宝审校,法律出版社2001年版,第668页。

（一）我国原因力规则的源流与发展

1. 我国原因力规则的渊源

我国的原因力规则最初源自日本法。早在 1968 年，日本的加藤一郎、野村好弘就提出，当多种因素共同作用引起损害时，必然涉及如何采用分割的方法将损害结果归结于各自不同原因的判断问题。1969 年，野村教授进一步提出，在判断外因和损害之间的因果关系时，应该采用定量比例制的方法去分析。[①] 1980 年，日本法医学家渡边富雄教授与其他学者一道采用定量比例的方法，对交通事故与损害后果进行研究，提出"事故寄与度"概念，借以确定事故在损害结果中所起作用的大小。1986 年，该概念被引入我国法医学界，受到学者的高度重视，但鉴于"寄与度"概念难以理解，我国法医学界将其翻译成更通俗易懂的"损伤参与度"。[②] 其中，"参与"含义更显中性，不像本义表达"贡献"的"寄与"一词，易于引发错觉，而且，"参与""直接表达出了人身伤害事件相关损伤在事件结果的因果关系评定中的介入概念"。[③]

当前，"参与度"概念在我国法医学界得到普遍认可。只是，涉及不同参与对象时，司法实践中出现了疾病参与度、损伤参与度、医疗过错参与度与医疗过错行为参与度等多样化的概念。这些概念间并无本质上的差异，均旨在以原因对结果作用力的量化角度，去评价不同致害因素间对损失额的分割。只是，侵权法学关注的是可归因于特定主体的行为或其他因素是否须对损害结果负责，因此，在医疗损害纠纷中，重点关注的是医疗过错行为参与度。这种参与程度的权衡，在民法学界，则更习惯于用原因力概念表达，指向于多因致害中特定原因要素对于结果的发生或扩大的作用力程度。[④]

2. 我国原因力规则的立法、司法与研究现状

当前，我国已通过立法、司法解释在某些方面规定了原因力。2001 年《最高人民法院关于审理触电人身损害赔偿案件若干问题的解释》第 2 条第 2 款第一次明确规定了原因力规则。该条款规定："……对因高压电引起的人身损害是由多个原因造成的，按照致害人的损害行为与结果之间的原因力确定各自的责任……"其后，2002 年《医疗事故处理条例》第 49 条第 1 款[⑤] 与 2003 年最高

---

① 何颂跃：《损伤参与度的评定标准》，载《法律与医学杂志》1998 年第 1 期。
② 朱广友：《医疗纠纷鉴定：因果关系判定的基本原则》，载《法医学杂志》2003 年第 4 期。
③ 何颂跃：《损害参与度的评定标准》，载《法律与医学杂志》1998 年第 1 期。
④ 杨立新先生认为，原因力概念已经获得各国侵权法学界的一致认可，得到严格的界定，已经被普遍使用，不会引发新的混乱，所以，为了维护法的稳定统一，应尽量使用原因力概念而非参与度，尤其是在司法文书中。参见杨立新：《论医疗过失赔偿责任的原因力规则》，载《法商研究》2008 年第 6 期。
⑤ 该款规定，医疗事故赔偿，应当考虑下列因素，确定具体赔偿数额：（1）医疗事故等级；（2）医疗过失行为在医疗事故损害后果中的责任程度；（3）医疗事故损害后果与患者原有疾病状况之间的关系。

人民法院《人身损害赔偿解释》第 3 条第 2 款[①]，均涉及按照原因力确定责任的规定。2017 年，最高人民法院《关于审理医疗损害责任纠纷案件适用法律若干问题的解释》（以下简称《医疗损害责任解释》）第 11 条规定，"诊疗行为与损害后果之间是否存在因果关系以及原因力大小"，属于可以申请医疗损害鉴定的事项，并在第 12 条进一步明确规定了原因力等级。

随着原因力的规范确立，近些年来，原因力规则在司法实践中被大量适用，案件类型包括医疗损害责任纠纷、人身损害责任纠纷、交通事故责任纠纷及保险责任纠纷等，尤以在医疗损害责任纠纷中的适用最为多见。在医疗损害中，损害后果可能受多种因素的影响，如医疗行为的复杂性和不确定性（就诊时机、接诊条件、医疗条件、医疗风险等）、疾病本身的多样性（疾病种类、性质、发展及转归途径等）、患者的特殊性（性别、年龄、体质、敏感性等）及未知因素的影响，使得医疗过失行为、患者自身的疾病及未知因素等均有可能成为引发损害后果的原因，而且往往因多因素的介入使因果关系更趋错综复杂。[②]

在我国侵权法律实践中，多因致害因果关系构成的分析本来就常常语焉不详，如今加入原因力元素的分析，那么，原因力概念是否因此可取代司法适用中的因果关系或者与因果关系概念之间是什么关系，理论与实务界并没有充分深入的关注与分析。这直接体现为对原因力属性的分歧。有观点认为，与事实因果关系一样，原因力也是一个事实问题，其中并不含有法律价值的判断。[③]另有观点主张，原因力实际上指的是法律因果关系，包含法律的价值判断。[④]"对原因力事件的探究是法律上的规范性步骤，而非'事实上的'或'自然科学上的'步骤"[⑤]。还有学者主张，原因力可分为事实原因力和法律原因力两个层次，贯穿于事实因果关系与法律因果关系认定的整个过程。原因力既有客观事实性，又有法律价值

---

① 该条款规定："二人以上没有共同故意或者共同过失，但其分别实施的数个行为间接结合发生同一损害后果的，应当根据过失大小或者原因力比例各自承担相应的赔偿责任。"

② 张纯兵、杜志淳：《医疗损害司法鉴定因果关系分析及参与度判定》，载《中国司法鉴定》2015年第 5 期。在"陈鸣宇与温州医学院附属第一医院医疗损害赔偿纠纷案"中，二审法院也认为：医疗行为是一种高风险的技术行为，医疗事故是一种特殊的损害后果，医疗事故的致害后果，绝大多数都是复合性因素的致害，因此确定医疗事故赔偿数额，必须科学合理地剔除医疗行为风险、患者自身疾病发展、医疗技术手段局限性等有关因素对损害后果发生的影响，科学合理地确定医疗过失行为在医疗事故损害后果中所占的损害作用比例。参见浙江省温州市中级人民法院（2010）浙温民终字第 1411 号民事判决书。

③ 张新宝、明俊：《侵权法上的原因力理论研究》，载《中国法学》2005 年第 2 期；冯龙等：《医疗损害因果关系及其原因力的定性定量分析》，载《中国司法鉴定》2013 年第 3 期。

④ 王利明：《侵权行为法研究》（上卷），中国人民大学出版社 2004 年版，第 393 页；刘信平：《侵权法因果关系理论之研究》，法律出版社 2008 年版，第 251 页。

⑤ 克雷斯蒂安·冯·巴尔：《欧洲比较侵权行为法》（下卷），焦美华译，张新宝审校，法律出版社 2001 年版，第 551 页。

性。[①]《医疗损害责任解释》制定者则认为，通过原因力定性，可以确认是否存在损害赔偿责任；通过定量，可以确定具体赔偿额。[②] 很显然，无论原因力的概念属性、规范功能，抑或原因力与因果构成要件的适用关系，均存在分歧。如此分歧难以避免会导致司法适用的混乱不一，最终影响责任的合理归属与分配。

（二）原因力规则的适用

1. 原因力规则的适用前提：多因致害的构成

（1）多因致害构成分析的必要性

如前所述，原因力分析旨在以特定归责因素对损害结果的作用力为据，对责任进行分割。责任的分割须以责任的构成为基础，而责任的构成则以因果关系要件的满足为基本要求。因果关系要件的检视旨在确认某因素是引发某损害且须在法律上负责的要素，是对该因素系属可归责原因的定性判断，是侵权构成与归责不可或缺的基本环节。在多因致害，某因素或者单独构成损害的原因，或者与其他因素结合构成损害的原因，如此判断确认仍有赖于因果关系传统认定方法的检验。对于因果关系的判定，尽管在方法或性质上颇多分歧，但基本认同的是，"因果关系通常作为一个全有或全无（all or nothing）的问题"[③]。这符合大众的认知常识，即A是或不是B的原因，但不能是A有点点是B的原因。其中，A可以是单个被审视的因素，也可以是多个被审视因素的结合。只有当A是属原因，才有使其担负赔偿责任之可能，此乃前提；至于责任之大小，可能涉及更多权衡因素。所以，笔者反对将原因力前置于因果归责构成的分析中，直接在事实因果关系与法律因果关系的二分判断中，分别置入事实原因力与法律原因力的分析。这扭曲了原因力概念的本来面目及其与因果关系在功能上的位阶关系，无益于本已复杂的因果关系问题的解决，反而使其更趋模糊难解，[④] 并且有使任何待审查因素均可能承担责任的扩大化危险。所以，笔者坚持，原因力分析仅致力于多因致害情境下的责任或损失分割，须以因果归责的构成为前提，而后者仍依赖于传统因果关系的判断法则。即如日本主流观点所认为的，在复数原因存在竞合的场合下，即便特定行为"不是唯一的原因，作为责任发生要件的因果关系也是可以被认定的。因此，这个问题并不在于事实上的因果关系的层面上，而在于应该作为计算赔偿额（受害人因素的竞合等场合）或者复

---

① 杨立新、梁清：《原因力的因果关系理论基础及其具体应用》，载《法学家》2006 年第 6 期；梁清：《原因力研究》，人民法院出版社 2012 年版，第 26~32 页。

② 沈德咏、杜万华主编：《最高人民法院医疗损害责任司法解释理解与适用》，人民法院出版社 2018 年版，第 225 页。

③ 丹·B. 多布斯：《侵权法》（上册），马静等译，中国政法大学出版社 2014 年版，第 440 页。

④ 刘信平：《侵权法因果关系理论之研究》，法律出版社 2008 年版，第 247 页。

数加害人之间损害分担的问题来处理这一点上"[①]。"寄予度（原因力）减责"并非存在于因果关系这一事实认定层面，而应将其作为规范的价值判断层面上的赔偿额限定标准予以理解。[②]

若以医疗损害纠纷为例，尽管医疗过错行为与患者自身疾病经常同时"在场"，但二者与损害结果之间，却不必然构成须待原因力分责处理的多因致害侵权情形。因为，二者可能均足以单独致害，但经查证仅其一现实致损；或者是，二者不均足以单独致害，而不足以单独致害的因素所起作用过于"微小"；甚至可能是，现有的医学技术尚无法可靠确认，二者或其一与损害结果之间存在因果关联，所有这些情形，均不足以构成多因致害，遑论其后之损失分割。如在"王翠华、庄经理与金乡宏大医院医疗损害责任纠纷案"中，关于医方行为与患者死亡后果之间的因果关系，司法鉴定意见认为：不能排除患者系主动脉夹层动脉瘤破裂导致死亡；也不能排除其他原因（心源性猝死）导致的猝死。但却又分析认定，医方的诊疗行为与患者死亡后果之间存在一定的因果关系，参与度约 20%~30%。一二审法院均以该司法鉴定意见为基础判案。[③]在此案中，在确定是否及如何进行原因力分析以分配损失前，首先须分析判断，对于患者的死亡，院方的过失是唯一原因、原因之一、与患者自身疾病结合而成的原因，或并非原因。"无论在法律或道德上，作为或不作为与损害之间的因果牵连系当事人应为损害负责最明显与最不具争议的理由"[④]。这是因果关系在法律中的基本规范功能。但很显然，在上述案件中，因果关系的构成存在不确定性或不可知性，因果关系的论证并未确实完成。判决很模糊地认为存在"一定因果关系"，如此的因果关系更像以感觉上"存在可能"而得认定，即匆忙以原因力定责，甚至有以原因力定量分析直接取代因果关系定性分析之嫌。

过失相抵的适用，其基本构成要件之一乃加害人与受害人之行为与损害的发生或扩大有共同因果关系，所以，在加害人与受害人之间基于原因力比较分担损害之前，须分析确证二者应负责之因素皆属造成损害发生或扩大的原因。此乃过失相抵中原因力比较分责的基本前提。但不得不承认的是，作为因果关系的论述，法院的实务描述固然是指"一种情形引发另一种情形的判断"，却极具抽象性及不明确性，法院经常遵循对因果关系的一种"自然的理解"或感觉判

---

① 吉村良一：《日本侵权行为法》，张挺译，法律出版社2013年第4版，第72页。

② 潮见佳男：《不法行为法Ⅱ》，信山社2011年版，第143~144页。转引自满洪杰：《医疗损害责任因果关系虚无陷阱及其化解》，载《法学》2018年第7期。

③ 参见山东省济宁市中级人民法院（2016）鲁08民终2545号民事判决书。

④ Richard A. Epstein, A Theory of Strict Liability, in Robert L. Rabin, ed. , *Perspectives on Tort Law*, 4*th ed.* , Little, Brown and Company, 1995, P. 61.

断，不必然给出详细的论理。^①这在我国司法实务中更属常态。所以，为适用原因力规则，以获致损失的比例分配结论，要求多因致害因果构成的先行分析，至少在当前，并非易事。但法官至少应在理念上认同且警醒：（1）因果关系的定性判断与原因力的定量分析不应混同；（2）致害链条中似乎起作用的诸多要素，并不必然均属于原因且可构成多因致害。

（2）多因致害构成的判断

可以认为，侵权责任的整个结构都围绕因果关系而形成内在秩序。^②因果关系的判断，多采事实原因与法律原因的二分法递进分析。事实因果关系是事实层面的判断，主要考察被告的行为是否实际导致了原告的损害。在事实原因确定之后，仍须探究原因对于结果的"相当性"以定责，此即法律原因问题。法律原因涉及的实质上并非因果关系，而是"被告因其过失行为造成原告损害而承担责任的适当范围的政策和正义问题"^③。关于事实原因的判断，"若无，则不"（but for）此必要条件说被普遍采纳，但对于多因致害之场合，必要条件说却不必然胜任。因此，英美法上发展出了 NESS（Necessary Element of a Sufficient Set），以应对存在多组充分原因的情境。NESS 标准是指，如果某个特定条件是一个足以导致结果发生的真实在先条件组中的必要因素，该条件就是该结果的一个原因。^④NESS 标准与必要条件说的不同在于，前者承认多组充分条件存在的可能性。亦即，某项条件依据必要条件说，非属结果之原因，但构成任何一组充分条件所必要之因素时，依据 NESS 标准，仍然构成结果之原因。^⑤事实上，NESS 标准也内含了必要条件的检验，只是使其服从于充分条件组的构成。^⑥例如，甲火与乙火同时到达丙屋，各自均足以烧毁丙屋，依必要条件说，二者均不构成 but for 的条件，却均属于 NESS 标准下的并存充分条件组的必要因素。^⑦笔者认为，在多因致害情境中，对于事实原因的分析判断，必要时可以借鉴采纳NESS 标准。

无论依照必要条件说或 NESS 标准，对于某因素是否属于事实原因，通常依

① 黄丁全：《医事法新论》，法律出版社 2013 年版，第 483 页。

② 欧内斯特·温里布的观点，参见戴维·G. 欧文主编：《侵权法的哲学基础》，张金海等译，北京大学出版社 2016 年版，第 402 页。

③ 丹·B. 多布斯：《侵权法》（上册），马静等译，中国政法大学出版社 2014 年版，第 391 页。事实原因与法律原因的二分是英美法系采纳的因果关系判断方法。该方法事实上与德国、日本等大陆法系国家所区分的条件关系及相当性的检测，并无实质性差别。

④ Richard. W. Wright, Causation in Tort Law, 73 *Calif. L. Rev.* (1985). P. 1774.

⑤ Richard. W. Wright, Causation, Responsibility, Risk, Pro、bability, Naked Statistics, and Proof: Pruning the Bramble by Clarifying the Concepts, 73 *Iowa L. Rev.* (1988). P.1021.

⑥ 冯珏：《英美侵权法中的因果关系》，中国社会科学出版社 2009 年版，第 235 页。

⑦ 陈聪富：《因果关系与损害赔偿》，北京大学出版社 2006 年版，第 72 页。

照经验法则，包含统计数据及其他相关科学知识的全部证据，并结合原被告的举证，经由法官的心证综合判断。如在医疗损害诉讼中，若可认为医师的不作为或不当作为导致病患在当时的死亡，如能证明医师尽其注意义务实施适当的诊疗行为，则病患在死亡当时仍可能存活"存在高度盖然性"者，即可认定有因果关系，完成因果关系的定性判断。① 这种因果关联难免模糊，无法如科学探究般精准，但不应该只是不确定或低概率的怀疑或揣测。至于此不当行为对于病患死亡的作用程度，才属在责任构成认定之后依原因力定量分析须待展开的作业。

须明确的是，依必要条件说或NESS标准的分析中，所探讨的均非引起损害发生的条件组合的充分性，而仅确定某特定因素在充分条件组中的必要性。因为，即使是简单的侵权案件，充分条件也可能是已知的待检讨条件、背景条件和未知条件的完全组合，对这种条件充分性的探索，对于科学研究或阐述或有价值，但对于法律归责的目的无益。② 因此，在对于原因充分性均属必要的诸多条件中，仍须进一步析分出作为原因的条件。对此，初步可结合哈特和奥诺尔关于异常条件和自愿行为的common sense因果法则判断。按照该法则，"某项因素成为结果之原因，乃因该因素干扰、介入，或改变正常或合理期待之事件发展过程。具有原因力之'原因'，而非'单纯条件'，包括人类自愿且有意使结果发生之介入行为，与特定状况下之异常行为、事件或条件"③。事实上，此法则的判断已与事实原因无关，相当于对相关因素可归责性的判断，即某损害结果是否系属特定因素介入或存在的通常结果，或可为相关主体合理预见。如果是多因结合致害的分析，那么以符合该法则的诸因素为一体，判断其是否改变正常或合理期待之事件发展进程。

2. 原因力分责展开的具体问题

（1）原因力作为原因事实作用力的定位

在美国司法实践中，法院通常不去比较因果关系。因果关系被认为系属全有或全无的问题。原因作为必要条件，并非相对性概念，被视为不能分割，无法承认程度的差别。④ 但事实上，原因虽同为必要条件，并不意味着对结果贡献相

---

① 黄丁全：《医事法新论》，法律出版社2013年版，第498页。

② 在因果关系理论中，原因是结果的必要条件、充分条件或必要充分条件，有一定的争论。可参照托尼·奥诺尔：《侵权法中的必要条件和充分条件》，载戴维·G. 欧文主编：《侵权法的哲学基础》，张金海等译，北京大学出版社2016年版，第366页；彼得·凯恩认为，因果关系问题并不是追问损害后果的原因是什么，而是被告的行为是否引起了损害后果。[澳] 彼得·凯恩：《侵权法解剖》，汪志刚译，北京大学出版社2010年版，第189页。

③ 陈聪富：《因果关系与损害赔偿》，北京大学出版社2006年版，第40页。

④ See Pearson, Apportionment of Losses Under Comparative Fault Laws-An Analysis of the Alternatives, *La. L. Rev*, Vol.40, p.346 (1980); Martin, On Weighting Causes, *Am. Phil. Q, Vol*.9, p.291 (1972).

同。① 在美国严格责任案件中,分摊责任就经常被描述为比较因果关系。② 这至少说明,因果关系比较在技术上并非不可能。

因果关系"全有或全无"的属性与多因致害中责任构成后的原因力分责并不矛盾。原因力适用的基本规则是,在数个因素引起同一损害结果的侵权行为案件中,各个因素均构成损害结果的原因,每个原因对于损害结果可能具有不同的作用力;无论每一个原因是可归责行为或其他因素,行为人只对自己可归责行为所引起的损害结果承担与其行为的原因力相适应的赔偿责任份额,对于非因自己的可归责行为所引起的损害结果,行为人不承担赔偿责任。③ 原因力分析旨在确认,多大比例的损害系因某一原因而引发。如此而言,原因力乃某原因对损害事实作用力的定量分析,尽管此表述有隐喻的色彩,且在实际分责过程中可能掺入其他考量因素,但其他因素的掺入并非原因力本身的判断,不应改变或影响原因力作为致害作用力事实分析的性质。所以,原因力并非因果关系定性的分割,亦不应混淆于事实因果关系与法律因果关系的定性分析。事实因果关系主要借助条件关系的判断,旨在确认某因素是损害发生的事实原因,系属原因的定性判断。④ 法律因果关系旨在对责任范围的确定,是对某损害是否应纳入原因负责范围的考量,仍属于原因归责构成的判断过程。法律因果关系的确认,无论采纳英美法上的"可预见说"、"风险范围说"或德国法上的"相当性"标准,事实上均包含了司法政策、道德规范、公平正义等价值的综合考量。而在特定损害确定应纳入赔偿范围之后,始有损失数额在不同归因主体间分配的问题。而原因力则是在原因归责构成基础上对事实作用力的定量分析,仅服务于损失额的分割。就此,可以认同,对比较因果关系最好的理解是将原因的重要性考虑在内的一种努力。⑤

（2）原因力的定量分析方法

不可否认的是,在包括过失相抵在内的多因致害情形,认定每一个归责原因的原因力有其困难。在医疗损害纠纷处理过程中,常借助具体医疗损害过程机理的查明、统计学上有关疾病致损的经验数据,以及裁判者关于事物发展过程的理解认知,并通常借助法医学的鉴定,采用模糊数学的方法可以建立因果关系关联程度的模糊等级,但并非对原因力的精确划分。⑥ 必须明确的是,这

---

① See Robert N. Strassfeld, Causal Comparisons, *Fordham L. Rev*, Vol.60, p.926(1992).

② 丹·B.多布斯:《侵权法》(上册),马静等译,中国政法大学出版社2014年版,第884页。

③ 杨立新:《论医疗过失赔偿责任的原因力规则》,载《法商研究》2008年第6期。

④ 必要条件的概念是一个定性问题,而非定量问题,不允许任何程度上的分类,一个条件要么是必要条件,要么不是。RTT:PH,§36,Comment a.

⑤ 丹·B.多布斯:《侵权法》(上册),马静等译,中国政法大学出版社2014年版,第884页。

⑥ 杨立新:《论医疗过失赔偿责任的原因力规则》,载《法商研究》2008年第6期。

种"模糊"是因欠缺科学计算方法而对原因作用力定量分析的理性认知。在我国当前的司法实务中，主要是在综合考量各个原因的不同性质（属于主要原因还是次要原因），以及各个原因事实与损害后果的距离和原因事实的强度（属于直接原因还是间接原因）的基础上，通过法官自由心证与裁量，得出大致的比例。[①] 原因力比例如此定量，方法略显粗糙，结果难免模糊，症结在于其乃事实和程度问题，不很适于形成"规则"。[②] 但结果虽然只是大致估量，其仍然"好像比根本不作任何评估的努力要好得多"[③]。

学说上，关于原因力的定量分析尤其是医疗损害中医疗过失行为原因力认定方法的探索，不算少见。[④] 大体而言，学说探索的方法与传统判定方法并无二致，但主张原因属性的准确细化区分及相应量化赋值的精致化。[⑤] 例如，冯龙等主张，基于1948年至今WHO一再推荐的根本原因、直接原因、中介原因和辅助原因四大类死因分析观点，结合法医鉴定实践中常见情况，依据各因素在损害结果发生过程中医学的病理作用机制及其原因力，增加诱发原因、协同原因、联合原因和无关因素，使原因分析更加全面体系完整，并对各种原因给予全部、主要、同等、次要、部分、轻微、无关等原因力定性及百分比定量赋值。[⑥] 原因类型的相对精细区隔及其量化赋值的对应统一，应该是当前原因力定量分析方法探索的可取方向。

在学说研究与实践总结基础上，《医疗损害责任解释》第12条规定："鉴定意见可以按照导致患者损害的全部原因、主要原因、同等原因、次要原因、轻微原因或者与患者损害无因果关系，表述诊疗行为或者医疗产品等造成患者损害的原因力大小。"该条规定旨在规范鉴定意见对原因力问题的写法，以便法院准确确定责任。[⑦]《医疗损害责任解释》参与起草者吴兆祥、陈龙业法官就上述六

[①] 杨立新：《论医疗过失赔偿责任的原因力规则》，载《法商研究》2008年第6期；林承铎、阎语：《数人侵权体系中原因力理论定位之探讨》，载《内蒙古大学学报》2015年第1期；张新宝、明俊：《侵权法上的原因力理论研究》，载《中国法学》2005年第2期。在我国当前医疗损害赔偿司法实务中，司法鉴定或判决所表述的因果关系类型颇多，包括根本原因、直接原因、间接原因、主要原因、同等原因、次要原因、轻微程度因果关系等，但对应确定的责任比例不很统一协调。有的司法鉴定或判决甚至更模糊表述为存在"一定因果关系"，对应确定的责任却存在较大的差异。

[②] U. 马格努斯、M. 马丁-卡萨尔斯主编：《侵权法的统一·共同过失》，叶名怡、陈鑫译，法律出版社2009年版，第89页。

[③] 丹·B. 多布斯：《侵权法》（上册），马静等译，中国政法大学出版社2014年版，第442页。

[④] 冯龙等：《医疗损害因果关系及其原因力的定性定量分析》，载《中国司法鉴定》2013年第3期；张纯兵、杜志淳：《医疗损害司法鉴定因果关系分析及参与度判定》，载《中国司法鉴定》2015年第5期；Matthew Braham, Martin van Hees, Degrees of Causation, Erkenntnis, 2009, Vol. 71, No. 3, P. 325.

[⑤] 国外有学说主张采用博弈论方法确定因果关系程度，See Matthew Braham, Martin van Hees, Degrees of Causation, Erkenntnis, 2009, Vol. 71, No. 3, P. 325. 但该方法是否可行，尚待理论检讨与实践检验。

[⑥] 冯龙等：《医疗损害因果关系及其原因力的定性定量分析》，载《中国司法鉴定》2013年第3期。

[⑦] 沈德咏、杜万华主编：《最高人民法院医疗损害责任司法解释理解与适用》，人民法院出版社2018年版，第224页。

类原因细化其对应原因力分别为：100%、60%~90%、50%、20%~40%、不超过10%、0。[①]但如此设定的原因力参考区间似乎并非完全连贯。而且，仅就医方不当行为与患者自身疾病而言，医方不当行为为损害全部原因或与损害无因果关系，应属相关两因素的原因定性问题。此二种情形不构成多因致害，则无涉原因力减责。《医疗损害责任解释》如此规定"显然扩大了原因力的概念范围，会加深实务中对原因力问题的错误认识，该规定难谓妥当"[②]。

《医疗损害责任解释》发布后，有观点认为，鉴于《医疗损害责任解释》第12条仅提供原因力等级划分，在司法鉴定中，不宜将具体百分比数值写入鉴定文书，具体数值应由法官根据案件具体情况判断，否则，就属于以鉴定取代司法裁判的不良表现。[③]但在鉴定中，往往需要针对医疗损害案件进行深入专业的分析，综合考虑各种相关医疗因素，才能给出相对科学、客观的原因力数值，此作业通常非法官所能胜任。而且，原因力比例与责任程度并不等同，在原因力数值的基础上，仍有根据案件具体情况酌定责任承担之余地。所以，笔者认为，医疗纠纷申请司法鉴定的，鉴定文书仍应提供具体的原因力数值。

在比较法上，对于原因力的准确定量分析，也没能发现新颖且更有效的方法。例如，美国法律研究院在《美国侵权法重述第三版：责任的分担》第8节"分配责任份额应考虑的因素"的评注中认为："行为与伤害之间因果联系的相对强度由以下因素决定：该因果联系的牵强程度、各行为造成该伤害的顺序，以及对该行为所造成的风险和原告遭受的实际伤害的比较。"[④]在此综合考量基础上，因果关系程度（原因力）的考量仍然主要依赖于主要的、重要的、有效的、强有力的等日常用语描述，不可避免模糊。[⑤]

总之，关于医疗过失行为原因力的定量分析，鉴于其属性所限，无法形成有效的确定规则，只能依赖于司法实践经验与学说的细化总结，甚至于类型化探索，通过细分不同的原因类型，并尽量赋予较精确的量化区间，以求司法裁判结果的大致统一。

（3）原因力分析与责任程度

在过失相抵中，有争议的是，责任的分割应主要依据原因力比例还是过错程度。对此，前文已有提及。笔者始终认为，在一般侵权领域，对于人际互动

[①] 吴兆祥、陈龙业编著：《医疗损害责任司法解释导读与典型案例指导》，人民法院出版社2018年版，第208页。

[②] 满洪杰：《医疗损害责任因果关系虚无陷阱及其化解》，载《法学》2018年第7期。

[③] 刘鑫、马千惠：《医疗损害鉴定面临的挑战与对策》，载《中国法医学杂志》2018年第1期。

[④] 肯尼斯·S. 亚伯拉罕等选编：《侵权法重述——纲要》，许传玺、石宏等译，许传玺审校，法律出版社2006年版，第345页。

[⑤] Matthew Braham, Martin van Hees, Degrees of Causation, Erkenntnis, 2009, Vol. 71, No. 3, P. 325.

中因加害人行为而造成的受害人损失，应仅在加害人具有过错时，始可转移而由加害人承担。所以说，过错是受害人损失可得转移而要求加害人承担的基本前提。但过错只是责任承担的基础，过错程度与实际造成的损害大小并不当然对应，[①] 过错本身因此并不决定责任大小。因为，民法的主要功能在于填补受害人损失，这与刑法重在惩罚并相应有"罪刑相当"原则不同。所以，为确定损害赔偿额，过错行为与损害后果的联系应透过前者对后者的作用力评判来实现，基于自己责任原理，加害人应仅对自己过错行为造成的损害比例或部分负责。

以上分析表明，在过失相抵中，以原因力为主要依据分配损失或责任是合乎逻辑的。只是，原因力不逊色于过错程度的模糊难断，[②] 以及人性中对于较高程度过错予以强烈谴责与归责的倾向等，使得司法实践仍普遍接受"因果关系和可责性的缓和物"，作为分配损害赔偿百分比时的主要考量因素。[③] 此亦可解为法律逻辑对经验现实的适度妥协。尽管有学者认为，将过错比重与原因力大小相结合，在逻辑上是不可能的，就如同将苹果和气压相加没有意义一样。[④] 但更为务实的解释认为，"从逻辑上讲，人们似乎不得不将所有的过失同视，而在可能时，仅仅考虑原因力的强度。因此，适用比较过错原则的陪审团及法官大概的确把原因力及过失的程度作了某种程度的混合，而不管这种混合是如何的不合逻辑。然而，人们似乎可以接受这一不合逻辑的实践，因为其实际的效果是：责任是依正常人（陪审团或法官）在将所有的因素考虑在内时所认为公平合理的那些标准而划分的"[⑤]。日本的森岛昭夫教授也认为，过失相抵评价的基准，应以受害人的行为对损害结果发生的客观影响的程度为中心，但有时也可能考量受害人过错的影响。

---

① 丹·B.多布斯：《侵权法》（上册），马静等译，中国政法大学出版社2014年版，第363页；张新宝、明俊：《侵权法上的原因力理论研究》，载《中国法学》2005年第2期；U.马格努斯、M.马丁-卡萨尔斯主编：《侵权法的统一·共同过失》，叶名怡、陈鑫译，法律出版社2009年版，第57页。

② 反对以原因力为主分配损失或责任的主要理由即认为原因力的判断、比较极为模糊。参见杨立新、梁清：《原因力的因果关系理论基础及其具体应用》，载《法学家》2006年第6期。但事实上，过错程度的确定比较也同样模糊困难。参照张新宝、明俊：《侵权法上的原因力理论研究》，载《中国法学》2005年第2期。

③ U.马格努斯、M.马丁-卡萨尔斯主编：《侵权法的统一·共同过失》，叶名怡、陈鑫译，法律出版社2009年版，第83页、第160页、第174页、第191页、第396页；克雷斯蒂安·冯·巴尔：《欧洲比较侵权行为法》（下卷），焦美华译，张新宝审校，法律出版社2001年版，第652页。

④ 迈克尔·D.贝勒斯：《法律的原则》，中国大百科全书出版社1996年版，第302页。

⑤ 迈克尔·D.贝勒斯：《法律的原则》，中国大百科全书出版社1996年版，第303页。我国学者认为，依客观过错标准确定双方过错的程度和比重，从某种程度上讲与对因果关系的紧密程度的衡量存在一定的重合。而且，过错一般又是作为与损害有着因果关系的过错，这就使得过错比重与原因力大小的标准不可能截然分开。所以，在出现两种标准的对接场合，不能恪守于逻辑的定律，只要损害的分配、责任的确定都是在公平的原则指导下作出的合理结果，人们是可以接受这种不合逻辑的正义的。参见朱卫国：《过失相抵论》，载梁慧星：《民商法论丛》（第4卷），法律出版社1996年版，第436页。

在森岛教授看来，在考量加害人与受害人之间的公平时，考虑加害人与受害人的过错是很自然的。[①]此彰显了过错易于被归入或强加的道德责难属性的吸引力，而且，不得不承认，行为对损害的原因力有时不易准确确定，甚至可能与过错的判断相杂糅。但是，笔者坚持认为，原因力与过错系属不同的概念范畴，不宜混用；责任或损失的分配应以原因力为主要依据，过错应主要作为"判断原因力强弱之参考"，通过过错对原因力权衡的影响，而不是直接影响责任来实现其作用。例如，在"内蒙古自治区人民医院与赵俊敏、孟美荣等医疗损害赔偿纠纷"案中，鉴定意见认为：医方未及时做相关检查明确食管裂口大小及确切部位，丧失早期手术时机。医方早期诊断、检查、治疗存在失误，食管破裂致患者死亡与医方的诊疗相关。虽然医疗过失行为与患者疾病在造成患者死亡后果的作用上同等重要，但是只要医方按诊疗常规处理，则大部分患者可脱离危险，鉴于院方过错相对较大，建议医方过错参与度为 50%~70%。[②]如此可见，医疗过失的程度、患者存在不配合诊疗的过失等因素，当能影响致害原因力的分析。[③]

（三）原因力不应混同于比例因果关系

如前所述，原因力乃用以解决多因致害构成基础上的损失分担。多因致害的构成，仍维系于传统因果关系理论的检验确证。而比例责任并不关注因果关系是否确实存在，而是在事实因果关系层面直接将个别因素遴选出来，试图追问并证明其造成损害的因果关系的可能性比例，"侵权人则应根据其侵害行为作为受害人损害的事实原因之可能性比例，分担相应的责任"。[④]所以，比例责任是根据侵权行为作为损害结果必要条件的可能性在 1% 到 99% 之间分配责任。[⑤]比例因果关系基本颠覆了传统因果关系的认定模式，即使无法判定可能

[①] 于敏：《日本侵权行为法》，法律出版社 2015 年第 3 版，第 609 页。

[②] 参见内蒙古自治区呼和浩特市中级人民法院（2018）内 01 民终 233 号民事判决书。

[③] 关于过错因素在原因力定量分析中可能发挥的调节作用，以下设例或可作参照说明。在限速 55 英里的道路上，醉酒的车手以每小时 80 英里的速度超速行驶，失去对摩托车的控制，越线撞向对向车道以每小时 65 英里行驶的大卡车。摩托车手车毁人亡，卡车方仅卡车轻微受损。See Victor E. Schwartz with Evelyn F. Rowe, *Comparative Negligence*, Lexis-Nexis Matthew Bender, 4th ed.,2002. p. 356. 很显然，在此个案中，若结合车辆的相对重量、速度及撞击的部位等，仅以物理作用力的大小测定原因力的比例，将得出卡车司机须承担主要损害的不当结论，因此，应综合考量摩托车手醉酒、双方超速严重性等影响过错程度的因素，去衡量双方行为对于损害所具有的法律上原因力。

[④] See Israel Gilead, Michael D. Green and Bernhard A. Koch eds., *Proportional Liability: Analytical and Comparative Perspectives*, De Gruyter, 2013, p. 2.

[⑤] 米歇尔·格林、杨垠红：《论比例责任》，载金福海主编：《侵权法的比较与发展》，北京大学出版社 2013 年版，第 157 页。比例责任是指被告因原告所遭受的部分损害或者可能遭受的损害，根据因果关系的可能性就被告的行为可能造成的损害或部分损害，或者可能在将来造成的损害应承担的责任。See Israel Gilead, Michael D. Green and Bernhard A. Koch eds., *Proportional Liability: Analytical and Comparative Perspectives*, De Gruyter, 2013, p. 2.

造成损害结果的多数待检讨因素中何者为真正原因，仍以特定因素促成结果发生的可能性大小，比例负担责任。因此，原因力概念不应混同于比例因果关系，前者仅致力于因果关系构成确证基础上的损失额分割，其无意于肯认特定因素作为原因在是非判断外的比例性或部分性。

在多因不明致害之场合，对于传统因果关系"全有或全无"解决路径的怀疑及其替代解决的需求，催生了域外法对于比例责任理论的探索。我国亦有学者主张，在多因不明致害场合，应引入比例责任理论，以谋求问题的妥善解决。[①] 尤其是在医疗损害责任纠纷中，因人体构造及其病变的复杂性与医疗行为的技术性、专业性，即使经由医疗损害鉴定，也可能无法确证致害因素与机理，所以，有时鉴定意见会表述为"不排除医疗不当因素造成患者的身体损害"[②]。类似的鉴定意见应解读为医疗损害鉴定无法证实因果关系的存在，但仍然存在怀疑揣测，可以表达为怀疑存在主观意义上的因果关系可能性。此时，可否基于因果关系可能性，为患者提供相应比例的赔偿救济呢？即为了克服特定情况下由于因果关系无法查明导致患者难以获得赔偿所引起的不公，可否引入适用比例责任？

对于比例责任与比例因果关系理论，我国当前并无实证法规定，国际社会的采纳仍然相当谨慎有限。[③] 比例责任的适用，除了因果关系可能性信息获取困境外，[④] 其自身的正当性亦颇受质疑。比例责任的采纳，将使得责任基于损害因果关系转化为基于创造的损害风险，成为对风险活动的惩罚；将改变有关个人自由、责任的基本观念，最终产生过于谨慎的社会。[⑤] 而因果关系要件要求的

---

① 杨垠红：《丧失生存机会侵权中比例责任之适用》，载《华东政法大学学报》2016 年第 1 期；吴国喆：《事实因果关系不明侵权中比例因果关系的确定》，载《法学家》2020 年第 2 期。

② 具体案例如"王翠华、庄经理与金乡宏大医院医疗损害责任纠纷案"，参见山东省济宁市中级人民法院（2016）鲁 08 民终 2545 号民事判决书；"黄贵莲等与北京急救中心、北京大学人民医院案"，参见北京市西城区人民法院（2015）西民初字第 12341 号民事判决书。在"重庆市江津区中心医院与廖勇、廖铁君、廖铁红、熊家莲医疗损害责任纠纷案"中，在因果关系问题上的司法鉴定意见是：本例死因不明，死亡机制不清，不能排除江津区中心医院的医疗过错对丁贤福死亡的发生具有加重促进作用。一、二审法院仍然以医患双方对损害后果发生的原因力比例以及医院的过错程度等因素为据，酌情确定由医院承担 40% 的赔偿责任。参见重庆市第五中级人民法院（2015）渝五中法民终字第 01886 号民事判决书。

③ See Israel Gilead, Michael D. Green and Bernhard A. Koch eds., *Proportional Liability: Analytical and Comparative Perspectives*, De Gruyter, 2013. 另可参照李小芬：《医疗民事责任因果关系之研究》，台湾大学 2008 年法律硕士论文。

④ 一个完全贯彻与风险成比例的责任规则的制度体系将极难操作，因为，在绝大多数情况下，我们都得不到以精确的数学方法来计算风险所必需的统计学上的证据的。参见［澳］彼得·凯恩：《侵权法解剖》，汪志刚译，北京大学出版社 2010 年版，第 198 页。

⑤ See Israel Gilead, Michael D. Green and Bernhard A. Koch eds., *Proportional Liability: Analytical and Comparative Perspectives*, De Gruyter, 2013, pp. 135, 166-169.

弱化"事实上使得因果关系变得很难被否定,并进而虚置了举证责任制度,其结果最终会对诉讼的期待性与安定性造成损害"[1],将造成因果关系认定的浮滥。[2] 所以,对于多因不明的医疗损害责任纠纷,在法无明文规定的情况下,似不宜贸然改变因果关系的法定证明标准,[3] 适用比例责任理论以为救济。

然而,在我国医疗审判实践中,包括鉴定意见仅表明不排除医疗行为与患者损害之间存在因果关系的案件在内,很多实质上无法证实因果关系存在的医疗损害责任纠纷,法官普遍以原因力的适用为遮掩,实质施行比例责任救济。如此则混淆了原因力规则与比例责任理论在概念属性、规范功能、作用机理等方面的诸多不同,如同《医疗损害责任解释》制定者对于原因力属性功能的认知所误导的,试图以原因力或参与度作为确立相关方责任和限制损害赔偿范围的万能"良药"。[4] 然则,事实因果关系本在限制责任、实现正义和维护法律安定性上具有作用,而凡是因果关系不明的疑难案件,普遍依照原因力规则适用"比例责任",导致我国医疗损害责任构成中的因果关系形同虚设,并引发"有医疗过失必有责任"的现象。[5] 如此偏执于受害人的救济,不可避免忽略了行为自由面向的医疗风险应对、医疗未知探索等价值,造成过度威慑,并可能不当刺激诉讼泛滥,损害社会正义。[6] 比较法上,奥地利是少有的在医疗案件中接受比例责任的国家之一,其根据原因的可能性在双方之间分配风险,但前提要求证明被告违反其注意义务的行为极具危险性。[7] 所以,其比例责任的适用参酌了过错程度、风险施加等综合因素,并非仅以原告证明"一定比例"之因果关系可能性为已足。因此,比例责任更像是偏离于传统归责系统的个案衡平救济。然在我国当前,立法和理论并未明确比例责任的适用条件与范围,在医疗审判实践中,在

---

[1] 杜仪方:《日本预防接种事件中的因果关系——以判决为中心的考察》,载《华东政法大学学报》2014年第1期。

[2] 李小芬:《医疗民事责任因果关系之研究》,台湾大学2008年法律硕士论文。

[3] 潘剑锋:《民事诉讼证明责任纲要——对民事证明责任基本问题的认识》,载《政治与法律》2016年第11期。

[4] 满洪杰:《医疗损害责任因果关系虚无陷阱及其化解》,载《法学》2018年第7期。

[5] 满洪杰:《医疗损害责任因果关系虚无陷阱及其化解》,载《法学》2018年第7期。

[6] 如此将使得医疗人员不敢开展具有较高风险的诊疗活动。美国教授Benjamin L. Liebeman通过对我国医疗纠纷处理情况的实证研究发现,"医生承认会因担心不良后果引发'医闹'而避开难度大的病例,代之以将患者推向省级医院"。而法院乐于选择中庸之道,"倾向于通过判决寻找平衡,在很大程度上拒绝'胜者全赢'的结果",也尽力避免有过失的医方不承担责任的结果。See Benjamin L. Liebeman, Malpractice Mobs: Medical Dispute in China, *Columbia Law Review*, 2013, Vol. 113. P.242, 288.

[7] See Bernhard A. Koch, Medical Liability in Austria, in Israel Gilead, Michael D. Green and Bernhard A. Koch eds., *Proportional Liability: Analytical and Comparative Perspectives*, De Gruyter, 2013, p. 14. Marta Infantino and Eleni Zervogianni eds., *Causation in European Tort Law*, Cambridge University Press, 2017. p.498.

原因力遮掩下比例责任的广泛适用,具有极大的随意性和不确定性。[①]

总之,原因力概念不宜混同于比例因果关系。在实践中,原因力规则的适用应坚守以因果关系的证成为基础,不应使其自觉不自觉地转化为比例责任救济的实践。[②]至于是否在什么严格条件下可有限认同比例责任的实践,那应该是不同的问题,至少尚未得到充分有效的探讨反思及立法的确立。

第二节 过失相抵适用的特别问题

一、当事人主义或法官职权主义

过失相抵是否须由加害人主张始得适用?法院得否依职权审查适用?此涉及过失相抵的性质,有学者认为基于过失相抵之责任减轻或免除,非为抗辩,而属请求权全部或一部之消灭。故具备其要件时,法院得不待当事人之主张,以职权减轻或免除赔偿责任。[③]此可称为过失相抵适用的职权主义。在比较法上,日本司法实务中存在如此适用的判例,[④]我国台湾地区亦采纳此种适用模式。台湾地区"最高法院"2003年台上字第712号民事判决认为:"按损害之发生或扩大,被害人与有过失者,法院得减轻赔偿金额或免除之,台湾地区'民法'第217条第1项定有明文。此项规定之目的在谋求加害人与被害人间之公平,倘受害人于事故之发生亦有过失时,由加害人负全部赔偿责任,未免失诸过酷,是以赋予法院得不待当事人之主张,减轻其赔偿金额或免除之职权。换言之,基

---

① 放弃因果关系的限制,表面上似乎可以纠正传统因果关系理论的缺陷,但会带来更大的不公正结果和混乱局面。参见满洪杰:《医疗损害责任因果关系虚无陷阱及其化解》,载《法学》2018年第7期;David A. Fischer, Proportional Liability: Statistical Evidence and the Probability Paradox, 46 *Vand. L. Rev.* 1993. pp.1220-1221.

② 在我国医疗损害赔偿审判实践中,还存在借助机会丧失理论同样寻求比例性救济的部分判例。但机会丧失何以为独立的可救济性损害,以及丧失机会之比例如何计算,仍为其引入适用面临的理论与技术难题。此外,机会丧失理论只适用于机会被剥夺场合,不必然契合于医疗侵权的所有情境。但始终值得警惕的是,机会丧失一旦普遍被认可其可救济性,将引发对现有体系的冲击,因为,"几乎任何一种结果损害的请求均可转化为机会丧失"。参见米歇尔·格林、杨垠红:《论比例责任》,载金福海主编:《侵权法的比较与发展》,北京大学出版社2013年版,第170页注[35];Gemma Turton, *Evidential Uncertainty in Causation in Negligence*, London and Portland: Hart Publishing, 2016. P. 215.

③ 史尚宽:《债法总论》,中国政法大学出版社2000年版,第308页;杨立新:《侵权法论》,人民法院出版社2011年第4版,第686页;王泽鉴:《损害赔偿》,北京大学出版社2017年版,第307页;程啸:《论侵权行为法上的过失相抵制度》,载《清华法学》第6辑。

④ 在日本,有判例基于诉讼中出现的资料认为应该认定受害人与有过失时,即使赔偿义务人没有主张过失相抵,法官亦可依职权对此加以斟酌。参见日本最高裁判所1966年6月21日判决,载《最高裁判所民事判例集》第20卷第5号,第1078页。转引自于敏:《日本侵权行为法》,法律出版社2015年第3版,第613页。

于过失相抵之责任减轻或免除,非仅为抗辩之一种,亦可使请求权全部或一部为之消灭,故裁判上得以职权斟酌之。"在我国大陆,诸多裁判亦有相似的观点,如前引"颜天树诉夏志勇生命权、健康权、身体权纠纷案"、"黄某与梁某、梁某1生命权、健康权、身体权纠纷案"中,判决均指认:"过失相抵,是指就损害的发生或扩大,受害人也有过失,法院可依照其职权,按照一定的标准减轻或免除加害人赔偿责任,从而公平合理地分配损害的一种制度。"与职权主义相反的观点主张,过失相抵系属加害人的抗辩,故在侵权损害赔偿诉讼中,法官适用过失相抵的前提须是加害人主张并证明受害人对于其损害的发生或扩大具有过失,法官不得依职权直接认定受害人的过失并进行过失相抵。[①] 此可谓过失相抵适用的当事人主义。过失相抵系属加害人之抗辩,此为当前学界通说,比较法上亦多认同过失相抵适用的抗辩模式。[②]

过失相抵究应依赖于当事人之抗辩抑或得依法官职权适用,我国当前法律实未作明确规定。笔者更倾向于认其为当事人之抗辩。在私法领域,意思自治系属根本。尽管侵权责任法较之合同法更具强制品性,但在侵权损害赔偿纠纷中,受害人是否提出诉讼并主张多大范围请求,加害人是否据之提出各种抗辩主张,均应属于当事人自治的范畴。"加害人未主张过失相抵,则不应当由法院越俎代庖,替当事人判断实体法上的权利义务关系"[③]。

二、涉及不可抗力时的过失相抵

(一)学说介绍

当加害人行为、受害人与有过失行为与不可抗力因素如地震、山崩等相结合造成损害,适用过失相抵时,不可抗力因素造成的损害是否及如何在加害人与受害人之间分摊,对此颇有争论,学说上观点主要有三:

1. 受害人不承担说

此说又有学者称之为绝对说,主张应忠实顺从过失相抵的意旨,仅斟酌受害人与有过失的程度,从而减少或免除加害人的责任。受害人仅对自己与有过失造成的损害负责;而加害人不仅要对自己行为造成的损害承担赔偿责任,还要承担因不可抗力造成损害的部分。例如,加害人过失行为对应之损害为50%,受害人与有过失对应的损害为30%,不可抗力原因对应的损害为20%,则

---

① 曾世雄:《损害赔偿法原理》,中国政法大学出版社2001年版,第269页。

② 在进行比较的国家中,过失相抵通常是一种必须由被告主张并加以证明的抗辩。参见U.马格努斯、M.马丁-卡萨尔斯主编:《侵权法的统一·共同过失》,叶名怡、陈鑫译,法律出版社2009年版,第398页。

③ 王利明、周友军、高圣平:《中国侵权责任法教程》,人民法院出版社2010年版,第294~295页。

加害人除应负担自己过失行为所致之 50% 的损害外，尚需负担因不可抗力因素造成的 20% 的损害，而受害人仅需负担自己与有过失造成的 30% 损害。[①]

2. 比例分担说

此说又被称为相对说，意指应首先比较加害人之过失与受害人之与有过失，确定过失之比例，对于不可抗力所致损害部分，依照双方过失比例分担。如前之设例，以比例分担说，则加害人应负担 62.5% 的损害。[②]

3. 受害人承担说

该种观点认为，加害人只根据其责任范围负担与其自身行为相关联的损害部分，其余部分（不可抗力部分）均由受害人承担。[③] 日本名古屋地方裁判所昭和四十八年（1973 年）8 月 30 日的一份判决采纳此项见解。在该案中，一旅游大客车在行驶中被泥石流冲进河里，造成多人死伤。在一审判决中，名古屋地方裁判所将不可抗力的关联程度确定为 40%，将国家在道路管理上的瑕疵、客车司机的疏忽等方面的原因判为 60%。判决指出："赔偿的范围……应当限于将不可抗力之原因所作用的部分扣除之后的范围内。"即因不可抗力造成的损害部分不属于赔偿之范围。但有学者评价认为，此判决未因不可抗力而使主体免责，而是在计算赔偿范围时适当斟酌不可抗力的关联程度，因而这里的不可抗力是"斟酌性的不可抗力"，并非"免责性的不可抗力"。[④]

（二）学说评述

不可抗力原因与当事人过失相竞合时，如何适用过失相抵，更多人主张比例分担说，认为该说更具公平性与妥当性。因为，过失相抵之实质并不是侵权责任的构成要件，而是决定损害赔偿额的手段，其遵循的原则是公平性与妥当性，所参考的因素应是与事故相关的各方面因素，目的在于实现"损害的公平分担"。故，比例分担说更具有公平性。[⑤]

笔者认为，私法自治与责任自负，乃私法之基本价值理念。损害原则上应由所有人自己承受，除非有转移损害的特别干预理由。"就受害人的自我负责而言，其损失不应由第三人承担不仅是逻辑上的必然，而且也是公正和公平

---

① 曾隆兴：《详解损害赔偿法》，中国政法大学出版社 2004 年版，第 435 页；李薇：《日本机动车事故损害赔偿法律制度研究》，法律出版社 1997 年版，第 236 页。

② 曾隆兴：《详解损害赔偿法》，中国政法大学出版社 2004 年版，第 435 页；李薇：《日本机动车事故损害赔偿法律制度研究》，法律出版社 1997 年版，第 236~237 页。

③ 李薇：《日本机动车事故损害赔偿法律制度研究》，法律出版社 1997 年版，第 236 页。

④ 李薇：《日本机动车事故损害赔偿法律制度研究》，法律出版社 1997 年版，第 236~237 页。

⑤ 李薇：《日本机动车事故损害赔偿法律制度研究》，法律出版社 1997 年版，第 217 页。另可参照曾隆兴：《详解损害赔偿法》，中国政法大学出版社 2004 年版，第 435 页；李颖：《论侵权法上的比较过错制度》，中国政法大学 2008 年博士学位论文。

的"①。"传统侵权法以以下原则为基础：每个侵权人只为他自己导致的损失负责任"②。在一般侵权行为，加害人负责须有过错之要件，而对于不可抗力，则普遍被确立为加害人免责的事由，何以在过失相抵中不可抗力转而成为加害人须负责或部分负责之情形？笔者以为，加害人应仅对自己的过错或原因负责，加害人"对因不可抗力引起的事故之发生如果已尽社会一般观念所认为的一切必要的注意义务而仍未能避免其发生时"③，应获免责。故笔者更认同受害人承担说。

三、双方均受损时的过失相抵

（一）不同的计算方法

过失相抵，若仅一方受损，只要将受害人损害总额减去受害人应承担之数额，即为加害人的损害赔偿额。但在一些侵权事故中，常发生双方受损问题，如船舶碰撞、交通事故或互殴，此时如何进行损害分担，不无疑问。在实践中，当双方均有过失，且双方均有损害发生时，过失相抵适用的计算方式有单一主义与交叉主义之分。

1. 单一主义

单一主义是将各方损失视为一个整体，依各方责任比例，分别负责。具体而言，在双方受损情形，首先将双方损害相加得出总额，以该总额乘以各自之原因力比例，计算出各方应分担的损害额，若一方所受损害超过其应分担额，超过部分即属他方应赔偿之损害额。举例言之，AB两车相撞，A车损害为10万元，B车损害为20万元，A车致损原因力比例为60%，B车致损原因力比例为40%。按照单一主义计算方法，首先，计算AB两车的总损害额为30万元；然后，将损害总额30万元分别乘以AB两车的原因力比例，得出AB两车应分担损害额分别为18万元与12万元；最后，将B车的损害额20万元减去其应分担的损害额12万元，结果即为B有权请求A承担的损害额8万元。

2. 交叉主义

交叉主义则是分别计算主张各方的侵权责任，即各方就自己所受损害，计算得向对方请求承担其应分担部分的损害额。仍举前述设例，按交叉主义计算方法，A的损害为10万元，其致损原因力比例为60%，则A可以向B请求赔偿

---

① U.马格努斯、M.马丁-卡萨尔斯主编：《侵权法的统一·共同过失》，叶名怡、陈鑫译，法律出版社2009年版，第294页。

② Leonard Charles Schwartz, The Myth of Nonapportionment among Tortfeasors under Traditional Tort Law and Its Significance for Modern Comparative Fault, 19 *Northern Kentucky Law Review*, 1991. p. 86.

③ 李薇：《日本机动车事故损害赔偿法律制度研究》，法律出版社1997年版，第236页。

的损害额为 4 万元;B 的损害为 20 万元,其致损原因力比例为 40%,乙据此可以向 A 请求赔偿的损害额为 12 万元;然后将 AB 可以请求对方赔偿的数额相互抵扣,得出 B 可以要求 A 承担的赔偿额亦为 8 万元。可见,两种方法的计算结果并无差别。[①]

（二）计算方法的选择

关于上述情形的过失相抵计算方法,我国法律规范基本未有涉及。1984 年最高人民法院《关于贯彻执行民事政策法律若干问题的意见》第 72 条中有规定:双方都有过错、互有损害的,要分清双方过错和责任大小,应由双方各自承担相应的赔偿责任。据此,可认为系采"交叉主义"计算方法。其后,《民法通则》《侵权责任法》《民法典》及其他法律法规、司法解释对此问题均未再涉及。

采纳交叉主义的话,使得双方均得对对方有所主张,其后面临的问题是双方损害赔偿请求可否基于一方之意思表示而抵销。对此,美国《统一比较过错法》第 3 条只认可双方合意抵销,否定了单方抵销。该条规定:"除非双方合意,请求与反请求不能相互抵销。尽管基于动议,如果法院查明双方当事人都可能无法清偿债务,可以命令双方当事人向法院进行支付以进行分配。法院应该对收到的基金进行分配并宣布债务被清偿,各方向法院支付的效果应该如向对方支付一样,任何返还给一方的基金相当于来自于对方的支付。"但其后美国《侵权法重述（第三次）》第 9 条"判决的抵销"则确认了单方抵销的规定:如果同一诉讼中的双方当事人相互负有责任,那么各方均有权抵销对方享有的相应赔偿额。在我国,《民法典》第 568 条规定:"当事人互负债务,该债务的标的物种类、品质相同的,任何一方可以将自己的债务与对方的到期债务抵销;但是,根据债务性质、按照当事人约定或者依照法律规定不得抵销的除外。"依照该规定,对于双方损害赔偿之债,原则上应认许单方抵销权的存在,但一般认为,为了更好地实现对人身损害受害人的救济,人身损害赔偿属于不得被单方主张抵销的债权。

综上所述,两相比较,单一主义计算方法更为简单,在诉讼实务上,为免互相求偿之不便,应以采用单一主义计算为宜。[②] 当然,交叉主义配合单方抵销的认可,亦可实现大致相同的法律后果,不会增加一方求偿不能的风险。只是,若涉及人身损害赔偿,尤其是仅有一方存在人身损害的情形,另一方作为赔偿义务人应不得主张抵销,此时,似以采纳交叉主义计算方法更为适宜。所以,笔者认同,就双方均受损时过失相抵的计算方法的选择,应以单一主义为原则,交叉

---

① 以上关于单一主义与交叉主义的介绍,具体可参照曾隆兴:《详解损害赔偿法》,中国政法大学出版社 2004 年版,第 436~437 页。

② 曾隆兴:《详解损害赔偿法》,中国政法大学出版社 2004 年版,第 437 页。

主义为补充。[①]

四、部分请求与过失相抵

(一)部分请求合法性论争

在侵权责任法中，部分请求是指受害人并非对自己损害的全部，而是对损害中的一部分请求赔偿的情形。就单一之诉讼标的，可否为部分请求，诉讼法学上颇有争论，主要涉及首次部分诉讼后，受害人得否就剩余部分损害提起诉讼，以及前诉与后诉之间的关系等问题。

现今学说与实务普遍肯定首次部分请求的正当性，现实方面的理由包括诉讼标的大，受害人并无胜诉把握，又恐负担大额诉讼费用，先提起部分请求之诉，以试验有无胜诉可能；受害人请求损害赔偿，自行过失相抵而为部分请求；受害人基于事实的预决效力，允许部分请求不会导致被告遭受讼累，也不会造成法院的审理负担；或者是基于避免诉讼风险、克服执行难等方面的权衡。[②]

但事实上，部分请求问题的疑难和讨论重点应在于剩余部分请求是否具有合法性的问题上。对于该问题，根据我国《最高人民法院关于适用〈中华人民共和国民事诉讼法〉的解释》第247条[③]所确立的禁止重复起诉原则，我国多有学者认为，剩余部分请求与前诉在当事人、诉讼标的和诉讼请求三个方面均同一，将因违背禁止重复起诉原则而不具备诉的合法性。[④]但剩余部分请求合法性的否定并非绝对，通常承认例外的存在。我国持肯定论学者一般认为，在剩余部分请求的具体实施上，原告必须在第一次起诉时明示为部分请求，并说明仅作部分请求之诉的正当理由，且若败诉，不得再提起剩余部分请求。即允许提出剩余部分请求，但须满足"明示部分请求"、"说明正当理由"、"获得胜诉判决"

---

① 王竹：《侵权责任分担论——侵权损害赔偿责任数人分担的一般理论》，中国人民大学出版社2009年版，第328页。

② 袁琳：《部分请求的类型化及合法性研究》，载《当代法学》2017年第2期；曾隆兴：《详解损害赔偿法》，中国政法大学出版社2004年版，第438页注〔28〕。日本有学者认为，部分请求的理由在于尽早从裁判所得到被告负有损害赔偿义务的判决，全额损害赔偿诉讼的提起则所需诉讼费用较多，故首先请求部分赔偿。参见圆谷峻：《判例形成的日本新侵权行为法》，法律出版社2008年版，第236页。

③ 《最高人民法院关于适用〈中华人民共和国民事诉讼法〉的解释》第247条规定："当事人就已经提起诉讼的事项在诉讼过程中或者裁判生效后再次起诉，同时符合下列条件的，构成重复起诉：（一）后诉与前诉的当事人相同；（二）后诉与前诉的诉讼标的相同；（三）后诉与前诉的诉讼请求相同，或者后诉的诉讼请求实质上否定前诉裁判结果。当事人重复起诉的，裁定不予受理；已经受理的，裁定驳回起诉，但法律、司法解释另有规定的除外。"

④ 袁琳：《部分请求的类型化及合法性研究》，载《当代法学》2017年第2期。王亚新教授指出，在我国的民事司法实务中，部分地或断续地提出请求通常不会得到认可，除非原告确有理由不得不诉诸部分请求，才可能例外承认其合法性。参见王亚新：《诉讼程序中的实体形成》，载《当代法学》2014年第6期。

三项要件。① 之所以附条件允许受害人提起剩余部分损害之诉，是因为部分请求否定论学者所担忧的恶意诉讼和重复诉讼在实践中并不存在或并非想象的那样严重，从降低诉讼成本、缓解执行难、回应司法实践需求等角度出发，我国有必要确立部分请求制度。② 但须附上前述三要件，理由在于"给予被告再次应诉的心理准备，促使其在首次诉讼中积极进行防御；提示法院注重本诉与可能的后诉之间的关系；防止原告违背诚实信用原则给法院和被告造成多次负担"③。

（二）部分请求时过失相抵适用的学说

依照前述通行的学说与实务观点，首次部分请求皆得肯定，且在满足条件的情形下，受害人亦得就剩余部分损害提起诉讼。如此，假设受害人就 100 万元损害，仅请求 50 万元，而与有原因力为 30%，如何适用过失相抵则不无分歧，比较法上的学说计有三种，下分述之。④

1. 外部说

外部说要求以全部损害额为基础，乘以受害人的减额比例，在减额之后的损害额限度内认许赔偿请求权，受害人请求额若不超过该限额，可依请求额全额赔偿，若超过限额，则以限额为赔偿数额。举上述设例，受害人全部损害为100 万元，依过失相抵，可得请求 70 万元，但受害人仅请求 50 万元，故可全额支持 50 万元的请求。

2. 内部说

内部说主张从害人请求额中减去以全部损害额为基础依过失相抵计算得出的减少数额，如有余额，该余额即为赔偿额。在前设例中，过失相抵的减少额为 30 万元，受害人请求赔偿额为 50 万元，则准许的赔偿额为 20 万元。

3. 按份说

按份说主张，只对受害人请求的部分适用过失相抵，以请求的数额为基础

① 黄毅：《部分请求论之再检讨》，载《中外法学》2014 年第 2 期；袁琳：《部分请求的类型化及合法性研究》，载《当代法学》2017 年第 2 期；严仁群：《部分请求之合法路径》，载《中国法学》2010 年第 2 期。日本学说与实务通说亦持大致相同的观点。日本最高裁判所昭和三十七年（1962 年）8 月 10 日判决指出，"如果明确表示其诉讼仅仅是就一个债权之数量上的一部分而提起的场合，该诉讼之诉讼物便仅意味上述债权之一部的存否，而非其全部的存否。因此，对部分请求所作的判决，其法律效力不及对其余额之请求"。简而言之，只要在诉讼时表明其请求为部分请求，在胜诉后可就其余额再次提起诉讼。但也有否定观点认为，即使原告明示其请求为部分请求，也不得将诉讼物之整体分开起诉，只能将部分请求作为全部请求处理。参见李薇：《日本机动车事故损害赔偿法律制度研究》，法律出版社 1997 年版，第 228 页。

② 黄毅：《部分请求论之再检讨》，载《中外法学》2014 年第 2 期。

③ 袁琳：《部分请求的类型化及合法性研究》，载《当代法学》2017 年第 2 期。

④ 以下关于不同学说的介绍，具体可参见曾隆兴：《详解损害赔偿法》，中国政法大学出版社 2004 年版，第438~439 页；圆谷峻：《判例形成的日本新侵权行为法》，法律出版社 2008 年版，第237 页；李薇：《日本机动车事故损害赔偿法律制度研究》，法律出版社 1997 年版，第229~230 页。

计算减额后的损害赔偿额，受害人请求之外的剩余损害额得在其后再次请求，部分请求与余额请求的过失相抵率应保持一致。在上述设例，依按份说，受害人主张 50 万元损害赔偿，以 50 万元为基础按 30% 比例扣减，则受害人可获得的损害赔偿额为 35 万元。

（三）适用方法选择

在以上三种学说中，内部说仅为学者自理论层面提出的尝试，对受害人殊为不利，未尝有学说、判例支持者。支持按份说的观点认为，过失相抵属于法官在公平价值引导下对结果的裁量调整，不应容许当事人选定应予斟酌或扣除的对象。审判若仅针对受害人提出的部分请求，判决也应仅对该部分具有法律效力。过失相抵的扣减比例对于请求部分与未请求部分应当一致，但应当在不同诉讼中分别予以减额。[①] 但日本学说与实务更多支持外部说。有学者认为，受害人通常无法准确预测法官判决认定的损害额及过失相抵比例，故多在预估胜诉盖然性较高的范围内请求赔偿，并冀望相关诉讼成本较为合算。所以，外部说在实务上可能较其他学说更接近当事人的上述意思。[②]

对于按份说与外部说的抉择，曾隆兴教授认为，"关于过失相抵，法官既有裁量之权，则无论采取外部说或分摊说，均无不可。惟如原告已自行过失相抵，而以过失相抵后之金额请求赔偿，又无再行起诉之意思者，自以采用外部说计算损害较为允当"[③]。但事实上，在司法实务中，受害人之所以仅就部分请求起诉，现实原因可能多样，不一而足，其后就剩余部分损害是否可得再次诉讼，是否有意再次诉讼，均难以确保在判决中核定清楚，判决后不再变化。所以，笔者更倾向于采用外部说，更能体现侵权损害关系中依照受害人与有原因力适用过失相抵减额的理念，但若受害人其后再就剩余损害提起诉讼，应使后诉与前诉相联系，确保加害人前后诉中损害赔偿的扣减总额，不得超过以全部损害为基础乘以受害人与有原因力比例得出的数额。

五、数人侵权责任中的过失相抵

（一）问题之所在

侵权法的过失相抵规则，重在规范单个加害人与受害人之情形，但若涉及多数加害人与受害人，其适用可能趋于复杂，较易引发论争。例如甲与乙驾车

[①] 李薇：《日本机动车事故损害赔偿法律制度研究》，法律出版社 1997 年版，第 229 页。

[②] 李薇：《日本机动车事故损害赔偿法律制度研究》，法律出版社 1997 年版，第 229~230 页。另可参照圆谷峻：《判例形成的日本新侵权行为法》，法律出版社 2008 年版，第 237 页。

[③] 曾隆兴：《详解损害赔偿法》，中国政法大学出版社 2004 年版，第 439 页。

互撞,伤及骑机车的丙及搭乘该机车的丁。在此情形,甲、乙、丙、丁均各有过失时,如何适用过失相抵以在当事人间分配损失,其方法有二:(1)个别衡量,即就个别当事人的与有过失而为衡量;(2)整体衡量,即将一方当事人作为整体而为衡量。①

受害人为多数人时,因法律几无将其作整体对待的规定,且多数受害人对于损害发生或扩大的与有过失可能不同,所以,宜采个别衡量方法,应无异议。但在多数加害人情形,因多数加害人对于受害人的损害可能有承担连带责任或按份责任之分,且涉及多数加害人之间的责任分割,所以,如何适用过失相抵以确定多数加害人与受害人间的损失分担,则更显疑难。

(二)实务与学说的比较概述

对于上述问题,我国现行法并无详细条款直接应对。过往司法实践中,多数人侵权情形过失相抵的适用,无论系属《侵权责任法》第8条的共同侵权或第11条、第12条的聚合侵权、分别侵权,几无例外地采取整体衡量的适用方法,即将数个侵权人的行为一体把握,在总损害中扣除被侵权人应予承担的损害额比例后,由数个侵权人就扣除后的损害额承担连带责任或承担按份责任。②在学说层面,国内学界对该问题的研究相当有限,较多主张整体衡量适用的观点。③而在

① 王泽鉴:《损害赔偿》,北京大学出版社2017年版,第335页。
② 周江洪:《绝对过失相抵抑或相对过失相抵——数人侵权情形过失相抵方式之考察》,载《浙江社会科学》2014年第10期。在笔者查阅的适用过失相抵的多数人侵权案例中,涉及共同侵权的案例较多,均采整体衡量的适用方法,如"王明刚、彭玉芬与陈永芬健康权纠纷案",四川省攀枝花市中级人民法院(2017)川04民终字651号民事判决书;"黄双秀诉罗道庸等生命、健康、身体权纠纷案",湖南省邵阳市中级人民法院(2017)湘05民终字1178号民事判决书;"沈爱龙、胡彬等生命权、健康权、身体权纠纷案",江苏省泰州市中级人民法院(2015)泰中民终字第01251号民事判决书。即使在涉及聚合侵权、分别侵权的多数人侵权中,也采纳整体衡量的方法。如在"吴丰翠、李洪三等与中国人寿财产保险股份有限公司临沂市中心支公司纠纷案"[山东省青岛市中级人民法院(2015)青民五终字第1952号]中,被告1驾驶挂重型半挂车与驾驶拖拉机的原告相撞,被告1所驾驶车辆的左侧轮胎碾压原告头部;后被告2驾驶超载的挂重型半挂牵引车将倒在路面的原告再次碾压,最终原告死亡。法院认定三个当事人均有过错,被告1、被告2的侵权行为均足以造成受害人死亡,故根据《侵权责任法》第11条有关聚合侵权及第26条有关过失相抵的规定,酌定受害人自担20%的责任、二侵权人对外连带承担80%的责任和对内各自承担40%的责任。在"原告蒋某1诉被告张某、李某1、李某2生命权、健康权、身体权纠纷案"[湖南省道县县人民法院(2016)湘1124民初第2110号]中,原告被雇佣为房屋倒板,没有戴安全帽,被从三楼掉落的钢筋插入头部死亡。法院认定,原告与被告张某、李某1、李某2均有过错,三被告构成无意思联络的数人侵权,适用《侵权责任法》第12条之规定确定责任,最终判定,原告对于其损害自行承担30%的责任,余下70%,被告张某承担20%的责任,被告李某1、李某2各自承担25%的责任。
③ 周江洪:《绝对过失相抵抑或相对过失相抵——数人侵权情形过失相抵方式之考察》,载《浙江社会科学》2014年第10期;孙维飞:《〈侵权责任法〉第12条之解释论及其体系辐射力研究——数人侵权责任中被误读的中国特色及其再阐释》,载王洪亮等主编:《中德私法研究》第12辑;王竹:《侵权责任分担论——侵权损害赔偿责任数人分担的一般理论》,中国人民大学出版社2009年版,第337~353页;王利明:《侵权责任法研究(上)》,中国人民大学出版社2010年版,第470~471页。

比较法上，针对不同的多数人侵权形态，究应采用整体衡量或个别衡量的过失相抵方法，则有一定的分歧与争论。例如，日本最高院在平成十三年（2001年）与平成十五年（2003年）两个涉及多数人侵权的判例中，分别采用个别衡量、整体衡量的过失相抵方法，由此引发了日本学说上较为广泛的讨论。① 有学者借此总结认为，如同平成十五年（2003年）判决一样，在一个事故中，且得以认定绝对的过失比例时，采用绝对（整体衡量）的方法，而如同平成十三年（2001年）判决一样，各侵权行为的加害人及受害人的过失内容具有不同的性质时，则采用相对（个别衡量）的方法。② 由此可见，在该问题上，域外法律适用状况与我国的司法实践存有差异。对于该适用差异，有学者提出怀疑：这究竟是比较法上所争论的一个伪命题，还是我国司法实践的简单化处理忽视了问题的本质？③

事实上，关于多数人侵权情形的过失相抵方法，尽管各国可能存在一定的差异与争论，但整体而言，包括日本、比利时、英国、意大利、波兰、西班牙、德国、瑞典、美国、台湾地区等在内的大多数国家或地区，立法或司法坚持或原则上坚持以整体衡量为适用方法。④ 即如西班牙所认同的，"在受害人的共同过失与数个侵权人的过失责任共存的情形下，一般规则要求，在侵权人内部进行责任划分之前，必须从总赔偿额中减去受害人因共同过失必须自行承担的损害赔偿份额"⑤。我国台湾地区"最高法院"同样采整体衡量方式，即将多数共同加害人的过失作为一个整体，而与被害人的与有过失加以衡量，决定其赔偿金额。⑥

在多数国家或地区，整体衡量方法之所以被首选，或与如下原因相关：

（1）多数加害人的一体性

有两个以上加害人共同实施加害行为或者有教唆者和辅助人的，需要将众多侵权人造成损害的作用作为一个整体来考虑，因此，损害赔偿责任的分配是

① 具体案例及其分析，参见周江洪：《绝对过失相抵抑或相对过失相抵——数人侵权情形过失相抵方式之考察》，载《浙江社会科学》2014年第10期。

② 吉村良一：《共同不法行为と过失相杀》，载于中田裕康等：《民法判例百选Ⅱ》，有斐阁2009年第6版，第193页。转引自周江洪：《绝对过失相抵抑或相对过失相抵——数人侵权情形过失相抵方式之考察》，载《浙江社会科学》2014年第10期。

③ 周江洪：《绝对过失相抵抑或相对过失相抵——数人侵权情形过失相抵方式之考察》，载《浙江社会科学》2014年第10期。

④ 具体可参照周江洪：《绝对过失相抵抑或相对过失相抵——数人侵权情形过失相抵方式之考察》，载《浙江社会科学》2014年第10期；U.马格努斯、M.马丁-卡萨尔斯主编：《侵权法的统一·共同过失》，叶名怡、陈鑫译，法律出版社2009年版，第58、93、125、126、175、233、267、290、320页；王泽鉴：《损害赔偿》，北京大学出版社2017年版，第336页。

⑤ U.马格努斯、M.马丁-卡萨尔斯主编：《侵权法的统一·共同过失》，叶名怡、陈鑫译，法律出版社2009年版，第267页。英国同样主张：在多数被告对同一损害共同承担责任的场合下，正式的规则是，受原告共同过失影响而被减少的损害赔偿额应当在被告之间分摊责任比例之前作出。U.马格努斯、M.马丁-卡萨尔斯主编：《侵权法的统一·共同过失》，叶名怡、陈鑫译，法律出版社2009年版，第93页。

⑥ 王泽鉴：《损害赔偿》，北京大学出版社2017年版，第336页。

在与有过失的受害人一方和作为另一方的加害人全体之间进行的。① 这尤其适用于多数加害人须承担连带责任的情形，此时，"侵权被视为一个整体并因而形成了一个加害人间的'债之共同体'（进行损害赔偿）"②。当然，若多数加害人承担的是按份责任，则分歧与争论可能更大些。

（2）受害人与有过失指向损害而非加害人

在过失相抵中，受害人与有过失所涉及的，"不是侵害他人权益或违法问题，而是未善尽自我注意，避免损害的发生或扩大"③。在侵害与受害关系中，受害人的与有过失并非真的与加害人的过失对称性地存在。受害人的与有过失不是指其针对任何加害人的过失，而是"针对自己"的与有过失。④ 所以，在波兰，于多数人侵权情形，判断受害人对哪一个侵权人存在过失并不重要。比较而言，重要的是，他的过失是否对损害的发生或扩大有促进作用。⑤ 同样的，在比利时，某受害人针对一个或几个加害人是否共同过失或者对不同的加害人过错程度不同，并不十分重要。不同的当事人的过错行为必须和损害的发生联系在一起衡量，而不是他们之间的相互关系。⑥

（3）简化法律适用

在数人侵权情形，将多数加害人的过失作为一方整体衡量，与受害人的与有过失进行过失相抵，另一主要考量理由在于简化法律适用，亦可避免受害人同一过失可能被重复"相抵"的谬误。⑦ 在《侵权法的统一·共同过失》的英国国别报告里，讨论了这样一个案件：D1 和 D2 同时造成某行人受伤；D1 只是轻微违反了交通法规，而 D2 则是醉酒后疯狂开车，且原告的轻微与有过失只是针对其中某一个被告。事实上，假使 D1、D2 造成原告同一损害，原告的与有过失在于造成其所受损害的发生，很难想象原告的与有过失仅指向某特定被告存在。当然，若法律特别规定，重大过失的被告不得主张原告的轻微过失而过失相抵，则该案件中确实只有 D1 得主张原告的与有过失。当然，此时涉及的是有

---

① U. 马格努斯、M. 马丁-卡萨尔斯主编：《侵权法的统一·共同过失》，叶名怡、陈鑫译，法律出版社 2009 年版，第 125~126 页。

② U. 马格努斯、M. 马丁-卡萨尔斯主编：《侵权法的统一·共同过失》，叶名怡、陈鑫译，法律出版社 2009 年版，第 175 页。

③ 王泽鉴：《损害赔偿》，北京大学出版社 2017 年版，第 309 页。

④ U. 马格努斯、M. 马丁-卡萨尔斯主编：《侵权法的统一·共同过失》，叶名怡、陈鑫译，法律出版社 2009 年版，第 93 页。

⑤ U. 马格努斯、M. 马丁-卡萨尔斯主编：《侵权法的统一·共同过失》，叶名怡、陈鑫译，法律出版社 2009 年版，第 224 页。

⑥ U. 马格努斯、M. 马丁-卡萨尔斯主编：《侵权法的统一·共同过失》，叶名怡、陈鑫译，法律出版社 2009 年版，第 58 页。

⑦ 王泽鉴：《损害赔偿》，北京大学出版社 2017 年版，第 336 页。

关过失相抵的特别规定问题,而非原告对于所受同一损害仅对特定被告与有过失。英国报告指出,该案件中,在不考虑D1、D2的过错程度差别的情况下单独衡量了原告的与有过失程度,并援引丹宁爵士在另案中的如下观点以支持:"如果(两个被告人)都对引发损害有过错,是否可能得出结论说原告的损害是针对其中一个而减少的,而不是针对另一个? 即便这是可能的,这两个驾驶员之间的比例又该如何确定呢? 损害比例的评估是不是会超出或低于损害赔偿呢? 如果《1945年(共同过失)法律改革法》要涉及这样的问题,将把很多复杂因素引入法律中。法律似乎在考虑,如果原告自身的过错是造成事故的原因之一,他的损害赔偿就要针对其他那些过错造成事故的人相应地减少,无论其是否起诉他们,这些人之间也要就已经减少的损害赔偿额按比例承担各自的责任。"[1]

(三)我国数人侵权规范体系之下的解释选择

在整体衡量之外,是否及在哪些数人侵权情形的过失相抵采用个别衡量的方法,各个国家或地区或有不同。这主要取决于各自不同的数人侵权体系。我国的数人侵权制度当前主要规定于《民法典》第1168条至第1172条,分别规范狭义共同侵权行为、唆助型共同侵权行为、共同危险行为、聚合侵权行为与分别侵权行为。其中,前四种数人侵权情形,均使多数加害人需对受害人承担连带责任。被指称最具有中国侵权法特色的当属第1172条的规定,"二人以上分别实施侵权行为造成同一损害,能够确定责任大小的,各自承担相应的责任;难以确定责任大小的,平均承担责任"。在共同侵权行为与特别类型的共同危险行为规范之外,第1172条的规定使得分别侵权行为的数个侵权人原则上承担按份责任,除非构成第1171条规定的聚合侵权情形。有学者将其与数人侵权原则上须承担连带责任的欧洲法律相对比认为,"按份责任已经深深根植于中国法之中,抛弃它相当于法律衡平的重大转型"[2]。如此可见,在中国当前数人侵权体系中,多数加害人承担按份责任应更普遍,则受害人与有过失时如何适用过失相抵,应否一律采用整体衡量方法,理应得到更多关注。

我国数人侵权体系尽管颇具特色,但就多数加害人对受害人所承担责任的形态而言,仍归连带责任与按份责任之二分。对于连带责任的承担,多数加害人因意思联络、行为一体性或特定政策考量而被整体对待,此时,因受害人与有过失而适用过失相抵,采用整体衡量的方法,当无异议,复可避免法律适用的复

---

[1] U. 马格努斯、M. 马丁-卡萨尔斯主编:《侵权法的统一·共同过失》,叶名怡、陈鑫译,法律出版社2009年版,第94页。

[2] 曹险峰:《〈侵权责任法〉第12条之按份责任正当性论证——兼论第12条与第37条第2款的关系》,载《苏州大学学报》2014年第2期。另可对照欧洲侵权法小组编著:《欧洲侵权法原则:文本与评注》,于敏、谢鸿飞译,法律出版社2009年版,第200页。

杂性。略有争论者在于《民法典》第1171条规范情形的过失相抵。该条规定："二人以上分别实施侵权行为造成同一损害，每个人的侵权行为都足以造成全部损害的，行为人承担连带责任。"该条规范的数人侵权被称为聚合侵权，但本质上仍属单独侵权行为。之所以使多数加害人承担连带责任，并非在于将数侵权人视为一个整体，而是为了避免单独侵权逻辑中"必要条件说"之不足，也为了使数行为人对内分担责任有据。① 借此，有学者举例分析，假设A受有150万元的损害，BC任何一者的侵权行为均足以造成全部损害，A、B、C的过失比例为1∶2∶2。此时，若A依侵权法的规定向B请求损害赔偿，B仅需负担其中的100万元，但因C的偶然加入（无意思联络）而采取整体衡量的过失相抵方法，则B对A负有120万元的债务。因此总结认为，聚合侵权情形的过失相抵，若采用整体衡量的方法，加害人将负担更重的债务。② 对此，笔者以为，聚合侵权确实是为应对单独侵权中"必要条件"检验之不足而特设的规定，其以任一侵权人单独足以造成全部损害为适用条件，但在现实生活中，除了多数加害人很少见地同时造成损害的情形，只要任一加害人先行现实造成全部损害，即意味着其他可能的加害人不可能现实造成损害，只是实践中往往难以切实确定真实的因果关系，所以，只能依照事理逻辑、生活经验等判定，二人以上均足以造成全部损害的，须对受害人承担连带责任。③ 自此而言，在某种程度上，可以说，第1171条的规定也是为应对因果关系不明的特设规定，本质上仍系属单独侵权的范畴。所以，若受害人同时起诉多数加害人，法官应单一地衡量加害人方的与有责任，就如同只是某一害人现实地造成损害，而不是如上述例子的分析，简单地将多数加害人的过失相加，并与受害人的过失依比例分割责任。此外，过失相抵的适用，通常也不是过失的简单对比，法官通常会综合衡量过失、原因力甚至其他因素作裁决。所以，对于聚合侵权情形的过失相抵，笔者认为，仍适宜采用整体衡量的适用方法。

至于《民法典》第1172条的规定，多数加害人对受害人承担按份责任。如甲醉酒行路，因乙路面施工未设置防护设施而摔伤；后甲住院治疗，因甲未遵医嘱配合治疗，且因丙医院医疗处理不当，甲伤口感染而死亡。④ 本案不构成任一

---

① 孙维飞：《单独侵权视角下的共同侵权制度探析》，载《华东政法大学学报》2010年第3期。

② 周江洪：《绝对过失相抵抑或相对过失相抵——数人侵权情形过失相抵方式之考察》，载《浙江社会科学》2014年第10期。

③ 在"吴丰翠、李洪三等与中国人寿财产保险股份有限公司临沂市中心支公司纠纷案"[山东省青岛市中级人民法院（2015）青民五终字第1952号]中，法院判决依据《侵权责任法》第11条，判决两加害人对受害人承担连带责任。判决认为，在本案中，相关当事人之间虽然发生了两次交通事故，但是作为专业机关的交警部门并未认定是哪一起事故导致了李俊友的最终死亡，故原审法院只能推定是两起事故共同导致了李俊友的死亡。

④ 此例子参考孙维飞在《〈侵权责任法〉第12条之解释论及其体系辐射力研究——数人侵权责任中被误读的中国特色及其再阐释》一文中的设例。

加害人单独行为均足以构成全部损害的情形，所以，两个加害人应依照第 1172 条的规定承担按份责任。在本案中，两个加害人及受害人的过失的内容似不相同，如此是否构成日本学说所总结主张的应适用个别衡量的例外情形，即"因侵权人、加害行为以及各当事人过失的内容其性质相异，将其过失比例进行整体认定并不妥当之情形"[①]？对此，笔者认同，如前所述，受害人与有过失是指造成其自身损害发生或扩大的过失，并不是对特定加害人的过失。所以，受害人与有过失，应以损害为视角，不同损害，自可权衡受害人是否均与有过失及其内容、程度，同一损害，受害人与有过失自属同一，不应依加害人之不同而酌定。数人侵权法律体系，本在规范多数加害人造成同一损害时如何承担责任的问题，当然，同一并不限定为单一。若多数加害人造成不同损害，依不同损害单独规范处理即可，无须借助数人侵权法律制度解决。所以，《民法典》第 1172 条旨在规范的分别侵权情形，受害人对于多数加害人造成的同一损害与有过失的，过失相抵的适用仍应采纳整体衡量方法，如此可简化法律适用，亦可避免受害人同一与有过失被重复计算分责的可能。所以，除非上述设例可能被处理为分阶段式的由乙就交通事故部分负责，丙医院就医疗损害部分负责，否则，如果最终面对的是同一的死亡损害，受害人在两个阶段的与有过失最终在其死亡结果中应分担多少比例责任，以及两加害人对于最终死亡结果的过失程度与原因力比例，其实仍然是可以统一裁量的。

总之，笔者认为，对于数人侵权情形的过失相抵，多数加害人对于同一损害无论承担连带责任或按份责任，均应采用整体衡量的适用方法。

---

① 周江洪：《绝对过失相抵抑或相对过失相抵——数人侵权情形过失相抵方式之考察》，载《浙江社会科学》2014 年第 10 期。

结　论

（一）总结

当侵权受害人对于损害发生或扩大与有过失，可适用过失相抵据以减免加害人责任，此为各国司法实务中普遍存在且重要的制度实践。然无论理论或实务，国内法或比较法上，过失相抵制度仍存在诸多分歧与争论。甚至有学者宣称，"在侵权行为法中，没有比它更令人困惑和不可捉摸的问题了"[①]。所以，需要自术语选择、理论基础、法律构成、适用范围、适用方法等方面，就其中争论议题阐述立论。

1. 关于术语的选择，在比较法或学界探讨层面，相关称谓多样，笔者更愿意采纳"与有过失"与"过失相抵"的表述。与有过失仅仅表明受害人对于损害发生或扩大所具有的过错，不等同于过失相抵。与有过失是过失相抵适用的前提；过失相抵是与有过失适用的法律后果。

过失相抵制度经历了两大法系长期的发展演化，自罗马法时期的"庞氏规则"、英美法的"助成过失"，再到当前普遍依照加害人与受害人的过错或致害原因力的比较分担责任，其间反映了不同历史时期社会、文化、经济因素及责任观念的变迁与影响。

2. 过失相抵，只是"形成之语"，其实质主要在于通过评价比较加害人行为与受害人与有过失行为对于损害的原因力，使得加害人仅在其行为的原因力范围内承担责任。

3. 自构成要件而言，过失相抵的适用原则上须以受害人与有过失的存在为前提，此外，要求受害人与有过失行为是损害发生或扩大的共同原因。受害人与有过失，并非对于不侵害他人之一般注意义务的违反；而是基于防免他人处于负责任的不安全状态的视角，受害人对于自身权益安全合理注意要求的违反，系属"不真正义务"。基于社会互动关系的视角、信赖原理及加害人与受害人平等对待的对称性要求，对于受害人与有过失应采与加害人过失判定相同的合理人标准，即以受害人的实为行为与"当为行为"之外在比较判定与有过失，无须特别考量受害人的识别能力或责任能力。

4. 在过失相抵适用范围上，涉及过失相抵适用与否存有争论的相关议题，

[①]　徐爱国：《英美侵权行为法》，法律出版社1999年版，第91页。

以及过失相抵适用范围的扩张与限制等方面。

（1）依照过失相抵实质为原因力比较的法理基础及其构成要件，可以确认，过失相抵可普遍适用于无过错责任的特殊侵权领域，且无损害于无过错责任偏向的受害人救济价值。但基于不同的政策考量，容许无过错责任领域适用过失相抵在特定类型或层面有特别立法规制。至于互殴与精神损害赔偿情形，均应肯定可适用过失相抵规则。

（2）关于过失相抵适用范围的扩张，面临两类争论议题。其一，是否将与受害人相关联的第三人的过失视为受害人与有过失，进而过失相抵。就此，当监护人存在监护过错而被监护人受第三人侵害时，此时构成多数人侵权。除非监护人与第三人例外构成有意思联络的故意侵权，从而应对被监护人承担连带责任，否则，应依照《民法典》第1172条的规定，由数侵权人承担按份责任。在第三人与监护人不承担连带责任时，即使有加害人与被监护人经济上"一体性"考量，也不宜将监护人之过失视为被监护人与有过失而过失相抵。同样，受害人的配偶、近亲属、使用人等相关第三人的过失是否由受害人承担，应在相关第三人与加害人可能构成连带责任的框架下进行讨论，当受害人与其配偶、被监护人之外的其他近亲属存在"一体性"关系时，配偶、其他近亲属的过失应作为受害人过失进而过失相抵；就雇主（受害人）而言，其借助受雇人扩张活动范围，应承担受雇人的过失；至于受害人的其他使用人，除非其与受害人存在"钱包一体"的关系或其他足以肯定二者合归受害人方的特别关系，否则，其他使用人的过失不应由受害人承担。此外，间接受害人应承担直接受害人的过失。其二，涉及过失相抵的类推适用。对于受害人的特殊体质，当其共同构成（异常）损害发生或扩大的法律原因时，可适用或类推适用过失相抵减轻加害人责任。此外，连带侵权责任人间的内部求偿关系以及雇用人对于受雇人内部求偿时，亦应肯定得类推适用过失相抵。

（3）在过失相抵适用范围的限制上，当加害人或受害人单方存在故意或重大过失，而对方只有一般过失或轻微过失时，基于诚实信用原则、政策考量或因果关系要素缺失或中断等理由，原则上应限制过失相抵的适用，由加害人承担全部责任或免除加害人的责任。

5. 阐述过失相抵的适用范围之后，过失相抵的适用，应以原因力比较作为主要决定因素，过错只是作为调整因素或是"判断原因力强弱之参考"。原因力的比较，乃在多因致害构成的情境中，依照某特定原因的致害作用力确定其责任承担份额。原因力规则的适用，以多因致害的构成为前提，由此区别于比例因果关系。原因力的定量分析，当前只能借助实践总结，细分不同的原因类型，尽量赋予较精确的量化区分来辅助判定。

过失相抵，性质上应属当事人之抗辩，故其适用应以当事人之主张为必要。当加害人行为、受害人与有过失行为与不可抗力共同造成损害发生或扩大时，加害人仍仅对自己过错之原因力范围负担，不可抗力所造成的损失，应由受害人承担。在侵权双方均受损时，过失相抵计算方法的选择，应以单一主义为原则，在涉及人身损害赔偿时，例外采纳交叉主义。在受害人仅提出部分请求时适用过失相抵，应采纳外部说，但受害人若再就剩余损害提起诉讼，应确保前后诉中的过失相抵扣减总额，不得超过应扣减的全部数额。最后，多数人侵权情形的过失相抵，应采用整体衡量的适用方法。

（二）展望

过失相抵，在各国之司法实务皆属重要。然在我国，当前相关规定仍偏简略，司法实务在某些争论议题上的裁判分歧颇多，学界对于过失相抵相关问题的研究明显不足，如此种种，均映衬了过失相抵深入细致研究之价值与迫切。

关于过失相抵制度，自《民法通则》至《侵权责任法》，乃至最后编纂归入《民法典》，立法规定均相对简单，其间尽管有《道路交通安全法》《海商法》等单行法及《人身损害赔偿解释》等若干司法解释，对于过失相抵某方面问题或适用作出更针对性或详细的规定，但仍无法完全满足司法实践对于过失相抵诸多问题规定的规范需求，如此仍然将遗留司法裁判中的诸多待解疑难。

法学研究理应妥当回应立法之需求与司法之关切，本著作的研究撰写恰逢我国民法典分则编编纂讨论及至最后《民法典》颁布实施过程中，但愿该研究对于我国过失相抵制度的完善以及司法适用能有所裨益。

参考文献

一、中文资料

（一）著作

1. 王泽鉴：《民法学说与判例研究》（第一册），北京大学出版社 2009 年版。

2. 王泽鉴：《损害赔偿》，北京大学出版社 2017 年版。

3. 王泽鉴：《侵权行为法》，中国政法大学出版社 2001 年版。

4. 王泽鉴：《民法学说与判例研究》（第六册），中国政法大学出版社 1998 年版。

5. 王利明：《中国民法典学者建议稿及立法理由》，法律出版社 2005 年版。

6. 王利明：《侵权行为法归责原则研究》，中国政法大学出版社 2000 年修订版。

7. 王利明、周友军、高圣平：《中国侵权责任法教程》，人民法院出版社 2010 年版。

8. 王利明：《侵权责任法研究》（上卷），中国人民大学出版社 2010 年版。

9. 王利明主编：《人身损害赔偿疑难问题》，中国社会科学出版社 2004 年版。

10. 王利明：《侵权行为法研究》（上卷），中国人民大学出版社 2004 年版。

11. 程啸：《侵权责任法》，法律出版社 2011 年版。

12. 程啸：《侵权行为法总论》，中国人民大学出版社 2008 年版。

13. 崔建远：《合同责任研究》，吉林大学出版社 1992 年版。

14. 张新宝：《侵权责任法原理》，中国人民大学出版社 2005 年版。

15. 黄立：《民法债编总论》，中国政法大学出版社 2002 年版。

16. 林诚二：《民法债编总论——体系化解说》，中国人民大学出版社 2003 年版。

17. 克雷斯蒂安·冯·巴尔：《欧洲比较侵权行为法》（下卷），焦美华译，张新宝审校，法律出版社 2001 年版。

18. 陈卫佐译：《德国民法典》，法律出版社 2006 年版。

19. 肯尼斯·S. 亚伯拉罕等选编：《侵权法重述——纲要》，许传玺、石宏等译，许传玺审校，法律出版社 2006 年版。

20. 徐爱国：《英美侵权行为法》，法律出版社 1999 年版。

21. 马克斯·卡泽尔、罗尔夫·克努特尔：《罗马私法》，田士永译，法律出版社 2018 年版。

22. 丹·B. 多布斯：《侵权法》（上册），马静等译，中国政法大学出版社 2014 年版。

23. 潘维大编著：《英美侵权行为法案例解析》，高等教育出版社 2005 年版。

24. 伯纳德·施瓦茨：《美国法律史》，王军等译，法律出版社 2007 年版。

25. 迈克尔·D. 贝勒斯：《法律的原则——一个规范的分析》，张文显等译，中国大百科全书出版社 1996 年版。

26. 王竹：《侵权责任分担论——侵权损害赔偿责任数人分担的一般理论》，中国人民大学出版社 2009 年版。

27. 王胜明主编：《中华人民共和国侵权责任法释义》，法律出版社 2013 年版。

28. 王胜明：《中华人民共和国侵权责任法解读》，中国法制出版社 2010 年版。

29. 韩世远：《合同法总论》，法律出版社 2018 年版。

30. 李薇：《日本机动车事故损害赔偿法律制度研究》，法律出版社 1997 年版。

31. 埃尔温·多伊奇、汉斯-于尔根·阿伦斯：《德国侵权法——侵权行为、损害赔偿及痛苦抚慰金》（第 5 版），叶名怡、温大军译，刘志阳校，中国人民大学出版社 2016 年版。

32. 李鲲：《典型人身侵权改判案例精析》，中国法制出版社 2005 年版。

33. 梁慧星：《中国民法典草案建议稿附理由》，法律出版社 2004 年版。

34. 于敏：《日本侵权行为法》，法律出版社 2015 年第 3 版。

35. 彼得·斯坦、约翰·香德：《西方社会的法律价值》，王献平译，郑成思校，中国法制出版社 2004 年版。

36. 杨立新：《侵权法总则》，人民法院出版社 2009 年版。

37. 杨立新：《侵权法论》，人民法院出版社 2011 年第 4 版。

38. 圆谷峻：《判例形成的日本新侵权行为法》，赵莉译，法律出版社 2008 年版。

39. 小詹姆斯·A. 亨德森等：《美国侵权法：实体与程序》（第七版），王竹等译，北京大学出版社 2014 年版。

40. 格瑞尔德·J. 波斯特马主编：《哲学与侵权行为法》，陈敏、云建芳译，易继明校，北京大学出版社 2005 年版。

41. R.M. 昂格尔：《现代社会中的法律》，吴玉章、周汉华译，译林出版社 2001 年版。

42. 珍妮·斯迪尔：《风险与法律理论》，韩永强译，中国政法大学出版社 2012 年版。

43. 小奥利弗·温德尔·霍姆斯：《普通法》，冉昊、姚中秋译，中国政法大学出版社 2006 年版。

44. H.L.A. 哈特、托尼·奥诺尔：《法律中的因果关系》，张绍谦、孙战国译，中国政法大学出版社 2005 年版。

45. 曾隆兴：《详解损害赔偿法》，中国政法大学出版社 2004 年版。

46. 张俊浩：《民法学原理》（下册），中国政法大学出版社 2000 年版。

47. 鲁道夫·冯·耶林：《罗马私法中的过错要素》，柯伟才译，中国法制出版社 2009 年版。

48. 马克西米利安·福克斯:《侵权行为法》,齐晓琨译,法律出版社 2006 年版。

49. 周枏:《罗马法原论》(下册),商务印书馆 1996 年版。

50. 邱聪智:《从侵权行为归责原理之变动论危险责任之构成》,中国人民大学出版社 2006 年版。

51. 王卫国:《过错责任原则:第三次勃兴》,中国法制出版社 2000 年版。

52. 张民安:《过错侵权责任制度研究》,中国政法大学出版社 2002 年版。

53. 卡尔·拉伦茨:《法学方法论》,陈爱娥译,台湾五南图书出版公司 1996 年版。

54. 彼得·凯恩:《侵权法解剖》,汪志刚译,北京大学出版社 2010 年版。

55. 迪特尔·梅迪库斯:《德国债法总论》,杜景林、卢谌译,法律出版社 2004 年版。

56. 全国人大常委会法工委民法室:《〈中华人民共和国侵权责任法〉条文说明、立法理由及相关规定》,北京大学出版社 2010 年版。

57. 薛波主编:《元照英美法词典》,法律出版社 2003 年版。

58. 史尚宽:《债法总论》,中国政法大学出版社 2000 年版。

59. 孙森焱:《民法债编总论》(上册),法律出版社 2006 年版。

60. U. 马格努斯、M. 马丁-卡萨尔斯主编:《侵权法的统一·共同过失》,叶名怡、陈鑫译,法律出版社 2009 年版。

61. 曾世雄:《损害赔偿法原理》,中国政法大学出版社 2001 年版。

62. 全国人大常委会法制工作委员会民法室编:《侵权责任法立法背景与观点全集》,法律出版社 2010 年版。

63. 胡雪梅:《"过错"的死亡——中英侵权法宏观比较研究及思考》,中国政法大学出版社 2004 年版。

64. 石冠彬主编:《中华人民共和国民法典立法演进与新旧法对照》,法律出版社 2020 年版。

65. 江必新:《最高人民法院〈关于审理铁路运输人身损害赔偿纠纷案件适用法律若干问题的解释〉理解与适用》,中国铁道出版社 2010 年版。

66. 田山辉明:《日本侵权行为法》,顾祝轩、丁相顺译,北京大学出版社 2011 年版。

67. 伯恩哈德·A.科赫、赫尔默特·考茨欧主编:《侵权法的统一·严格责任》,管洪彦译,法律出版社 2012 年版。

68. 金平主编:《民法通则教程》,重庆出版社 1987 年版。

69. 王利明、郭明瑞、方流芳:《民法新论》(上),中国政法大学出版社 1986 年版。

70. 梅仲协:《民法要义》,中国政法大学出版社 2004 年版。

71. J. 施皮尔主编:《侵权法的统一·因果关系》,易继明等译,法律出版社 2009 年版。

72. 陈聪富:《因果关系与损害赔偿》,北京大学出版社 2006 年版。

73. 夏芸:《医疗事故赔偿法:来自日本法的启示》,法律出版社 2007 年版。

74. 刘得宽:《民法诸问题与新展望》,中国政法大学出版社 2002 年版。

75. 陈现杰主编:《中华人民共和国侵权责任法条文精义与案例解析》,中国法制出版社 2010 年版。

76. 刘信平:《侵权法因果关系理论之研究》,法律出版社 2008 年版。

77. 沈德咏、杜万华主编:《最高人民法院医疗损害责任司法解释理解与适用》,人民法院出版社 2018 年版。

78. 吉村良一:《日本侵权行为法》(第 4 版),张挺译,法律出版社 2013 年版。

79. 黄丁全:《医事法新论》,法律出版社 2013 年版。

80. 戴维·G. 欧文主编:《侵权法的哲学基础》,张金海等译,北京大学出版社 2016 年版。

81. 冯珏:《英美侵权法中的因果关系》,中国社会科学出版社 2009 年版。

82. 欧洲侵权法小组编著:《欧洲侵权法原则:文本与评注》,于敏、谢鸿飞译,法律出版社 2009 年版。

（二）论文

1. 朱卫国:《过失相抵论》,梁慧星主编:《民商法论丛》(第 4 卷),法律出版社 1996 年版。

2. 程啸:《论侵权行为法上的过失相抵制度》,载《清华法学》第 6 辑。

3. 程啸:《过失相抵与无过错责任》,载《法律科学》2014 年第 1 期。

4. 程啸:《受害人特殊体质与损害赔偿责任的减轻——最高人民法院第 24 号指导案例评析》,载《法学研究》2018 年第 1 期。

5. 李颖:《论侵权法上的比较过错制度》,中国政法大学 2008 年博士学位论文。

6. 陈聪富:《过失相抵之法理基础及其适用范围》,载王洪亮等主编:《中德私法研究》(第 4 卷)北京大学出版社 2008 年版。

7. 郑永宽:《论责任范围限定中的侵权过失与因果关系》,载《法律科学》2016 年第 2 期。

8. 郑永宽:《违法性之于侵权责任的构成》,载江平主编《侵权行为法研究》,中国民主法制出版社 2004 年版。

9. 郑永宽:《论过失客观归责的理据及其地位》,载梁慧星主编:《民商法论丛》(第 56 卷),法律出版社 2014 年版。

10. 汪传才:《自冒风险规则:死亡抑或再生》,载《比较法研究》2009 年第 5 期。

11. 汪传才:《自冒风险规则研究》,载《法律科学》2009 年第 4 期。

12. 李燕:《"自愿承担风险"抗辩在体育伤害责任中的适用》,载《山东体育学院学报》2009 年第 4 期。

13. 艾湘南:《体育侵权案中如何适用受害人同意规则》,载《武汉体育学院学报》2012

年第 3 期。

14. 杨立新：《学生踢球致伤应否承担侵权责任》，载《侵权司法对策》（第 3 辑），吉林人民出版社 2003 年版。

15. 廖焕国、黄芬：《质疑自甘冒险的独立性》，载《华中科技大学学报（社会科学版）》2010 年第 5 期。

16. 郑玉波：《论过失相抵与损益相抵之法理》，载《民法债编总论》，中国政法大学出版社 2004 年版。

17. 沃伦·A. 西维：《过错：主观抑或客观？》，载林海译，徐爱国编译：《哈佛法律评论》，法律出版社 2005 年版。

18. 张谷：《作为自己责任的与有过失——从结构对称性角度所作的评论》，载王洪亮等主编：《中德私法研究》（第 4 卷）。

19. 叶金强：《风险领域理论与侵权法二元归责体系》，载《法学研究》2009 年第 2 期。

20. 叶金强：《论过错程度对侵权构成及效果之影响》，载《法商研究》2009 年第 3 期。

21. 叶金强：《信赖合理性之判断：理性人标准的建构与适用》，载《法商研究》，2005 年第 3 期。

22. 叶金强：《共同侵权的类型要素及法律效果》，载《中国法学》2010 年第 1 期。

23. 帕特里克·凯莱：《未成年人、精神病人与精神缺陷者》，载黎晓婷译，张民安主编：《监护人和被监护人的侵权责任：未成年人、精神病人及其父母的侵权责任》，中山大学出版社 2010 年版。

24. 冯珏：《汉德公式的解读与反思》，载《中外法学》，2008 年第 4 期。

25. 郑永宽：《论侵权过失判定标准的构造与适用》，载《法律科学》2013 年第 2 期。

26. 郑永宽：《论民事责任能力的价值属性》，载《法律科学》，2010 年第 4 期。

27. 彼得·高赫：《侵权法的基本概念》，载常鹏翱译，田士永、王洪亮、张双根主编：《中德私法研究》2007 年第 3 卷。

28. 李永军：《被监护人受侵害时法律救济的理论与实证考察》，载《华东政法大学学报》2013 年第 3 期。

29. 王利明：《自然人民事责任能力制度探讨》，载《法学家》2011 年第 2 期。

30. 叶桂峰、肖嗥明：《论侵权行为受害人的过失相抵能力》，载《环球法律评论》2007 年第 2 期。

31. 冉克平：《论未成年人受侵害的过失相抵》，载《法律科学》2010 年第 4 期。

32. 张新宝：《侵权责任法立法的利益衡量》，载《中国法学》2009 年第 4 期。

33. 冯建妹：《高度危险作业致人损害的免责条件和其他抗辩研究》，载《南京大学法律评论》1997 年春季号。

34. 涂卫:《论过失相抵原则在严格责任中的适用》,载《广西师范大学学报(哲学社会科学版)》2011 年第 5 期。

35. 于敏:《机动车损害赔偿与交通灾害的消灭》,载《侵权法评论》2004 年第 2 辑。

36. 詹森林:《互殴与与有过失》,载《民事法理与判决研究》,中国政法大学出版社 2002 年版。

37. 朱庆育:《互殴、责任能力和与有过失之判断》,《中德私法研究》(第 4 卷),北京大学出版社 2008 年版。

38. 方强:《结伙互殴致损侵权责任分担研究》,西南财经大学 2010 年硕士学位论文。

39. 董春华:《论比较过错制度在故意侵权中的适用》,载《现代法学》2017 年第 5 期。

40. 张新宝、明俊:《侵权法上的原因力理论研究》,载《中国法学》2005 年第 2 期。

41. 郑玉波:《论与有过失与损益相抵之法理》,载《民商法问题研究(二)》,台湾三民书局 1991 年版。

42. 谢哲胜:"侵权行为被害人之法定代理人与有过失",《月旦法学杂志》第 54 期。

43. 薛军:《走出监护人"补充责任"的误区——论〈侵权责任法〉第 32 条第 2 款的理解与适用》,载《华东政法大学学报》2010 年第 3 期。

44. 陈帮锋:《论监护人责任——〈侵权责任法〉第 32 条的破解》,载《中外法学》2011 年第 1 期。

45. 程啸:《论〈侵权责任法〉第八条中"共同实施"的含义》,载《清华法学》2010 年第 2 期。

46. 周江洪:《绝对过失相抵抑或相对过失相抵——数人侵权情形过失相抵方式之考察》,载《浙江社会科学》2014 年第 10 期。

47. 张腾:《共同过失的再认识》,载《研究生法学》2011 年第 3 期。

48. 包俊:《论〈侵权责任法〉上的共同过失》,载《江海学刊》2013 年第 3 期。

49. 杨立新:《论医疗过失赔偿责任的原因力规则》,载《法商研究》2008 年第 6 期。

50. 杨立新、梁清:《原因力的因果关系理论基础及其具体应用》,载《法学家》2006 年第 6 期。

51. 杨立新、陶盈:《论分别侵权行为》,载《晋阳学刊》2014 年第 1 期。

52. 杨立新:《〈侵权责任法〉悬而未决的十五个问题的司法对策》,载《中国审判》2010 年第 7 期。

53. 詹森林:《机车骑士与其搭载者间之与有过失承担》,载《民事法理与判决研究》,中国政法大学出版社 2002 年版。

54. 尹志强:《论与有过失的属性及适用范围》,载《政法论坛》2015 年第 5 期。

55. 陈洸武:《被害人之特殊体质与与有过失》,载《台湾法学杂志》2015 年第 280 期。

56. 石磊:《《荣宝英诉王阳、永诚财产保险股份有限公司江阴支公司机动车交通事故责任纠纷案〉的理解与参照——个人体质特殊不属于减轻侵权人责任的情形》，载《人民司法·案例》2015 年第 12 期。

57. 徐银波：《侵害特殊体质者的赔偿责任承担——从最高人民法院指导案例 24 号谈起》，载《法学》2017 年第 6 期。

58. 孙鹏：《"蛋壳脑袋"规则之反思与解构》，载《中国法学》2017 年第 1 期。

59. 孙鹏：《受害人特殊体质对侵权责任之影响》，载《法学》2012 年第 12 期。

60. 董田军、梅立群、任颖：《精神病人就诊期间"自杀"法律责任探讨》，载《山东审判》2003 年第 3 期。

61. 缪宇：《监护人过失与未成年人过失相抵》，载《暨南大学学报》（哲学社会科学版）2013 年第 3 期。

62. 廖焕国：《假设因果关系与损害赔偿》，载《法学研究》2010 年第 1 期。

63. 周小峰：《特殊体质受害人损害赔偿问题研究》，载《人民司法·应用》2012 年第 13 期。

64. 王利明：《我国〈侵权责任法〉采纳了违法性要件吗？》，载《中外法学》2012 年第 1 期。

65. 詹森林：《雇用人行使求偿权时与有过失原则之类推适用》，载《民事法理与判决研究》，中国政法大学出版社 2002 年版。

66. 何颂跃：《损伤参与度的评定标准》，载《法律与医学杂志》1998 年第 1 期。

67. 朱广友：《医疗纠纷鉴定：因果关系判定的基本原则》，载《法医学杂志》2003 年第 4 期。

68. 梁慧星：《共同危险行为与原因竞合》，载《法学论坛》2010 年第 2 期。

69. 张纯兵、杜志淳：《医疗损害司法鉴定因果关系分析及参与度判定》，载《中国司法鉴定》2015 年第 5 期。

70. 冯龙等：《医疗损害因果关系及其原因力的定性定量分析》，载《中国司法鉴定》2013 年第 3 期。

71. 满洪杰：《医疗损害责任因果关系虚无陷阱及其化解》，载《法学》2018 年第 7 期。

72. 林承铎、阎语：《数人侵权体系中原因力理论定位之探讨》，载《内蒙古大学学报》2015 年第 1 期。

73. 米歇尔·格林、杨垠红：《论比例责任》，载金福海主编：《侵权法的比较与发展》，北京大学出版社 2013 年版。

74. 吴国喆：《论高空抛物致害的比例责任承担》，载《西北师大学报》（社会科学版）2016 年第 6 期。

75. 海尔穆特·库奇奥：《替代因果关系问题的解决路径》，载朱岩、张玉东译，《中外法学》2009 年第 5 期。

76. 杨垠红：《丧失生存机会侵权中比例责任之适用》，载《华东政法大学学报》2016 年第 1 期。

77. 李小芬：《医疗民事责任因果关系之研究》，台湾大学 2008 年法律硕士论文。

78. 李丹：《机会丧失原则探析》，载《南京医科大学学报（社会科学版）》2007 年第 3 期。

79. 蒋云蔚：《论机会损失赔偿》，载梁慧星主编：《民商法论丛》（第 37 卷），法律出版社 2007 年版。

80. 袁琳：《部分请求的类型化及合法性研究》，载《当代法学》2017 年第 2 期。

81. 王亚新：《诉讼程序中的实体形成》，载《当代法学》2014 年第 6 期。

82. 黄毅：《部分请求论之再检讨》，载《中外法学》2014 年第 2 期。

83. 严仁群：《部分请求之合法路径》，载《中国法学》2010 年第 2 期。

84. 孙维飞：《〈侵权责任法〉第 12 条之解释论及其体系辐射力研究——数人侵权责任中被误读的中国特色及其再阐释》，载王洪亮等主编：《中德私法研究》第 12 辑。

85. 曹险峰：《〈侵权责任法〉第 12 条之按份责任正当性论证——兼论第 12 条与第 37 条第 2 款的关系》，载《苏州大学学报》2014 年第 2 期。

86. 孙维飞：《单独侵权视角下的共同侵权制度探析》，载《华东政法大学学报》2010 年第 3 期。

87. 方益权、陈英：《论"受害人同意"及其在学生伤害事故中的适用》，载《政治与法律》2007 年第 4 期。

88. 刘鑫、马千惠：《医疗损害鉴定面临的挑战与对策》，载《中国法医学杂志》2018 年第 1 期。

（三）案例资料

1. "李伦兆因燃放鞭炮受伤引发的赔偿纠纷案"，湖南省永州市中级人民法院（2009）永中法民一终字第 169 号民事判决书。

2. "张连起、焦容兰诉张学珍、徐广秋人身伤害赔偿案"，《中华人民共和国最高人民法院公报》1988 年第 4 期。

3. "上海交大足球损害赔偿案"，上海市第一中级人民法院（2009）沪一中民一（民）终字第 4914 号民事判决书。

4. "宝山篮球损害赔偿案"，上海市宝山区人民法院（2011）宝少民初字第 113 号民事判决书。

5. "张胜达、张顶云、张顶瑶与被上诉人王家会健康权纠纷案"，贵州省黔西南布依族苗族自治州中级人民法院（2015）兴民终字第 219 号民事判决书。

6. "赵书军、鲍建意生命权、健康权、身体权纠纷案"，河南省开封市中级人民法院（2017）豫 02 民终 1530 号民事判决书。

7. "上诉人黄汉平、韦美英与被上诉人农敏宽健康权纠纷案",广西壮族自治区百色市中级人民法院(2014)百中民一终字第83号民事判决书。

8. "李秀清、丁登平健康权纠纷案",四川省资阳市中级人民法院(2017)川20民终153号民事判决书。

9. "金某某与阮甲、顾某某等生命权、健康权、身体权纠纷案",浙江省绍兴市中级人民法院(2012)浙绍民终字第102号民事判决书。

10. "郜金生与刘新银、刘明敏等生命权、健康权、身体权纠纷案",河南省新乡市中级人民法院(2015)新中民一终字第325号民事判决书。

11. "孙先勇与孙承福等健康权纠纷案",山东省济南市中级人民法院(2015)济民四终字第350号民事判决书。

12. "祝肇民与何春妮、何春香生命权、健康权、身体权纠纷案",广西壮族自治区崇左市中级人民法院(2016)桂14民终64号民事判决书。

13. "曹东亚与叶勇、张丽珍等生命权、健康权、身体权纠纷案",浙江省嘉兴市中级人民法院(2014)浙嘉民终字第152号民事判决书。

14. "柯昌华与厦门公交集团同安公共交通有限公司生命权、健康权、身体权纠纷案",福建省厦门市中级人民法院(2015)厦民终字第1734号民事判决书。

15. "谭牛福、谭学勤诉谭意堂侵权责任纠纷案",广东省韶关市中级人民法院(2017)粤02民终1908号民事判决书。

16. "蒋士生、韩翠英等与卢兆吉、蒙城县顺通汽车运输服务有限责任公司等机动车交通事故责任纠纷案",浙江省嘉兴市中级人民法院(2008)嘉民一终字第421号民事判决书。

17. "潘甲与宁波市江东区城市管理局人身损害赔偿纠纷案",浙江省高级人民法院(2008)浙民再抗字第4号民事判决书。

18. "鲁兵、王俊等与贵州省公路工程集团有限公司、贵州省公路工程集团有限公司第六分公司生命权、健康权、身体权纠纷案",贵州省贵阳市中级人民法院(2016)黔01民终1999号民事判决书。

19. "史文莲与惠州市深科园物业管理有限公司因生命权、健康权、身体权纠纷案",广东省惠州市中级人民法院(2015)惠中法民一终字第1102号民事判决书。

20. "李振奎、王学英等与中国太平洋财产保险股份有限公司济宁中心支公司、贾建欣等机动车交通事故责任纠纷案",山东省菏泽市中级人民法院(2016)鲁17民终1981号民事判决书。

21. "向某诉四川省德阳市第一汽车运输公司等道路交通事故损害赔偿案",四川省高级人民法院(2010)川民提字第161号民事判决书。

22. "王培培等与张耀军生命权、健康权、身体权纠纷案",上海市虹口区人民法院

（2015）虹民一（民）初字第 5923 号民事判决书。

23.“钦州市钦北区大寺镇中心卫生院、黄秀清医疗损害责任纠纷案”，广西壮族自治区钦州市中级人民法院（2017）桂 07 民终 277 号民事判决书。

24.“方伟俊、方慧琴等与刘娟、中国人民财产保险股份有限公司衢州市分公司机动车交通事故责任纠纷案”，浙江省衢州市柯城区人民法院（2015）衢柯交民初字第 290 号民事判决书。

25.“许万能与中国人民财产保险股份有限公司常州市分公司、钱湘东机动车交通事故责任纠纷案”，江苏省常州市中级人民法院（2015）常民终字第 1714 号民事判决书。

26.“王国平与中国大地财产保险股份有限公司常州中心支公司、江苏大众投资实业有限公司机动车交通事故责任纠纷案”，江苏省常州市中级人民法院（2016）苏 04 民终字 813 号民事判决书。

27.“蔡来娣、杨少佳机动车交通事故责任纠纷案”，广东省韶关市中级人民法院（2018）粤 02 民终字 236 号民事判决书。

28.“张伟伟诉葛万军等机动车交通事故责任纠纷案”，北京市第二中级人民法院（2016）京 02 民终 6675 号民事判决书。

29.“王江等与高怀友等机动车交通事故责任纠纷案”，上海市第二中级人民法院（2015）沪二中民一（民）终字第 55 号民事判决书。

30.“朱九珠、胡良友等与中国人民财产保险股份有限公司建德支公司、建德市新安江长运有限公司机动车交通事故责任纠纷案”，浙江省杭州市中级人民法院（2015）浙杭民终字第 1012 号民事判决书。

31.“楼水珍、楼宇光等与中国人寿财产保险股份有限公司诸暨市支公司、金章根道路交通事故人身损害赔偿纠纷案”，绍兴市中级人民法院（2014）浙绍民终字第 396 号民事判决书。

32.“陈婷与柯小娟生命权、健康权、身体权纠纷案”，浙江省三门县人民法院（2012）台三民初字第 556 号民事判决书。

33.“张某诉赵某追偿权纠纷案”，黑龙江省佳木斯市前进区人民法院（2014）佳前民初字第 24 号民事判决书。

34.“刘某诉刘某某追偿权纠纷案”，河北省青龙满族自治县人民法院（2014）青民初字第 734 号民事判决书。

35.“五莲县光辉运输有限公司诉娄善新追偿权纠纷案”，山东省五莲县人民法院（2013）莲民一初字第 1446 号民事判决书。

36.“姜自专诉朱希鹏追偿权纠纷案”，山东省费县人民法院（2013）费民初字第 1961 号民事判决书。

37. "沈阳帅星物业管理有限公司诉雷熙毅、白文岩追偿权纠纷案"，沈阳市和平区人民法院（2014）沈和民一初字第 00239 号民事判决书。

38. "重庆市经济技术开发区新城贸易有限公司与苏伟杰追偿权纠纷案"，重庆市第五中级人民法院（2013）渝五中法民终字第 04187 号民事判决书。

39. "广州市萝岗区洋城学校诉夏佳、夏国荣追偿权纠纷案"，湖南省大通湖管理区人民法院（2013）大法民初字第 114 号民事判决书。

40. "吴凤林与黄某某、陈宝燕健康权纠纷案"，贵州省黔南布依族苗族自治州中级人民法院（2014）黔南民终字第 27 号民事判决书。

41. "胡俊与汤家茂生命权、健康权、身体权纠纷案"，湖北省荆州市中级人民法院（2015）鄂荆州中民二终字第 00546 号民事判决书。

42. "张海军与王孝清生命权、健康权、身体权纠纷案"，山西省沁源县人民法院（2016）晋 0431 民初 88 号民事判决书。

43. "陈鸣宇与温州医学院附属第一医院医疗损害赔偿纠纷案"，浙江省温州市中级人民法院（2010）浙温民终字第 1411 号民事判决书。

44. "王翠华、庄经理与金乡宏大医院医疗损害责任纠纷案"，山东省济宁市中级人民法院（2016）鲁 08 民终 2545 号民事判决书。

45. "重庆市江津区中心医院与被廖勇、廖铁君、廖铁红、熊家莲医疗损害责任纠纷案"，重庆市第五中级人民法院（2015）渝五中法民终字第 01886 号民事判决书。

46. "王明刚、彭玉芬与陈永芬健康权纠纷案"，四川省攀枝花市中级人民法院（2017）川 04 民终字 651 号民事判决书。

47. "黄双秀诉罗道庸等生命、健康、身体权纠纷案"，湖南省邵阳市中级人民法院（2017）湘 05 民终字 1178 号民事判决书。

48. "沈爱龙、胡彬等生命权、健康权、身体权纠纷案"，江苏省泰州市中级人民法院（2015）泰中民终字第 01251 号民事判决书。

49. "吴丰翠、李洪三等与中国人寿财产保险股份有限公司临沂市中心支公司纠纷案"，山东省青岛市中级人民法院（2015）青民五终字第 1952 号民事判决书。

50. "原告蒋某 1 诉被告张某、李某 1、李某 2 生命权、健康权、身体权纠纷案"，湖南省道县人民法院（2016）湘 1124 民初 2110 号民事判决书。

51. "黄叶俭等诉禄福长等人身损害赔偿纠纷案"，河南省许昌县人民法院（2002）许县法民初字第 8 号民事判决书。

52. "杨某诉中国工商银行宜宾市翠屏区支行人身损害赔偿纠纷案"，四川省宜宾市翠屏区人民法院（1999）翠屏民初字第 1258 号民事判决书。

53. "梁某某 1 交通肇事案"，海南省海口市中级人民法院（2005）海中法刑终字第 80

号刑事判决书。

54."孟祥帅、孟令浩与山东康地恩生物科技有限公司产品责任纠纷案",山东省临沂市中级人民法院(2013)临民一终字第2283号民事判决书。

55."付继桐与曾维生、原审被告固始县水利局生命权纠纷案",河南省信阳市中级人民法院(2014)信中法民终字第1835号民事判决书。

56."权家炳等与农云琳等人身损害赔偿纠纷再审案",云南省高级人民法院(2009)云高民再终字第1号民事判决书。

57."罗国春等与三明市水利局等申请人身损害赔偿纠纷再审案",福建省高级人民法院(2009)闽民申字第945号民事判决书。

58."张占虎等与宁夏回族自治区唐徕渠管理处等生命权纠纷案",宁夏回族自治区银川市中级人民法院(2014)银民终字第136号民事判决书。

59."眭定坤诉孔艮安等机动车交通事故责任纠纷案",成都市龙泉驿区法院(2014)龙泉民初字第2560号民事判决书。

60."陈某某与陈勇军违反安全保障义务责任纠纷案",重庆市北碚区人民法院(2014)碚法民初字第01194号民事判决书。

61."孙根宝等与靡兵等人身损害赔偿纠纷案",江苏省滨海县人民法院(2014)滨开民初字第0237号民事判决书。

62."内蒙古自治区人民医院与赵俊敏、孟美荣等医疗损害赔偿纠纷案",内蒙古自治区呼和浩特市中级人民法院(2018)内01民终233号民事判决书。

63.台湾地区1969年台上字第342号判决。

64.台湾地区1969年台上字第3427号判决。

65.台湾地区"最高法院"1979年台上字第967号民事判决。

66.台湾地区1981年台上字第2905号民事判决。

67.台湾地区1982年台上字第1179号民事判决。

68.台湾地区"最高法院"1997年台上字第431号民事判决。

69.台湾地区"最高法院"1976年台上字第2433号民事判决。

二、外文资料

(一)著作

1. Victor E. Schwartz with Evelyn F. Rowe, *Comparative Negligence*, Lexis-Nexis Matthew Bender, 4th ed.,2002.

2. William L. Prosser, *Handbook of the Law of Torts*, 4th ed., West Publishing Co., 1971.

3. John G. Fleming, *The Law of Torts*, 9th ed., the Law Book Company Limited, 1998.

4. A.M. Honore, *Causation and Remoteness of Damage, International Encyclopedia of Comparative Law*, XI Torts, J.C.B. Mohr Tubingen Martinus Nijhoff Publishers, 1983.

5. W. Page Keeton et al., *Prosser and Keeton on the Law of Torts*, 5th ed., west publishing co. 1984.

6. Landes W. M. and Posner R. A. *The Economic Structure of Tort Law*, Harvard University Press , 1987.

7. Vincent R. Johnson, American Tort Law, 赵秀文、徐琳、刘克毅注，赵秀文校，中国人民大学出版社 2004 年版。

8. 爱德华·J. 柯恩卡：《侵权法》（英文版），法律出版社 1999 年版。

9. John Cooke, *Law of Torts*, 5th ed., Law Press, 2003.

10. The American Law Institute, A Concise Restatement of Torts, 2000.

11. W. V. H. Rogers. *Winfield & Jolowicz on Tort*, 16th ed. London: Sweet ＆ Maxwell. 2002.

12. Page Keeton, Robert E. Keeton, *Torts: Cases and Materials*, West Pub Co., 1971.

13. European Center of Tort and Insurance Law, *Children in Tort Law:* Ⅱ Children as Victims, New York: SpringerWien, 2007.

14. Harry Street, *The Law of Torts*, 5th ed., Butterworth & Co Publishers Ltd., 1972.

15. G. Williams, *Joint Torts and Contributory Negligence*, Steven & Sons, 1950.

16. Israel Gilead, Michael D. Green and Bernhard A. Koch eds., *Proportional Liability: Analytical and Comparative Perspectives*, De Gruyter, 2013.

17. 洼田充见：《过失相杀の法理》，东京有斐阁 2004 年版。

18. 平井宜雄：《不法行爲法理論の諸相》，东京有斐阁 2011 年版。

（二）论文

1. William L. Prosser, Comparative Negligence, 51 *Cali L. Rev.*, 1953.

2. Gary T. Schwartz, Contributory and Comparative Negligence: A Reappraial, 87 *Yale L. J.*, 1978.

3. Dan B. Dobbs, "Accountability and Comparative Fault", 47 *La. L. Rev.*, 1987.

4. Francis H. Bohlen, Contributory Negligence, *Harv. L. Rev*, Vol. 21, No. 4 . 1908 .

5. Fleming James, Jr. Contributory Negligence, 62 *Yale L. J.* 1953.

6. Patrick S. Davies, Saturday Night Specials: A "Special" Exception in Strict Liability Law, 61 *Notre Dame Law Review* .1986.

7. Kenneth W. Simons, Reflections on Assumption of Risk, 50 *UCLA L. Rev.* 2002.

8. Dilan A. Esper and Gregory C. Keating, Abusing "Duty", 79 *S. CAL. L. Rev.* 2006.

9. Schofield, Davies v. Mann: Theory of Contributory Negligence, 3 *Harv. L. Rev.*, 1890.

10. George P. Fletcher, Fairness and Utility in Tort Theory, *Harvard Law Review*, Vol. 85, No. 3. 1972.

11. James Barr Ames, Law and Morals, *Harvard Law Review*, Vol. 2, No. 2. 1908.

12. Richard A. Epstein, A Theory of Strict Liability, *Journal of Legal Studies*, Vol. 2. (1973).

13. Mark E. Roszkowski and Robert A. Prentice, Reconciling Comparative Negligence and Strict Liability: A Public Policy Analysis, 33 *St. Louis U. L.J.*1988.

14. Larry A. Dimatteo, The Counterpoise of Contracts: The Reasonable Person Standard and the Subjectivity of Judgment, 48 *S. C. Rev.*, 1997.

15. Richard Wright, The Standard of Care in Negligence Law, in David G. Owen, ed., *Philosophical Foundations of Tort Law*, 1995.

16. Marcus L. Plant, Comparative Negligence and Strict Tort Liability, 40 *La. L. Rev.*, 1980.

17. Harvey R. Levine, Strict Products Liability and Comparative Negligence: The Collision of Fault and No-Fault, 14 *San Diego L. Rev.*, 1977.

18. William L. Prosser, Proximate Cause in California, 38 *Cal. L. Rev.* 1950.

19. Ellen M. Bublick, The End Game of Tort Reform: Comparative Apportionment and Intentional Torts, 78 *Notre Dame L. Rev.*, 2003.

20. Ernest Turk, Comparative Negligence on the March, 28 *Chicago-Kent Law Review*, 1950.

21. Jake Dear, Steven E. Zipperstein, Comparative Fault and Intentional Torts: Doctrinal Barriers and Policy Consideration, 24 *Santa Clara Law Review*, 1984.

22. B. Scott Andrews, Premises Liability—The Comparison of Fault between Negligent and Intentional Actors, 55 *Louisiana Law Review*, 1995.

23. Richard. W. Wright, Causation in Tort Law, 73 *Calif. L. Rev.* 1985.

24. Richard. W. Wright, Causation, Responsibility, Risk, Pro、bability, Naked Statistics, and Proof: Pruning the Bramble by Clarifying the Concepts, 73 *Iowa L. Rev.* 1988.

25. Matthew Braham, Martin van Hees, *Degrees of Causation, Erkenntnis*, Vol. 71, No. 3. 2009.

26. Joseph H. King, Causation, Valuation, and Chance in Personal Injury Torts Involving Preexisting Conditions and Future Consequence, *90 Yale L. J.* 1981.

27. John Makdisi, Proportional Liability: A Comprehensive Rule to Apportion Tort Damages Based on Probability, *67 N.C.L.Rev.* 1989.

28. David Rosenberg, The Causal Connection in Mass Exposure Cases: A "Public Law"

Vision of the Tort System, *97 Harv. L. Rev.* 1984.

29. David A. Fischer, Proportional Liability: Statistical Evidence and the Probability Paradox, 46 *Vand. L. Rev.* 1993.

30. Leonard Charles Schwartz, The Myth of Nonapportionment among Tortfeasors under Traditional Tort Law and Its Significance for Modern Comparative Fault, 19 Northern Kentucky Law Review, 1991.

（三）案例

1. Butterfield v. Forrester,11 East 60, 103 Eng. Rep. 926 (1809).

2. Davies v. Mann, 10 M. & W. 547, 152 Eng. Rep. 588 (Exch. 1842).

3. Alvis v. Ribar, 85 Ill. 2d 1, 421 N. E. 2d 886, 52 Ill. Dec. 23 (1981).

4. Nag Li v. Yellow Cab Co., 13 Cal. 3d 804; 532 P. 2d 1226 (1975).

5. Placek v. City of Sterling Heights, 405 Mich. 638, 661,275 N. W. 2d 511, 519 (1979).

6. Thrussel v. Handyside, 20 Q. B. D. 359, 364〔1888〕.

7. Meistrich v. Casino Arena Attrastions, Inc., 1959, 31 N. J. 44, 155 A. 2d 90.

8. Mc- Grath v. American Cyanamid Co., 1963, 41 N. J. 272, 196 A. 2d 238.

9. Wakelin v. London & S. W. R. Co.,〔1886〕12 A. C. 41, 45.

10. Dulieu v. White & Sons,〔1901〕2 K. B. 669, 679.

11. Love v. Port of London Authority,〔1959〕2 Lloyd's Rep. 541(Q.B).

12. Malcom and Another v. Broadhurst,〔1970〕3 All. E. R. 508(Q. B. D).

13. Palsgraf v. Long Island R. R. Co., 162 N. E. 99(N. Y. 1928).

14. Jason v. British Trader's Insurance Company Ltd ,[1969〕1 Lloyd's Rep. 281.

15. Shimman v. Frank, 625 F. 2d 80.

16. Field v. Boyer Co., 952 P. 2d 1078, 1088 (Utah, 1998).

17. Fleming v. Threshermen's Mutual Ins. Co., 388 N. W. 2d 908, 911 (Wis. 1986).